中国特色社会主义三重逻辑与世界意义

胡静波 著

上海社会科学院出版社
SHANGHAI ACADEMY OF SOCIAL SCIENCES PRESS

前　言

　　人类社会的发展是一个自然历史过程,每一个国家和民族的发展都有自己的历史轨迹和生成逻辑。同样,中国特色社会主义不是天上掉下来的,而是在艰辛探索中孕育、勇于开拓中形成、蓬勃发展中前行、系统集成中奋进的,有"源"有"流",根深才叶茂。中国特色社会主义进入新时代后,迎来了"引领时代"的伟大跨越,"不仅挺直了腰杆,顶住了冲击,经受住了考验",也彻底走出了传统社会主义模式,实现了对传统社会主义模式的全面更新和超越。

　　唯物辩证法认为,任何事物的产生、发展和灭亡,总是内因和外因共同作用的结果。同样,中国特色社会主义有自身独特的历史机遇和历史环境,具有深刻的历史逻辑、理论逻辑、实践逻辑。理论逻辑是实践逻辑的反映,历史逻辑是理论逻辑的再现,实践逻辑包含在历史逻辑中,是理论逻辑赖以存在的基础。

　　中国特色社会主义既是理论的又是实践的,既是历史的又是现实的,既是民族的又是世界的,既坚持了科学社会主义的基本原则,也独具中国特色。如果说历史逻辑是中国特色社会主义的"底色",理论逻辑是中国特色社会主义的"本色",那么实践逻辑就应该是其不断检验科学性的"成色",民族特色和文化基因则是其独特优势的"亮色",它们建立在中国经济社会发展的基本国情与时代特征之上,这些因素相互作用构成了中国特色社会主义独特的生成逻辑及其价值展开。

本书除了绪论和结论,主体部分共有六章。第一章从时代背景探究中国特色社会主义的生成逻辑。任何事物的形成和发展,总是内因和外因共同作用的结果,研究中国特色社会主义生成逻辑,首先要考察其形成与发展的时代主题和特征,因为任何理论的产生都有其特定的时代条件,也是其时代精神的精华。第二、第三、第四章依次从中国特色社会主义的历史逻辑、理论逻辑、实践逻辑对中国特色社会主义追本溯源。需要说明的是,中国特色社会主义生成的历史逻辑、理论逻辑与实践逻辑三者顺序阐释中,是按照党的十九大报告中提及的顺序进行的,即中国特色社会主义是"近代以来中国人民长期奋斗的历史逻辑、理论逻辑、实践逻辑的必然结果"。

就历史逻辑而言,中国特色社会主义来之不易,只有厘清近代以来中华民族由衰到盛的发展历程,阐明中国共产党砥砺奋进的初心和使命,探究世界社会主义思想的源头及其演进,才能明白没有哪个国家拥有和中国一样绵延不绝的历史和文化积淀,没有哪个民族和中华民族一样曾经辉煌却在近代遭受苦难屈辱后痛感伟大复兴的意义之深切,也没有哪个政党能像中国共产党一样有能力指引中国道路的开辟和制度的建构。

就理论逻辑而言,中国特色社会主义经过不断发展与完善,不断获得清晰的历史坐标、理论标识和使命昭示。尤其重要的是,中国特色社会主义在其内涵、结构、要素等逻辑演进中遵循的价值合成越来越体现了马克思主义根本原则,符合科学社会主义最高命题。由数千年塑造的独特文化传统,以及近现代史形成的独特历史命运、独特基本国情,坚持把马克思主义基本原理同中国具体实际相结合、同中华优秀传统文化相结合,续写马克思主义中国化时代化新篇章,写就了科学社会主义的"新版本"。

就实践逻辑而言,百年中国道路,从备受屈辱到伟大复兴,中国发展已经进入一个完全不同的历史时空,需要在"长时段""宽视野"中从历史、现实和未来多个维度认识其超越时空的深远意义。中国特色社会主义的科学性和真理性得到了充分检验,人民性和实践性得到了充分贯彻,开放性和时代性得到了充分彰显。从面临"被开除球籍"的危险到走近世界舞台中央,中国特色社会主义的核心价值和理念也在不断积聚。

通过对历史逻辑、理论逻辑与实践逻辑的探究,在整体上就对中国特色社会主义有了一个宏观的立体认识。同时也突出了中国特色社会主义形成发展中的关键性建构与突破点,诸如社会主义初级阶段理论、市场经济理论、社会主义本质理论、基本路线、基本方略等作为一个整体相互关联中,最为核心且带有原创性的"源"命题,给予了重点分析和关照。这些核心"源"也是中国特色社会主义逻辑生成的"元"命题。通过对它们进行历史形成与发展过程考察,浓墨重笔加以写实性解剖,延展出其要素及其内涵在不同时期发挥的不同作用,进一步确认中国特色社会主义逻辑生成中的多重因素。

第五章则从中国特色社会主义科学内涵、价值旨归与民族特色角度,阐述了中国特色社会主义面对自身的历史机遇和历史环境外,造就了其独特的普遍价值与时代意义。第六章从中国特色社会主义的有关争论与辨析,中国特色社会主义的经验教训、重要启迪以及面临的机遇挑战方面进一步考察了中国特色社会主义的世界历史意义。这里的"价值展开"和"世界意义",并非哲学意义上的"价值"或"意义",重在优势特色与现实意蕴,即"存在即合理"层面的作为一个整体的中国特色社会主义,"现实""现存"背后呈现的精神、因应、诉求、走向等意。

在马克思、恩格斯看来,世界历史的形成和发展伴随资本主义的发展进程,"民族历史成为世界历史"书写了人类社会血与火的历史篇章,资本主义注定并不是人类社会发展的最终形态,资本主义需要社会主义价值与制度的存在并将被其替代。科学社会主义走过了一个持续探索与奋斗的辩证交织的历程,最终就是从理想到现实、理论到实践上找到一条切实可行的超越资本主义的美好路径。中国特色社会主义进入新时代,意味着科学社会主义在21世纪的中国焕发出强大生机活力,在世界上高高举起了中国特色社会主义伟大旗帜。新的历史方位需要对中国特色社会主义以全景式视角进行整体性研究,客观理性考察其过去、现在和未来的关系,更好地揭示其世界历史意义。

本书立足当下,以史带论,按照时空尺度从"六个时间段""五个得来""四个不是""三个意味着""两个确立"等独特视角,置中国特色社会主义于科学社会主义"500年"和中华文明"5000年"两条主轴线中进行逻辑生成建构。同时,紧扣中华民族伟大复兴等核心叙事,从中国式现代化和人类文明新形态的高度,对中国特色社会主义"从哪里来""到哪里去"进行全景式溯源,从中梳理出中国特色社会主义作为一个整体的生成逻辑,并思考其鲜活的超越性和创造力所蕴含的价值内涵与世界意义。

具体来说,每个章到节的谋篇布局,都是站在习近平新时代中国特色社会主义思想实现了马克思主义新的飞跃这个视角,站在21世纪马克思主义的新思想、新观点、新论断、新要求去考察中国特色社会主义"源"何远、"流"所长的三重逻辑和世界意义。这样更容易抓住中国特色社会主义形成与发展的"主流"与"主脉",以便站在中国特色社会主义整体性发展,以及更加成熟、更加集成、更加定型的高度来洞悉中国特色社会主义的价值展开,进而思考用什么样的理论成果来引领和支撑中国特色社会主义伟大实践。

本书认为,通过对中国特色社会主义三重逻辑与世界意义"源流"的梳理,有助于更好地从整体上把握中国特色社会主义的形成和发展。"源流"既有纵向的比较,也有横向的坐标,既有中国特色社会主义自身发展的内在逻辑关系,也有外在因素的制约,既力求以更宽广的马克思主义立场、观点、方法和视野来考察中国特色社会主义的历史和现实,也希望实事求是地分析外在环境对中国特色社会主义的冲击以及各种社会思潮对中国特色社会主义的误读、误解,甚至误判。如此,使其历史、现实、价值、观念、文化保持一定的张力和合力,从而恢复和提高人们对现实和未来社会和生活本应具有的哲学意义上的批判和反思能力,进而对中国特色社会主义的意义、经验和启迪、机遇和挑战以及未来展望有更加清醒的认知。

在厘清中国特色社会主义发展脉络和逻辑演进的基础上,本书认为对中国特色社会主义整体溯源重在开来。中国特色社会主义是从走"中国式现代化之路"开始的,党的二十大报告中已明确今后党的中心任务,为全面建设社会主义现代化国家的新征程业已出发。"以中国式现代化全面推进中华民族伟大复兴",而中华民族伟大复兴正处于关键时期,中国特色社会主义整体性构建也会随之系统集成。中国特色社会主义的价值展开只有参与、融入全球治理体系的构建,才能更好地不断续写中国特色社会主义新篇章。本书希望从中国特色社会主义的世界意义思考其经验、意义及其价值,摆脱西方话语习惯性思维定势,穿透西方所谓的普世性政治现象和意识形态,重新理解中国特色社会主义鲜活的内生性、超越性和原创性,并在人类文明新形态和世界历史进程中思考各种思潮挑战,不断构建原创的当代中国马克思主义。

中国特色社会主义不是什么简单的"母版""模版""再版""翻版",而是"全新的事业"。"坚持和发展中国特色社会主义是一篇大文章。"大在特殊之基本国情,大在拥有14亿人民之"大国",大在9000多万党员之"大党",大在其"远大理想",大在世界社会主义500年事业之"艰巨",大在中华民族5000年伟大复兴之"伟大",大在实现为人民谋幸福、为民族谋复兴、为世界谋大同的世界观与方法论之统一。中华民族伟大复兴,不是简简单单、轻轻松松地"回到过去"意义上的复归,需要基于变换的时代特征判断基础上的不断创新和超越,这也是中华民族伟大复兴之所以"伟大"的真正内涵与期待。

中国特色社会主义使具有5000多年文明历史的中华民族全面迈向现代化,展现出前所未有的光明前景,焕发出新的蓬勃生机。马克思主义中国化时代化需要在"社会主义500年"和"中华民族5000年"这两个尺度、两大坐标中交流互鉴。历史和现实都表明,人类发展需要一条不同于西方现代化发展的新路。中国特色社会主义的世界意义需要放眼世界,观照其时空意蕴,胸怀"两个大局"思考其在科学社会主义发展、中华民族优秀传统文化传承中横向与纵向坐标,思考基于世界社会主义发展和人类进步的大事件到大趋势中的中国问题,思考中国特色社会主义的全球视野与比较优势,打开未来总体想象的时空意义,不断为人类探索更好社会制度提供中国方案,创造人类文明新形态。

目　录

前　言　　1

绪　论　中国特色社会主义不是从天上掉下来的　　1
　第一节　选题缘由与研究意义　　2
　第二节　国内外研究现状　　17
　第三节　研究思路与方法　　32

第一章　中国特色社会主义的时代背景　　39
　第一节　和平与发展成为时代主题　　40
　第二节　不断推进马克思主义中国化时代化　　49
　第三节　顺应时代潮流回答时代挑战　　61
　本章结语　　73

第二章　中国特色社会主义的历史逻辑　　75
　第一节　从历史镜鉴看转型和突破　　76
　第二节　从当代中国基本国情看历史课题　　85
　第三节　从历史性结论看历史担当　　95
　本章结语　　103

第三章　中国特色社会主义的理论逻辑　　104

第一节　中国特色社会主义理论体系的形成与发展　　105

第二节　社会主义初级阶段理论是中国特色社会主义的理论基石和总依据　　121

第三节　社会主义本质理论不断为中国特色社会主义注入新内涵　　134

第四节　社会主义市场经济理论是中国特色社会主义的重大理论原创　　144

本章结语　　156

第四章　中国特色社会主义的实践逻辑　　158

第一节　党的基本路线不断开创中国特色社会主义新局面　　159

第二节　党的基本方略是坚持和发展中国特色社会主义的行动纲领　　173

第三节　中国特色社会主义从长期探索艰苦实践中来　　186

本章结语　　199

第五章　中国特色社会主义科学内涵、价值旨归与民族特色　　201

第一节　中国特色社会主义的理论原创　　202

第二节　中国特色社会主义的价值旨归　　218

第三节　中国特色社会主义的民族特色　　235

本章结语　　247

第六章　中国特色社会主义的世界历史意义　　249

第一节　中国特色社会主义有关争论与辨析　　250

第二节　中国特色社会主义的世界意义和历史启迪　　　　265

第三节　中国特色社会主义的机遇、挑战与展望　　　　279

本章结语　　　　289

结论：不断谱写新时代中国特色社会主义新篇章　　　　*291*

参考文献　　　　*297*

后记　　　　*311*

绪论
中国特色社会主义不是从天上掉下来的

随着苏联的解体,一度成为世界潮流的马克思主义、社会主义,很长一段时间成了一个"被边缘"化,甚至"被终结"的词汇。恰恰在这种争议甚至非议中,中国特色社会主义并没有随着"多米诺骨牌效应"而倒下,反而在世界百年未有之大变局加速演进的战略机遇和风险挑战等诸多重大考验中,越发成为一束抹不掉的亮色,以不可辩驳的事实彰显了科学社会主义的鲜活生命力,赢得了人们重新审视科学社会主义可能性以及必然性的"合理空间"。社会主义从来都是在奋勇开拓中前进的。社会主义的发展同任何新事物一样,前途看似光明,道路往往坎坷曲折。中国特色社会主义经过不断发展与完善,引领着中国发展进入了新的历史方位,党和国家事业取得历史性成就、发生了历史性变革,彰显了中国特色社会主义的强大生机活力。

中国特色社会主义不是从天上掉下来的,也不是什么复制品、舶来品,更不是什么简单的"母版""模版""再版""翻版",而是"全新的事业",有其自身独特生成逻辑及其价值存在。探究其因,需要对中国特色社会主义伟大实践进行整体性全景式深刻洞察。中国特色社会主义形成和发展是连续性和阶段性相统一的过程,历经艰辛曲折,既积累了丰富的经验,也经历了惨痛的教训。如果只是注意历史的某些支流和局部,某个历史的细节和碎片,我们就不可能讲清楚中国特色社会主义来之不易的真实场景,把握不了其深刻的时代背景及其肩负着的庄严历史使命,那么描绘出来的历史画面往往就会缺乏整体性,不够真实,甚至在一些戴有色眼镜的人看来,色调比较晦暗。

如何对此作出积极回应,有必要结合当下国内国外两个大局,从"长时段""宽视野"多线条、多角度的源流视角,对中国特色社会主义的生成逻辑及价值展开加以整体性研判。当今世界正处于百年未有之大变局,世界形势风云变幻,国际关系错综复杂,全球深层次矛盾突出,时代主题的不确定性、不稳定性日益突出。中国特色社会主义"从哪里来""到哪里去",如何更好地在与世界关联互动中适应时代变化,符合历史潮流,顺应世界大势等,需要整体性把握其一脉相承、与时俱进的科学体系以及继往开来的现实意蕴,纠正对中国特色社会主义片面的甚至歪曲的认识,尊重客观规律,推动中国特色社会主义各项制度更加成熟、更加定型,进而客观理性地考察其过去、现在和未来的关系。

第一节 选题缘由与研究意义

世界社会主义 500 年正道沧桑,风雨苍黄,中华民族 5 000 年磅礴璀璨又多灾多难,在中国与世界、社会主义与资本主义、民族与时代、传统与现代、进步与落后的坐标系上,中国特色社会主义无疑是一件具有开创性意义的伟大事件。但是,诸多现象表明,关于中国选择社会主义道路到世界社会主义选择中国,现实中依然众说纷纭。所有这些,归根结底源自对中国特色社会主义的科学性、必然性等问题,往往停留于"应当如是",却不知道"何以如是"。

一、选题缘由

（一）追本溯源中全面把握中国特色社会主义的核心要义和丰富内涵

"渊源"一词本指水源、源流，比喻事物的本源。《三国志·管宁传》中有"测其渊源，览其清浊，未有厉俗独行若宁者也"。一般来说，渊源有四种语义：水的源头，比喻事物的本源；指学业上的相师承；犹关系，联系；深邃，深广。源到流的发展演变，会发生多种情形，源流关系常用于指代"本源"到"派生"事物之间的发展演变。任何一种学说和理论的产生都有它的源和流。从理论、学说源流探讨而言，"源"强调普遍的、一般的，是根据和原则，"流"侧重特殊性，贵在创新和发展。中国特色社会主义有源有流，根深叶茂，才构成事物发展生机盎然的图景，而苏联解体就是断流典型的代表。

研究任何一门科学，最重要的是通过整体性溯源把握它的形成和发展脉络。只有这样，才能真正了解它的生成逻辑和价值展开，了解每一个原理产生的时代背景、实践基础，了解每一个原理在整个理论体系中所处的地位及其相互关系，从而避免随着时间的推移，内外部环境的改变，重读时纠缠片言只语产生误读、误解和误判。"世界不是既成事物的集合体，而是过程的集合体。"① 对事物"过程"的逻辑探索和研究，是把握事物特征、本质和内涵的重要路径。

马克思、恩格斯的著作和学说，之所以在很长一段时间内，研究中屡屡出现"寻根与创新""走出与重建""颠覆与构建"等复杂景观，甚至出现"回到马克思"和"让马克思走入当代"等不同研究路径的口号，主要原因是"由于研究者理论视点的多样性、批判角度的复杂性、审视工具的差异

---

① 《马克思恩格斯文集(4)》，人民出版社2009版，第298页。

性,使这些研究的论题、方式、话语、维度、领域都呈现了前所未有的发散、多样甚至个性化的特征"①。

正因为人们习惯地把马克思主义看成静态的,甚至凝固的,"缺少用多维的、流变的眼光去探究当时、当事、当人以及各种思潮、各种势力、各种因素,所产生出的正负两方面的影响。对马克思主义理解的简单化或过于文牍化,很容易给教条主义、根据需要而随意引用的实用倾向提供理由和可能"②。许多学者抓住先前未被足够重视的文本,源于原始理论语境中文本的整体性溯源中不时发现或重心转移,不得不花费很多的精力通过溯源而达到马克思主义研究正本清源的作用。

"对中国特色社会主义的深入研究,应该追本溯源,才有历史的厚重感。"③中国社会主义事业开创、建设和发展的具体路径中,既积累了丰富的经验,也经历了惨痛的教训。中国特色社会主义起点是改革开放,是对传统社会主义的改造,是对资本主义社会的扬弃,这也造成了"似是而非"的价值虚无、纠缠不清的"无本焦虑"式迷茫。中国崛起不只是物质力量,找到背后精神基因、源头活水以及驱动魅力,回归到人类社会的发展进程中,这样中国特色社会主义理论和道路实践才有持续的动力。

江河万里总有源。任何一条河流都有其源头,都有其长短深浅不同的地貌特征,有时候风平浪静,有时候蜿蜒曲折,有时候一马平川,有时候一泻千里,有时候分流交错,有时候逆流而上,"风景"各异,但是浩浩荡荡的"向东流"大势不可逆转。社会主义的发展也是前进性与曲折性的统一,中国经过传统社会理想和近现代磨难的经历已经构筑了从国家、民

---

① 胡静波:《走出当今哲学"反思"的误区》,《河北学刊》2003年第1期,第62—66页。
② 夏军:《从战略上提升科学社会主义的影响力》,《党政论坛》2015年第1期,第4—10页。
③ 王怀超:《中国特色社会主义理论走向世界的尝试——〈中国特色社会主义理论体系探源〉评述》,《科学社会主义》2017年第2期,第155—156页。

族、政党到人民根深蒂固的社会主义价值观念变迁。习近平在庆祝全国人民代表大会成立60周年大会上强调："不能割断历史,不能想象突然就搬来一座政治制度上的'飞来峰'。"①这正是对中国特色社会主义追本溯源,从整体性得出的历史结论。另一方面,学习领会中国特色社会主义的核心要义和丰富内涵,也需要在追本溯源中以流变、动态的眼光全面把握,防止片面化、简单化。

(二) 在科学体系中深刻揭示当代科学社会主义一般性、普遍性的意义

对任何一门学说,要完整准确地理解它,最重要的是全面系统地把握它的科学体系。以孤立、静止、片面的观点考察和分析事物,容易割裂事物发展轨迹的连续性和整体性。正如列宁曾经指出的,马克思主义是一整块钢铸成的,是一个完整的科学体系。这就是说,对待一个科学体系,不能离开一定的历史条件和背景,并在这种条件和背景下,才能更好地深刻理解和把握其灵魂、精髓、内核性的精神实质。另一方面,不能拘泥于科学体系中的具体字句,撷取一些概念、词句、话语,割裂不同原理之间的相互联系及其整体结构。

科学社会主义颠覆的是整个旧世界,它要建立的是一个全新的世界,它研究的是整个人类社会的历史、现状和未来,是整个世界社会整体,本来就是系统的、总体的。"不同要素之间存在着相互作用。每一个有机整体都是这样。"②理论体系是否科学,要看其若干相关的概念、原理等是否相互联系并系统地构成一个整体,这些最终都必然反映在整体的发展变化之中。党的十一届三中全会以来,理论学术界空前繁荣,越来越细分,

---

① 习近平:《在庆祝全国人民代表大会成立60周年大会上的讲话》,《求是》2019年第18期,第4—15页。
② 《马克思恩格斯文集(8)》人民出版社2009年版,第23页。

政治学、经济学、社会学、生态学、理论学、历史学等不断衍生新的学术分支，不断得到新的拓展和整合，这些学科通过诸多课题研究归类在不同层面的各学科内，加之各类课题基金立项的导向支持，"切入口"越小越好成了技术性共识。

但是，学科体系并不仅仅是学科分类。"如果原本是科学社会主义研究对象的内容就被分解掉了，'碎片化'了，科学社会主义有时似乎成为一个空架子。它什么都可以研究，什么都研究得不深入，谈不上有什么独立话语权。造成科学社会主义这一学科'边界不清'、'没有元理论'、'研究主体对象不集中'等误解。"①

今天就是明天的历史。中国共产党作为领导最大发展中国家的世界上第一大党，无论是理论、实践还是现实需要，在大发展、大变革、大变局中如何把握大趋势再出发，既有条件更有必要追溯中国特色社会主义的历史、现实和未来，从更广阔的时空定位中把握中国特色社会主义的时代性、世界性、实践性、飞跃性。在开创中国特色社会主义的实践中，形成了一整套基本范畴，诸如社会主义初级阶段理论、社会主义本质论、改革开放动力论，改革、发展、稳定，旗帜、道路、理论、制度、文化，中国梦、一国两制、人类命运共同体等作为一个整体相互关联的命题，从不同的维度、功能对中国特色社会主义进行既各有侧重又彼此兼顾的诠释。这些要素及其内涵在不同时期发挥的作用不同，但又共同构成中国特色社会主义的生成逻辑、价值理念、知识谱系、社会功能子系统，需要在各自承载阶段性、差异性又连续性的基础上宏观把握。

改革开放后，中国共产党先后创立了一脉相承、与时俱进的科学理论体系，学习研究习近平新时代中国特色社会主义思想，不仅要和不同理论

---

① 夏军：《科学社会主义不是空想——关于理论体系若干重要问题的探索》，上海：上海人民出版社2014年版，第17页。

体系之间贯通起来,还需要从战略上、制度上总体明确其与科学社会主义一脉相传的逻辑架构。集大成理论的继承与发展不是简单叠加,而是根据实践的需要对规律的认识不断深化、拓展、升华。"中国特色社会主义是一个宏大、开放而又不断生成、发展的系统,只有从整体性视角展开对中国特色社会主义发展逻辑的研究,才能够全面准确把握中国特色社会主义形成、发展和不断壮大的内在逻辑与根据。"[①]才能够更好地揭示其时代意义、理论意义、实践意义及其一般性、普遍性的世界意义。

(三)正本清源中准确理解中国特色社会主义的实践品质和现实意蕴

如果中国特色社会主义研究缺乏整体性、全局性的理论视角,就很难"知其然"并"知其所以然"。除了准确把握中国特色社会主义的核心要义、历史地位,还要深刻领会其背后的生成逻辑、价值展开,才能全面贯彻中国特色社会主义的品质要求和精神实质。这就要求始终保持历史发展的眼光,把它们作为一个整体来把握,避免把它们割裂开来、对立起来,从发展的脉络中把握理论形态之间既一脉相承又与时俱进的关系,用历史的、联系的、发展的观点去认识它们的相互关系,并使其得以丰富和发展。

对事物没有整体性把握和考量,就难免迷失方向,甚至丢失自我。只有搞清楚每一个基本原理的理论内涵,又清楚其在整个理论框架中的地位和作用,才能在具体运用过程中既能重点突出又能统筹兼顾,形成综合性、辩证性思维。"只是注意历史的某些支流和局部,某个历史的细节和碎片,我们就不可能讲清楚党和人民为实现中华民族的复兴所做的伟大贡献,而描绘出来的历史画面往往就会缺乏整体性,不够真实,而且显得

---

① 韩庆祥、方兰欣:《改革开放以来中国特色社会主义的发展逻辑》,《中国特色社会主义研究》2018年第3期,第20—29页。

色调比较晦暗。"①

人类社会发展的任何历史事实,无论大小,都最终反映在整体历史的发展变化之中。这就要求我们注重历史整体性研究,在错综复杂的历史与现实中把握各种联系,总结历史发展演进的规律。因此,避免静止地从单个层次观察问题的"碎片化"研究,而是要从它们的运动、变化和发展的角度去研究观察。就是说明任何一个科学体系都有一个发展过程,也必须在其发展变化中把握其时代意蕴和实践要求。

中国特色社会主义发展到今天,既有经验也有教训,其具有的场景,既有细枝末节的点,也有无数个"点"在实践中形成的"线、面、体"。"对于任何理论体系的研究,都存在一个循序渐进、由浅入深的过程。具体到中国特色社会主义理论体系,主要是从对其三大块内容(即邓小平理论、'三个代表'重要思想和科学发展观)的'块块研究'推进到对其中每一条理论的'条条研究',并进一步揭示条条之间的内在逻辑联系。"②"点"既是整体研究的切入点,又是整个镜像的立足点,更会像穴位一样给人警觉,催人深思,引人顿悟,更容易深刻理解事物本质,进一步澄清或纠正某些对中国特色社会主义片面的、甚至歪曲的认识。

(四)在来龙去脉中深化认识中国特色社会主义的生成逻辑和价值取向

实践已经证明,中国特色社会主义这条路,走得通、走得对、走得好。但是对于什么是中国特色社会主义,中国特色社会主义从哪里来、到哪里去,中国特色社会主义的科学真理性及生成逻辑体现在哪等问题,可以说

---

① 李元鹏:《牢牢把握党史、国史的主题和主线、主流和本质》,《红旗文稿》2016年第10期,第25—28页。
② 韩庆祥、王海滨:"中国特色社会主义理论体系的研究理路和逻辑进展",《中共中央党校学报》2012年第4期,第5—9页。

各种曲解、误解和歪解甚嚣尘上,这些问题在经济社会生活中往往人言人殊,并没有形成基本共识。具体来说,唱衰中国的舆论,如"怀疑论""渺茫论""黄祸论""威胁论"伴随着"国家资本主义""民主社会主义""新威权主义"等此起彼伏,从来没有中断过。中国特色社会主义时常成为一种特有的标签,受到质疑和警惕。

某种意义上,要了解何为当下真实的中国,必须首先了解"什么是""为什么是"中国特色社会主义。或者说,了解党和国家事业发展的前因后果,都必须高度关切中国特色社会主义的来龙去脉。道理很简单,搞清楚近代以来中华民族由衰到盛的发展历程,搞清楚中国独立自主的民族革命和伟大的社会主义革命的历史发展,搞清楚世界社会主义思想的源头及其演进,就能明白,中国近代的历史和人民如何选择了马克思主义救中国,又开创了中国特色社会主义发展中国。

中国道路有自己的特色,但中国的很多方面也具有普适性。中国特色社会主义不仅改变了中国自身,也改变了世界。但其所带来的"中国崛起""中国奇迹""中国模式""中国方案""中国力量""中国价值"等话语的"中国特色"经常被神秘化。国际上有些人担心中国的发展对世界是个威胁,会挤压其他国家的发展空间,"西方人难以理解中国发展的真谛,中国人要成功解释中国发展的意识形态原因及其世界意义,也并非易事"[①]。尤其是今天当中国正在努力站在世界中心舞台的时候,就更加需要在沟通中增加共识与认同。如果那些"中国特色"仅仅停留于特殊的个性,难免被"神秘化",那么就很难让世界来了解并理解中国,结果只能"误解中国"。

了解并理解中国越来越重要。如何让西方不把中国的发展当作可能

---

① 程伟礼、戴雪梅等:《中国特色社会主义思想史》,学林出版社2009年版,总论3。

的威胁,需要让他们知道,中国仍然是世界上最大的发展中国家,人口多、底子薄的基本国情没有变。不清楚中华文明的深厚底蕴和鸦片战争以来的历史,搞不清中国特色社会主义的时代背景和生成逻辑,这是误读、误判中国的重要原因。"在没有完全了解中华文明和文明国家的前提下,你是不可能理解中国的。想要理解在各种方面的成因都与西方优越感不同的中国心态,你就不能忽视中华文明这个概念。"①

在中华人民共和国成立70周年之际,国务院新闻办公室于2019年9月27日发布《新时代的中国与世界》白皮书指出:"中国发展进入了新时代。中国对世界的影响,从未像今天这样全面、深刻、长远;世界对中国的关注,也从未像今天这样广泛、深切、聚焦。中国从哪里来、向哪里去?中国推动建设什么样的世界?发展起来的中国如何与世界相处?"②要让世界客观独立地认识中国,关键是在了解中国的基础上理解中国。"无论从哪个角度来说,建设自己的社会科学和话语体系,中国责无旁贷,因为这既有利于自己,也有利于世界。""这是一个长远的任务,但对一个崛起中的、对世界事务产生越来越大影响的国家来说,这是一件不得不做的大事情。"③

(五)在历史进路中紧紧抓住中国特色社会主义的主题主线和主流本质

习近平关于中国特色社会主义"五个得来"④的论述,指出了中国特色社会主义的历史渊源和发展演进。习近平还强调,要把学习贯彻党的创新理论同学习党史、新中国史、改革开放史、社会主义发展史结合起来。

---

① 傅才武、岳楠:《论中国传统文化创新性发展的实现路径——以当代文化资本理论为视角》,《同济大学学报(社会科学版)》2018年第1期,第28—38页。
② 《新时代的中国与世界》,人民出版社2019年版,第2页。
③ 郑永年:《如何让世界读懂中国》,《联合早报》2015年12月9日。
④ 《习近平谈治国理政(3)》,外文出版社,2020年版,第70页。

分析研究党史国史,根本目的是全面深入总结其经验教训,进而深化对人类社会发展、社会主义建设和中国共产党执政"三大规律"的认识,更好地了解我们党的光荣传统、宝贵经验和伟大成就,从而更好地担当我们的历史使命,坚定思想信仰和提高行动自觉。

历史是现实的镜鉴。构建中国特色社会主义自身特色的学科体系、学术体系和话语体系,有着紧迫的现实意义和深远的历史意义。"这对正确认识党情、国情十分必要,对开创未来也十分必要,因为历史是最好的教科书。"[①]"欲知大道,必先为史。"抓住主流与本质,有助于在历史虚无主义等错误思潮对中国特色社会主义道路进行妄议、非议时予以警惕,并进行理性反思和批驳,明确中国特色社会主义整体历史发展进程的大道和大势。"反对历史虚无主义思潮,必须捍卫党史、新中国史的主题与主线、主流与本质,以正确的舆论和理论引领社会思潮,增强全国各族人民共同思想政治基础,增强中国特色社会主义道路自信、理论自信、制度自信和文化自信。"[②]

从中国特色社会主义整体性溯源研究,就抓住了党史、新中国史、社会主义发展史的牛鼻子,更好地把握历史的主流和本质。"只有端起历史的望远镜,才能深刻理解中国共产党百年奋斗的意义所在,才能看清我们能够成功的逻辑所在,才能找到我们能够继续成功的密码所在。"[③]对中国特色社会主义的研究除了理解和把握其科学体系和深刻内涵,还需要以历史唯物主义基本原理和方法,把握时代特征和国际经济政治形势为重点拓展研究的世界眼光和战略思维,倡导宽阔的视野的雄心。

---

① 《习近平谈治国理政》,外文出版社2014年版,第405页。
② 宋月红:《党史国史研究中抵制历史虚无主义的三个关键抓手》,《红旗文稿2017年第6期,第6—8页。
③ 郑言:《核心凝聚人心 党兴引领复兴——学习贯彻党的十九届六中全会精神》,《思想政治工作研究》2021年第11期,第14—18页。

"有些人运用形而上学静止的僵化的方法,割裂党和国家历史的连续性及整体性,在社会上造成严重的思想混乱,根本原因就是看不到主流与本质。"①历史、现实与未来是联系在一起的。学习党史、国史的目的是坚持和发展中国特色社会主义,有利于在历史与现实、理论与实践的结合上,把党和国家各项事业继续推向前进。2010年7月,习近平提出:"牢牢把握党的历史发展的主题和主线、主流和本质,旗帜鲜明地揭示和宣传中国共产党在中国的领导地位和核心作用形成的历史必然性。"②

(六)继往开来中大力推进中国特色社会主义的理论创新与实践创新

资本主义的资本特性越出国界而使世界作为一个整体而存在,"民族历史向世界历史转变",世界历史观的总态势让世界越来越成为一个整体。一件事情的历史意义,往往取决于它发生的时间点以及时代大背景。另一方面,一个新事物给世界的冲击,一般又是一点点被认知,而它的全部意义可能是一段时期后,甚至许多年后才能被看得清晰和完整。中国特色社会主义经过几十年的理论和实践探索,已经在中国大地深深扎根,并取得巨大成功。特别是,党的十八大以来,中国特色社会主义进入新的历史方位,呈现出明显的制度优势,这是一个越来越系统集成、逐步成熟定型、具有强大自我完善能力的先进制度,更是具备了清晰的理论、道路、制度自觉。

"什么事情都要看一百多年前是怎么说的、几十年前是怎么说的,不能越雷池一步,只能亦步亦趋,那还怎么前进?!那不是真正的马克思主

---

① 王爱云:《推进党史国史整体性研究,把握历史主流与本质》,《河北学刊》2019年第4期,第32—36页。
② 习近平:《在全国党史工作会议上地讲话》,《人民日报》2010年7月22日。

义!"①中国特色社会主义的新进展,得到国内外越来越多的论述、阐发和判断,其未来走向日益被关切,被世界聚焦,如果从各自的视角出发,只能看到中国的一个局部,只有在全局的角度反观,才能对事物的发展有一个完整的全貌,因此,迫切需要进行理论层面的总结、提炼,进而形成新的理论创新成果。同时,社会主义在中国毕竟是只实践了几十年的新事物,很多基本范畴、全新的论断都是在实践中随着认识而加深,这要求我们对中国特色社会主义的思考、观察和研究确立更加严谨、更加准确的科学态度,把握历史规律和历史趋势的高度自觉和高度自信。

此外,当今世界正处于百年未有之大变局,全球深层次矛盾突出,时代主题不确定性、不稳定性日益突出。对中国特色社会主义的研究还需要以把握时代特征和国际经济政治形势为重点,拓展研究的世界眼光和战略思维。在新的社会实践面前,我们必须具有强烈的历史责任和使命感,重视理论创新。中国特色社会主义对当代中国问题的探索解答,不是封闭独立进行的,而是把当代中国问题置于当今世界大局中去谋划,紧密结合时代发展主题,与世界问题以及人类社会的发展进步相联系,在发展中遇到的问题,解决的方法,既是对中国问题的认识,也是对人类社会共性问题的回应。

"人类又一次站在了十字路口。"当代中国处于从大国走向强国的关键时期,我国发展进入战略机遇和风险挑战并存、不确定因素增多的时期,在这种复杂的时代背景下,远眺前行的路,凝心聚力正当其时。溯源开来中对中国特色社会主义进行整体研究,既需要在实践中不断总结中国发展道路的本质特征和基本规律,从国际社会主义运动的高度总结中国建设社会主义的经验和教训,也要重视学习外国经验,吸收人类文明成

---

① 习近平:《更好把握和运用党的百年奋斗历史经验》,《求是》2022年第7期,第6页。

果。在历史、现实与未来的贯通中,在国内、国际两个大局中考量重大战略思想的演变进路,及其成为世界社会主义实践样本的可能性。

二、研究意义

话语体系建设,是理论界和学术界面临的重大而紧迫的时代课题。对待中国特色社会主义这样一个重大问题,同样要"正确区分学术问题和政治问题"。在理论上需要对其重大基本问题予以疏通,澄明其价值缘起、基本特征与脉络逻辑,溯源其固有的内在基因,观照所处的历史方位,诊断未来的路径。在此基础上,穿透其背后的历史、文化与思想的发展轨迹,犁锄出契合科学社会主义的原则内涵,回应人们的认识误区与困惑,以及种种思潮挑战与诘难,尽可能诠释中国特色社会主义是中国人民的正确选择和历史性创造,为其科学性与必然性提供合理性阐释。

用学术讲政治,就是要从学理上加以深入理解和阐释,由政治话语转化为学术话语,进而从学理上作出一个精准、精炼、彻底、合乎逻辑且令人信服的阐释。本书通过从整体性、宏观性、历史性、战略性的角度把握中国特色社会主义,尽量克服习惯性或者典型性研究路径依赖,既避免容易失之空泛的纯理论形态研究,避开教化系统与政治诉求,也避免陷入盲目的纯实践形态认证。在中国特色社会主义生成逻辑的整体性回顾与反思的基础上,围绕马克思主义中国化的历史性飞跃成果,在时代背景下对近现代不同类型国家发展道路、理论、模式的纵横比较中,通过揭示其原有及现有的形态、结构、价值等多重关系,科学认清它形成发展的时代背景、本质属性、特征优势,准确定位其所处的历史方位、走向趋势以及方法论意义,从而更好地建设和发展中国特色社会主义,不走老路、不走邪路,更不能简单地复返西方现代性的道路,坚定中国特色社会主义"四个自信"。

分析中国特色社会主义不断生成、发展、完善、集成的各要素、多领域、全方位的有机构成、运作机理，需要在各自承载的阶段性又连续性基础上整体把握。本书同时通过分析中国特色社会主义基本形态各要素、多领域、全方位的有机构成、运作机理，研究各种概念、要素相辅相成、相互贯通及有机转化的客观规律。从整体性、系统性、历史性、战略性的角度思考和把握中国特色社会主义的时代背景、实践基础、优势特色、现实意蕴及走向趋势，更容易凝聚共识，从而为在中国特色社会主义历史担当中考察其实践性容度，探寻中国特色社会主义具有的世界社会主义意义上的基本逻辑，从而更加深入理解马克思主义的中国化、时代化。

中国特色社会主义既是历史又是未来昭示，既是民族的，又是世界的。在科学社会主义发展500年，中华文明延续5000年的历史长河中，整体性审视中国特色社会主义发展轨迹，思考其世界图景，研判真未来使命，可以说很有必要又正当其时。

中国特色社会主义，除了经济上令人信服的"中国奇迹"，如何在意识形态上实现逻辑自洽，探讨其成功经验和规律，着眼于世界历史前景，又在制度建设与发展方面在国际社会上赢得"他信"，使其在与西方文明碰撞中，找到发展与超越人类文明"内核"，培植马克思主义当下人的终极关怀的厚度，更好切近一种新文明类型，并生成新文明的可能性。中国特色社会主义成功地开创了一条中国式现代化新道路，实现了人类历史上前所未有的伟大变革，为人类社会发展提供了一条"和而不同"的道路。用事实证明，"世界上既不存在定于一尊的现代化的模式，也不存在放之四海而皆准的现代化标准"[①]。

溯"源"重在开"流"。中国特色社会主义辉煌蝶变并独树一帜，但不

[①] 《高举中国特色社会主义伟大旗帜　奋力谱写全面建设社会主义现代化国家崭新篇章》，《人民日报》2022年7月28日。

是标新立异、自我作古。既不能妄自菲薄,更不能妄自尊大。中国特色社会主义社会不是任何国家民族发展的"万能钥",也不可能是永久解决自身一切复杂问题的"万能胶",同任何其他社会制度一样,"不是一种一成不变的东西"①,应当是经常变化和改革的社会形态。

中国特色社会主义已经进入新的历史方位,如何继往开来,更需要对其加强系统性、整体性、协调性、全局性思考。这就需要进一步坚定中国特色社会主义"四个自信",不断激发科学社会主义基本原则的可能性、现实性,从而恢复和提高人们对现实和未来社会本应具有的哲学意义上的批判和反思能力,不断释放中国特色社会主义的生命力、创造力、想象力。

同时,研究中国特色社会主义,需要回到马克思主义理论框架内,更需要不断在马克思主义中国化时代化的生成逻辑与价值展开相互关系中,使其历史、现实、价值、观念、文化保持一定的张力和合力,分析其形成发展背景、规律及前景,使其体现出鲜活的时代感和深刻的现实性。

按照大历史观的时间尺度从"系列不是""六个时间段""五个得来""四个不是""三个意味着""两个不是"独特视角,将中国特色社会主义置于科学社会主义"500年"和中华文明"5000年"中进行源流关系建构,突出中国特色社会主义既是民族的,又是世界的,思考其如何在推进人类社会、社会主义、共产党执政党"三大规律"的"历史观"与"世界观"统一中成为人类文明新形态。

只有在这种历史大势交汇中,才能更深入领会中国特色社会主义的逻辑生成与价值展开,才更可以看清中国特色社会主义从哪里来、到哪里去,更能领悟中国特色社会主义的历史方位及其责任使命,更容易着眼于

---

① 《马克思恩格斯文集(10)》,人民出版社 2009 年版,第 588 页。

变革与创新的世界历史意义。此外,通过中国特色社会主义的整体性研究回应理论困惑,进而在未来美好社会总体想象的空间里,推进马克思主义中国化当代建构与科学发展,从而考察中国特色社会主义可能提供的人改变自身现状的终极关怀和价值机理,从而提高人们对现实和未来美好社会本应具有的哲学意义上的批判和反思能力。

第二节　国内外研究现状

中国特色社会主义在改革开放中开创,已经走过40多年的历程。中国特色社会主义不仅深刻改变中国历史的发展进程,也将在相当程度上改变世界历史的发展。对中国特色社会主义研究正是伴随着其实践而被国内外学者广泛关注。

一、研究现状

（一）国内学者关于中国特色社会主义时代背景、基本概念、本质特征研究

理论界基本形成了中国特色社会主义"始于1978年"这一共识,在此基础上对中国特色社会主义的基本要素、概念内涵、本质特征等演进历程研究一直是重点。这方面研究主要从社会主义的本质属性、特色与共性、特色与创新、特色与模式关系等方面进行。比较集中地研究了中国特色社会主义思想渊源、价值取向、时代背景、现实基础、形成过程、科学内涵、精神实质、历史地位、重大意义等。

党的十七大后,关于中国特色社会主义道路的研究成了热点,总体分析了中国道路、理论体系与制度建构三者辩证统一、相辅相成的整体关系,重在凸显它的显著优势和鲜明特色。

其中,中国特色社会主义理论体系研究中关于毛泽东思想、邓小平理论与理论体系之间的关系问题,学者在不同时期争议很大。具体到两者内容,观点更是纷呈,特别是对邓小平理论的研究主要涉及"十七论""九方面说""十四论""九论""十二个点"等。也有相当部分对邓小平理论、"三个代表"重要思想和科学发展观的分流体系及三者关系的整合研究,以及一直围绕中国特色社会主义的精髓、主线、主题、核心、关键问题等研究。

经历了改革开放前后两个30年的发展,中国共产党开创了治国理政新局面,中国特色社会主义进入了新的历史方位。特别是党的十八大后,学者们深入关切现实问题,并在经济、政治、文化、社会、生态文明领域以及协商民主、核心价值观、国家治理现代化等诸多领域的具体道路进行了分门别类的研究。

随着中国特色社会主义实践的推进,中国特色社会主义"四个自信"之间的整体性研究,逐步发展到把中国特色社会主义道路置于世界格局中,系统研究其生成机制、发展趋势,以及理论精髓、基本内容、逻辑框架、方法论等问题。

关于社会主义基本形态道路、理论、制度之间相互关联与转化的研究,有的研究实践经验与理论形态向制度形态的相互关联与转化;有的注重研究中国特色社会主义理论内化为理想信念,外化为重大战略、方针政策、具体路径、实践形式和制度安排等模式、道路、经验、方略等问题;还有关于"两个30年""两个大局"、人类命运共同体、人类文明新形态、新时代中国特色社会主义新发展理念、新发展阶段、新发展格局等研究。

党的十八大以来,以"四史学习""党史学习"结合建党百年、十九届六中全会通过的《中共中央关于党的百年奋斗重大成就和历史经验的决议》等重大主题活动,形成了党史学习研究为主的新语境、新思维、新视角等话语体系。对党史学习和研究的显著特征是以"历史是最好的教科书"为基本思路,以坚持和发展中国特色社会主义为主要线索,开展对党史、国史、改革开放史等研究成为显著取向。

其研究重点有正确认识和科学评价党史上的重大事件、重要会议、重要人物,旗帜鲜明反对历史虚无主义研究;对中华文明5000年、社会主义500年、新中国成立70多年、改革开放40多年等历史演进中"四个走出来""五个得来",以及社会主义500年"六个时间段""三个历史决议"等历史经验加以审视、阐释和论述;把历史作为整体来把握,围绕"三个不易""三个为什么",不断坚定"四个自信";聚焦"历史逻辑""历史方位""大历史观""国之大者",把握历史大势,开拓新的历史视角。

中国特色社会主义进入新时代,这又加速了中国特色社会主义的研究同时代主题对话,主要体现在围绕人民至上、建党精神、马克思主义中国化时代化、科学社会主义、习近平新时代中国特色社会主义思想等方向,借以阐说中国特色社会主义的现实意蕴及世界历史意义。

(二)整体性及源流关系研究

关于中国特色社会主义"从哪里来""到哪里去"等生成逻辑、生成动力整体性思考与研究,主要集中在党的十八大召开后,党和国家领导人对这个问题的看法与判断。习近平在2013年初关于中国特色社会主义的主题讲话中指出:"中国特色社会主义,是科学社会主义理论逻辑和中国社会发展历史逻辑的辩证统一。"[1]2017年10月,党的十九大报告中又强调中国特色社会主义是"近代以来中国人民长期奋斗的历史逻辑、理论逻辑、实践逻辑的必然结果"[2]。2019年10月,习近平在强调一个国家选择什么样的国家制度和国家治理体系时,再次指出其"具有深刻的历史逻

---

[1] 《习近平谈治国理政》,外文出版社2014年第21页。
[2] 《习近平谈治国理政(3)》,外文出版社2020年第28页。

辑、理论逻辑、实践逻辑"①。

这种情况下,源流关系研究就从单一的"历史逻辑""理论逻辑""实践逻辑"转入整体性多角度的逻辑关系研究。从理论逻辑、历史逻辑"两个逻辑"到理论逻辑、历史逻辑和实践逻辑"三个逻辑",对于进一步拓展科学内涵与实质,整体上认识和把握中国特色社会主义的源流有重要意义。

但是一些研究在论述三个逻辑时,往往将各种要素任意"裁剪"使用,有时用于阐释中国特色社会主义的理论逻辑,有时又用于论证中国特色社会主义的历史逻辑,而中国特色社会主义的实践逻辑,往往论述或阐释时方法、角度更是复杂多样。如社会主义500年的"六个时间段"②,当从世界社会主义思想源头谈起,这是中国特色社会主义的理论逻辑;同时,"六个时间段"涉及中国特色社会主义的历史发展,这可以用来阐释中国特色社会主义的历史逻辑,而这"六个时间段",又说明我们党在推进革命、建设、改革的进程中,是怎样经过反复比较和总结,是怎样历经千辛万苦,付出各种代价,最终开创和发展了中国特色社会主义的,这当然可以用来证明中国特色社会主义的实践逻辑。

对于中国特色社会主义的历史逻辑、理论逻辑、实践逻辑三者关系,学者之间也有不同定义。如颜晓峰认为,"理论逻辑经过实践转化,就会融入历史、塑造历史,呈现为历史逻辑。历史逻辑经过实践转化,就会提炼为理论、上升为理论,呈现为理论逻辑"③。张雷生认为,"当代中国社会发展的实践是中国特色社会主义的历史逻辑,中国特色社会主义理论

---

① 《习近平谈治国理政(3)》,外文出版社2020年第119页。
② 《毫不动摇坚持和发展中国特色社会主义 在实践中不断有所发现有所创造有所前进》,《人民日报》2013年1月6日。
③ 颜晓峰:《中国特色社会主义:理论逻辑与历史逻辑的辩证统一》,《中国特色社会主义研究》2013年第2期,第9—12页。

逻辑统一于历史逻辑"①。荣长海则认为,"理论逻辑与历史逻辑的相互作用,主要体现在相互制约和相互促进两个方面。就相互制约而言,理论逻辑规定历史逻辑的发展方向……历史逻辑规定理论逻辑的发展内容……就相互促进而言,理论逻辑表现出理论指导实践、掌握群众的本质力量,有力地推进了社会主义实践"②。

中国特色社会主义的"历史逻辑""理论逻辑""实践逻辑",是以党的十九大报告作为依据的。在学界理论研究方面,除了对以上三个源流逻辑进行深入阐释外,也有从其他角度对中国特色社会主义生成逻辑进行研究。

这些研究的发散性特点,对于中国特色社会主义的整体性把握很有意义,但这些研究往往停留于某个视角或特定领域,并没有形成一个系统、深入、全方位的研究方向,也没有一个共识点,缺乏协同研究或集体攻关的意识,更谈不上共识性研究"定论"。

另一方面,中国特色社会主义整体性研究,除了研究中国特色社会主义本身,更加注重"古今""中外"等外在时空要素的综合与比较。如黄凯锋主张"马克思主义中国化、中华民族复兴、社会主义现代化之间的关系有一个历史的、整体的观照",进行"复合叙事,需要系统思考、辩证把握和整体性逻辑"③;潘世伟认为"对于这种历史性的贡献,我们还缺乏深入的思考,还没有将其演化为更加严谨的知识体系"④陈金龙提出了"人类文明新形态"⑤等。

---

① 张雷声:《论中国特色社会主义的理论逻辑和历史逻辑》,《马克思主义研究》2014年第2期,第42—49页。
② 荣长海:《中国特色社会主义是理论逻辑和历史逻辑的辩证统一》,《科学社会主义》2014年第4期,第8—9页。
③ 黄凯锋:《习近平新时代中国特色社会主义思想的整体性逻辑》,《理论视野》2020年第9期,第24—30页。
④ 潘世伟:《中国道路为世界文明作出了历史性贡献》,《理论导报》2019年第9期,第55页。
⑤ 陈金龙:《人类文明新形态的四重意蕴》,《广东社会科学》2021年第6期,第5—11、254页。

关于大历史观视角"大逻辑"。如,伍小涛的《习近平大历史观的内涵及意义》[①];于沛的《大历史观看人类命运共同体》[②];张学森的《大历史观与中国道路》[③];严书翰的《共产党人的大历史观》[④];陈金龙、吴晓璇的《大历史观与改革开放》[⑤];金梦、周良书的《习近平大历史观对历史唯物主义的创新性发展》[⑥];路宽的《习近平大历史观视野重的中国问题》[⑦];谈传生的《习近平新时代中国特色社会主义思想的大历史观》[⑧];肖鹏的《大历史观与百年党史》[⑨]等。

综而述之,顾海良认为:"中共十八大以来,对中国特色社会主义的研究,出现了两个显著的取向:一是以中国特色社会主义为基本命题,展开对中国特色社会主义道路、理论和制度的总体探索,展开对中国特色社会主义总依据、总布局和总任务的整体思考;二是'以历史是最好的教科书'为基本思路,以坚持和发展中国特色社会主义为主要线索,展开对党史、国史的研究,对社会主义思想、运动和制度发展的历史反思。这两个显著的取向,实际上是对中国特色社会主义的理论逻辑和历史逻辑的研究,是

---

① 伍小涛:《深刻领会习近平大历史观的内涵及意义》,《中国井冈山干部学院学报》2019 年第 4 期,第 93—98 页。
② 于沛:《从大历史观看人类命运共同体》,《求是》2019 年第 3 期,第 60—69 页。
③ 张学森:《大历史观视阈下的中国道路》,《党政研究》2019 年第 6 期,第 22—30 页。
④ 严书翰:《论中国共产党人的大历史观》,《新视野》2020 年第 4 期,第 19—23、80 页。
⑤ 陈金龙、吴晓璇:《以大历史观认识和把握改革开放史论纲》,《思想理论教育》2020 年第 7 期,第 18—23 页。
⑥ 金梦、周良书:《习近平大历史观对历史唯物主义的创新性发展》,《理论视野》2020 年第 6 期,第 5—11 页。
⑦ 路宽:《习近平大历史观视野中的中国问题》,《理论学刊》2021 年第 1 期,第 5—13 页。
⑧ 谈传生:《习近平新时代中国特色社会主义思想的大历史观》,《高校马克思主义理论研究》2020 年第 4 期,第 86—91 页。
⑨ 肖鹏:《运用大历史观认识中国共产党百年历史——学习习近平〈论中国共产党历史〉》,《世界社会主义研究》2021 年第 5 期,第 22—31、94—95 页。

对马克思主义中国化的理论研究及方法运用上的深化。"①

(三)国外学者对中国特色社会主义不同阶段关注不同

首先,20世纪90年代,随着世界社会主义运动陷入低潮,有西方学者认为世界历史将终结于资本主义文明(弗朗西斯·福山《历史的终结与最后的人》,1992)。也有西方学者把中国崛起理解为由"文明冲突论"而来的"中国威胁论""中国崩溃论""仁慈霸权论"等(萨缪尔·P.亨廷顿《文明的冲突与世界秩序的重建》,1996)。

其中一些学者带有强烈的或者潜意识的意识形态偏见,将中国特色社会主义归为"儒教资本主义""威权资本主义""民族共产主义"(乔舒亚·库珀·雷默《从华盛顿共识到北京共识》,2004)。随着中国特色社会主义的快速发展及其世界历史实践,这些鼓噪近年来在整体上已平息下去。

其次,进入世纪之交,新一轮经济危机中有西方学者开始重新反思现代文明的病症与出路,开始意识到中国道路具有和平主义的历史传统,这种传统将有可能超越现代文明的霸权主义,并使中国发展具有重要的世界历史意义(基辛格《世界秩序》,2015;罗斯·特里尔②《习近平复兴中国:历史使命与大国战略》,2016等)。

他们对中国特色社会主义进行客观分析,"认为中国打破传统社会主义框架,利用资本主义经验又克服其弊端,为超越资本主义的发展模式和缺陷提供了一种社会主义的发展路径"③,主要将其定义为正面意义上的"中国化马克思主义""新版马克思主义"等。

最后,党的十八大以来,国外学术界已有的研究开始关注中国道路对

---

① 顾海良:《中国特色社会主义的历史逻辑和理论逻辑探索》,《教学与研究》,2013年第10期,第5—12页。
② [美]罗斯·特里尔:《习近平复兴中国:历史使命与大国战略》,美国时代出版公司2016年版。
③ 左伟:《中国特色社会主义的"特色"释义》,《江苏省社会主义学院学报》2017年第1期,第25—30页。

现代文明的超越,如将中国特色社会主义的经验片面概括为"后社会主义""北京共识""中国模式"等,认为其是超越了"华盛顿共识"的另一种改革模式。也有很多研究主要聚焦在中国道路的现实意义,如托马斯·海贝勒①、阿里夫·德里克②、阿格妮丝·赫勒③、马丁·雅克④、郑永年⑤、肯尼·科伊尔、陈文旭⑥等的研究。

这些研究大体上正在逐渐形成一些建设性的观点,虽然从总体来说还是比较初步的,大多模糊或回避了中国特色社会主义的社会主义性质,有些还存在相当程度的误解、误读,主要原因是价值标准和话语体系不同,包括对很多问题的历史背景不太了解,往往就事论事。

不过,随着中国特色社会主义的发展和完善,特别是改革开放后,中国特色社会主义取得了举世瞩目的伟大成就,尽管有着历史、文化背景上的,甚至意识形态等原因,国外大多数学者越来越愿意本着实事求是的态度,对中国特色社会主义秉持一种较为客观的认知和评价,很多学者对很多问题既客观需要也很愿意进一步对话交流。

理论与实践是同步的,研究也必然紧跟实践呈现不同特点。"随着百年变局背景下国际力量对比'东升西降'趋势加速演进,广大发展中国家迫切求发展、渴望谋治理,'向东看'从'看成就'深入至'看原因',从'看政

---

① [德]托马斯·海贝勒:《关于中国模式若干问题的研究》,《当代世界与社会主义》2005年第5期,第9—11页。
② [美]阿里夫·德里克、吕增奎:《重访后社会主义:反思中国特色社会主义的过去、现在和未来》,《马克思主义与现实》2009年第5期,第24—35页。
③ [匈牙利]阿格妮丝·郝勒:《马克思与"人类解放"》,《马克思主义与现实》2012年第2期,第144—151页。
④ [英]马丁·雅克:《中国和中国人民为全世界做出了贡献》,《中国报道》2020年第2期,第43页。
⑤ 郑永年:《中国模式经验与挑战》,《学习月刊》2016年第16期,第56页。
⑥ [英]肯尼·科伊尔、陈文旭:《中国特色社会主义:世界社会主义的新机遇》,《人民论坛·学术前沿》2021年第11期,第71—79页。

策'提升至'看道路'。"①

从国际视野来看,我们正面临世界百年未有之大变局,国际力量对比呈趋势性更加均衡方向发展,新一轮科技革命和产业革命变革加速发展,各种威胁和挑战联动效应明显,国际环境日趋复杂,不稳定性不确定性明显增加。经济全球化遭遇逆流,单边主义、保护主义、霸权主义对世界和平与发展构成威胁。而中国又处于中华民族伟大复兴关键时期,处于从大国走向强国发展的敏感期,这也引发西方学者越来越热衷于从理论研究转向中国发展实践、未来发展前景挑战等实用性研究,包括中美关系及世界局势的演变。

显而易见,理论和实践都需要国内外研究从不同侧面对中国特色社会主义进行探索和挖掘,以多样化视角探讨当代中国坚持和发展中国特色社会主义生成逻辑和价值展开的理论基础和实践路径,为推动构建人类命运共同体和建设更加美好世界提供该有的智慧和指导。

总体上看,他们的研究方向、思路紧随着中国共产党对中国特色社会主义的认识,有一个从概念突破到体系完善、从内容单一到内涵丰富多元的探索过程的转变,这种特点也伴生了其研究上的不少问题与不足之处。

(四)对于中国特色社会主义鲜活实践与理论研究存在的争论与误区

一方面,在马克思主义、社会主义进入中国的过程中,一直存在不同思潮的论战与交锋。如,"问题与主义"、社会主义是否适合中国、马克思主义者与无政府主义、中国社会性质、"第三条道路"等论战,这些论战与交锋弄清了真假马克思主义的根本区别,形成了社会主义被民众认同和

---

① 宋涛:《党的对外工作是中国特色大国外交的重要体现》,《当代世界》2022年第1期,第4—10页。

接受的思想基础,随着俄国十月革命的成功,走"俄国人的路"自然水到渠成。而中国先进知识分子在一系列论战中历史地选择马克思主义,马克思主义者担负起中国革命的历史重任。

另一方面,中国特色社会主义有其独特的历史机遇和历史环境,也不可避免地受到同时代各种社会思潮的影响。实践上看,从中国选择社会主义道路到世界社会主义选择中国,并非左右逢源、布帆无恙。中国特色社会主义在"历史终结"的话语体系中并没有随着"多米诺骨牌效应"而倒下,中国特色社会主义取得的成就举世瞩目。但是,在理论上,依然众说纷纭,各种曲解、误解和歪解甚嚣尘上,对于中国特色社会主义的历史必然性、科学真理性及其未来前景,应该说依然存在不同的声音。

具体来说,"中国制造""中国崛起""中国奇迹""中国模式""中国力量""中国智慧"等话语经常被神秘化,特别是西方学者依然带有强烈的或者潜意识的意识形态偏见,中国特色社会主义时常成为一种特有的标签,时常受到质疑和警惕。这就造成"怀疑论""渺茫论""黄祸论""威胁论"伴随着"国家资本主义""民主社会主义""新威权主义"等不同论调此起彼伏,对很多问题的研究难以达成共识。

必须承认,无论是实践还是理论研究,中国特色社会主义形成与发展过程中的很多重大理论和实践问题突破了传统社会主义的模式,经历了艰辛尝试与摸索,甚至付出了沉痛的教训与代价。如,党的十二大提出"中国特色社会主义"概念时,理论研究主要围绕市场经济关系,姓"资"姓"社"问题展开辩论并取得突破,不仅解放发展了生产力,也体现了社会主义优越性。

但是,国内外有一些人认为社会主义市场经济与资本主义市场经济表现出某些共同的特点,质疑经济发展取得的"中国奇迹"是否归因于中国特色社会主义制度。这也促使很多学者从"发展市场经济是中国特色社会主义的一个伟大创举"这一角度对这些问题加以辨析(如臧秀玲,王增剑①,陈广亮②等的研究。当然,也有学者明确把改革开放后的中国称为"后社会主义"(美国北卡罗莱纳州杜克大学历史系教授阿里夫·德里克发表《后社会主义:论"有中国特色社会主义"》)。

还有,一些西方人士针对中国的发展,用"国家资本主义论"盲目套用,将中国特色社会主义市场经济带来的中国崛起,归功于国家资本主义。这种认识背后的逻辑主要是,2008年国际金融危机以来,西方媒体和一些学者面临资本主义制度自身经济发展失调、政治体制失灵、社会融合机制失效的困境,认为西方资本主义是人类社会唯一正确的发展道路的理念受到了挑战与质疑。

而中国特色社会主义制度开创以来,很多方面用仅仅几十年时间,就走完了西方发达国家上百年甚至数百年的发展历程,在经济危机面前,反而彰显出比西方资本主义更能驾驭经济的优势。这显然是西方资本主义国家既不愿看到,更不愿接受的事实,最终西方资本主义世界便习惯用"国家资本主义"这个旧标签来混淆是非,将中国发展看作是实行资本主义的结果,同时指责甚至攻击新兴经济体对他们的重大挑战。2012年1月,英国《经济学人》杂志刊文,指责中国等实行国家资本主义的经济体是加剧资本主义危机的原因,把国家资本主义看作是当前西方遇到的所有经济问题的根源。

另一种观点国内学者也关注很多,那就是民主社会主义与中国特色社会主义的关系。中国特色社会主义在形成和发展中,也学习借鉴了民主社会主义中关于人类社会发展共性的优秀养分。然而,一些人忽视了

---

① 臧秀玲、王增剑:《"中国特色资本主义论"辨析》,《理论学刊》2017年第1期,第117—124页。
② 陈广亮:《资本诠释学框架中的中国特色"资本主义论"》,《理论月刊》2018年第9期,第26—33页。

中国在经济文化相对落后的情况下建设社会主义的特殊国情,在民主社会主义某些极具迷惑性的学说面前很容易就产生了模糊认识,认为中国应该走民主社会主义道路,发展民生和福利,更好释放和体现社会主义制度优越性。这种对民主社会主义的误识一度很有市场,极具欺骗性和危害性。

这种观点认为,中国特色社会主义的改革措施和目标在某些方面与民主社会主义的特征很相似,中国特色社会主义就是"有中国特色的民主社会主义"。甚至有人提出"只有民主社会主义才能救中国"[1]。也有很多学者从"源流"关系研究,认为中国特色社会主义与民主社会主义"同源而不同流",从指导思想、奋斗目标、斗争策略手段、基本理论认识等方面分析两者的根本分歧和本质区别(如蒋锐[2]、李健、孙代尧[3]等的研究)。

由此可见,中国特色社会主义与民主社会主义可以说是"同源而不同流",两者某些方面具有高度相关性,也有许多值得相互学习借鉴的地方,但是它们有着根本区别,是两种不同的思想体系和发展道路。

当然,民主社会主义的发展过程中也反映人类文明某些共性的内容,蕴含了新的社会主义的因素。中国特色社会主义需要在借鉴中发展自己、完善自己。但是中国特色社会主义与民主社会主义存在本质区别。对此,必须划清两者界限,并有一个清醒的认识。

---

[1] 周新城:《一个事关我国走什么道路的大问题——评〈只有民主社会主义才能救中国〉一文》,《马克思主义研究》2007年第4期,第91—96页。

[2] 蒋锐:《中国特色社会主义与民主社会主义》,《当代世界社会主义问题》2012年第4期,第23—43页。

[3] 李健、孙代尧:《关于中国道路和前途的四种"主义"辨析——以源流关系为视角》,《毛泽东邓小平理论研究》2015年第2期,第60—65、93页。

二、存在问题及疑难点

（一）实践与理论研究不同步，增强建构性创新性研究

总体而言，目前一些研究文章多为引述、解释、论证党和国家领导人的讲话论断，相关研究原创性、集成性和应用性滞后于党的决策方针及战略部署，满足或止步于文本的解读。研究深度易受党和国家重要会议或重大事件影响，呈现波段式的研究热度等特征，理论深度和说服力不足，这种解读固然重要，但对一些基本问题、难以绕开的问题持续、深入的理论研究不够，甚至避而不谈，没有真正发挥理论研究作为实践先导性、前瞻性的价值。

很多问题并没有形成一个成熟的结论，学术与政治关系处理很难自洽又自觉地进行公允研究。学术性有余，思想性不足，标签化、空泛化的意识形态语境或多或少拘囿了研究的时空。建设多于批判，论证多于反思。讲突破、讲创新、讲意义的比较多，意识形态前置性预设比较普遍，理性预测、建构性反思比较少。

马克思主义哲学理论批判话语体系存在选择性淡出，要不无人问津，要不一味鼓呼，从而导致"集体无意识"。在面对我国社会主义初级阶段发展中的一些实际问题时，难以显示出强大的逻辑性和科学性。

一些研究领域还存在"空挡""断档"等真空地带或者薄弱环节，一些问题研究难以给人信服的回答。如"中国奇迹"如果仅仅是社会主义制度原因，那么日本以及新加坡等经济腾飞的主要原因是什么？究竟哪些是意识形态的因素，又如何在经济上让人"信服"，意识形态上同样"说服"别人？等等。

（二）意识形态考虑要素比较多，加强整体性开放性研究

由于受国内外复杂因素的影响，从马克思主义哲学到当代社会理论研究或者较少展开，或者还不够深入。研究中国特色社会主义内部各要

素的结构、机制比较多,而较少重视这些研究背后的生成逻辑与马克思主义之间的本质联系,鲜有在世界社会主义发展、流变、跌宕源流演变中,洞悉中国特色社会主义自身基因赋予的过去与未来张力的关联性。这样,很难回到马克思主义"以人为本"的终极价值上,并基于现实作出科学阐释,往往封闭其"生成"和"生长"的空间。

如果没有更宽广的视野,类似"中国模式"研究的立场、视角、方法就可能滑向"非此即彼"的两极式思维,要不过分倚重一元论,止步解读或者宣扬,或者滑入对西方价值与概念的滥用和迷信,从而很难摆脱以"西"解"中"带来的误识与误读,容易在自我悖论中异化自己。

如何在马克思主义中国化时代化进程中实现与世界社会主义发展、科学社会主义原则、目标三者相结合、相贯通,是中国特色社会主义整体性研究的重点,亟需从学理上进行深入分析和回答。如中国特色社会主义最本质特征是中国共产党领导,那么苏联不也是共产党领导吗?等等。

(三) 一些关键性问题需要加强对话,达成共识性研究方向

在对中国特色社会主义源流叙述中,中央文件或者领导人讲话中存在从理论逻辑、历史逻辑"两个逻辑"到理论逻辑、历史逻辑和实践逻辑"三个逻辑"的阐释。一些文章在解读过程中,很多要素的功能作用交叉重叠,很难严格界定是"历史逻辑"还是"实践逻辑"或"理论逻辑"。理论的形成既是个历史过程,也是与实践探索分不开的。同时,随着中国特色社会主义理论和实践不断发展,内涵不断丰富,除了注重"源"的研究,"流"方面更需要得到重视。

在阐释中国特色社会主义源流时,很多学者提出"发展逻辑""世界逻辑""价值逻辑""内在逻辑""现实逻辑"等,同样各种要素任意"裁剪"使用。一方面,这些微观领域在具体操作层面上,不能做一个系统、深入、全

方位的研究,很难达到共识性研究的"定论"。另一方面,正因为系统、深入、全方位的研究没有一个共识的点,所以很难从整体上置身于马克思主义面临的时代境遇中厘清中国特色社会主义有关争论的焦点、实质。特别是在中国特色社会主义新的历史方位去思考一系列重大理论与实践问题,通过对话形成共识,集体攻关,不断推进中国特色社会主义理论创新和实践创新。

(四)国内国外研究视角差异性大,存在不同步不同声的问题

大多数国内学者是结合时代背景、党和国家战略部署,论述社会主义发展在政治、经济、文化、社会等方面应采取的制度、经验、方法和意义。而受价值观念、意识形态的制约,国外学者习惯用西方的学术规范、概念去看待中国问题,往往将中国改革开放与民主社会主义、国家资本主义等混为一谈,导致不能客观分析中国发展中的问题,因而对中国特色社会主义的认识会有所偏颇。

特别是部分国外学者,可能存在固有的偏见或傲慢,又没亲自参与社会主义的生动实践。一方面,改革开放初期,中国特色社会主义的很多改革是"摸着石头过河";另一方面,随着中国特色社会主义事业向全面深化改革推进,其整体性、实践性要求更加复杂,加上他们对中国具体国情缺乏了解,以致于很难对真实的中国有准确的认知,更谈不上客观的研究了。

同时,一些国家发展借鉴中国改革经验也是"摸着中国的石头过河"(如越南),这更增加了对中国特色社会主义的误读,难免有些学者在对中国特色社会主义内涵的分析和把握上,有如盲人摸象,表现出各自的缺陷性,很难有一个完整的全貌。这就造成了一个无法回避的现象,中西方学者在一些问题上的学术交锋中往往你说你的、我说我的,或者只有论战,很难同步对话、协同研究。

第三节　研究思路与方法

一、研究思路

从内因到外因,从总体到局部,从宏观到微观,尽可能地呈现中国特色社会主义逻辑生成的总体轮廓,梳理构建脉络,洞悉生成机制,抓住精神实质。社会主义需要经历很长的历史阶段,曲折更是难免的,这就需要多点还原中国特色社会主义总体发展的历史变迁和实践路径。这种"逻辑"更有力量,更令人信服。

本书在研究思路与方法上,重点以"流"溯"源",其中源和流的考察不乏以史带论,"考"中有"析"。对中国特色社会主义逻辑生成与价值展开进行一次全景式的回溯与前瞻,紧紧围绕中国特色社会主义形成、发展、完善的重大理论和现实问题中关键节点、关键人物、重大事件、重大突破等背后坚持的基本立场、基本方法、基本原则,从而阐释中国特色社会主义形成的时代背景,并针对种种误读和诘难,透视理论内涵,洞悉内在逻辑,概括基本特征,确立其当代意义。

在此研究思路与方法上,本书还采用了大历史观的独特视角。大历史观主张在更广阔的时空范围内,把人类社会的历史作为一个整体来看待,从历史发展的"长时段""宽视野"和整体思维的大格局、大逻辑中全方位、全要素考察事物的形成和发展。"在世界文明比较的维度和中国历史发展的不同时间尺度上审视同一事物,会得出更为丰富、更为连贯的理解和结论。"[①]

习近平把大历史观的思维、视野和方法运用于治国理政的全过程和

---

① 路宽:《习近平大历史观视野中的中国问题》,《理论学刊》2021年第1期,第5—13页。

各领域,在不同场合多次强调这种观点,深化了我们对中国特色社会主义所处的新的历史方位以及逻辑生成、价值展开的理解。"应该拉长时间尺度,放在世界社会主义演进的历程中去把握。"①"只有在整个人类发展的历史长河中,才能透视出历史运动的本质和时代发展的方向。"②

习近平多次明确提到大历史观:"以数千年大历史观之,变革和开放总体上是中国的历史常态。"③"要坚持大历史观,把五四运动放到中华民族5000多年文明史、中国人民近代以来170多年斗争史、中国共产党90多年奋斗史中来认识和把握。"④2021年2月20日,习近平在党史学习教育动员大会上指出:"开展党史教育,就要教育引导全党胸怀中华民族伟大复兴战略全局和世界百年未有之大变局,树立大历史观,从历史长河、时代大潮、全球风云中分析演变机理、探究历史规律,提出因应的战略策略,增强工作的系统性、预见性、创造性。"⑤

习近平还经常提及"国之大者""大局观"等理念,包括新时代"新历史方位""两个大局""两个一百年"等思想,都是提倡用大历史观来谋划整体工作,对中国特色社会主义事业全局了然于胸。显然,这里的大历史观是以马克思历史唯物主义指导的大历史观,强调历史的整体性和连续性、前进性与曲折性、民族性与世界性。"真正的马克思主义者都是大历史观的主张者、践行者。"⑥

本书立足于大的"历史时代"与小的"时代主题",从历史逻辑、理论逻

---

① 《习近平新时代中国特色社会主义思想学习纲要》,学习出版社、人民出版社2019版,第22页。
② 《十九大以来重要文献选编(上)》,中央文献出版社2019年版,第423页。
③ 习近平:《在庆祝改革开放40周年大会上的讲话》,《人民日报》2018年12月19日。
④ 《加强对五四运动和五四精神的研究 激励广大青年为民族复兴不懈奋斗》,《人民日报》2019年4月21日。
⑤ 《学党史悟思想办实事开新局 以优异成绩迎接建党一百周年》,《人民日报》2021月2月21日。
⑥ 严书翰:《论中国共产党人的大历史观》,《新视野》2020年第4期,第19—23、80页。

辑、实践逻辑的历史进程中对中国特色社会主义追根溯源,包括其科学内涵、民族复兴的历史课题。对中国特色社会主义有关争论、辨析以及机遇、挑战等,也采用大历史观的"长时段""宽视野"和整体思维逻辑加以分析。具体来说,通过生成逻辑与价值展开对中国特色社会主义整体性进行研究,一是把中国特色社会主义放在世界社会主义500年的大背景下进行考察,二是把中国特色社会主义放在中华民族5000年的历史长河中进行考察。

邓小平曾语重心长地反复告诉人们"什么不是社会主义"。在1985年到1988年会见外宾的谈话中,邓小平反复强调:贫穷不是社会主义、发展太慢也不是社会主义、照搬外国不能发展社会主义,封闭僵化也不能发展社会主义、两极分化不是社会主义、不是苏联模式的社会主义、不是民族社会主义(本文简称为"系列不是"),等等。总体上邓小平是在否定中认识社会主义"是什么""什么是"。

"中国特色社会主义不是天上掉下来的"。2013年1月5日,习近平以"五个得来"[①]深刻指出中国特色社会主义这条道路来之不易,从长线条、多角度的源流视角阐述了中国特色社会主义形成和发展的时代背景、现实基础以及"从哪里来""到哪里去"的问题。同时,习近平还从"六个时间段"[②]分析了社会主义社会主义500年的发展历程。

2017年7月26日,习近平在省部级主要领导干部专题研讨班上发表重要讲话,在回顾中国共产党光辉历程和历史贡献时用"三个意味着"[③]高度凝练地指出中国特色社会主义的历史经验、现实贡献及其世界

---

① 《习近平谈治国理政(3)》外文出版社2020年版,第70页。
② 《毫不动摇坚持和发展中国特色社会主义 在实践中不断有所发现有所创造有所前进》,《人民日报》2013年1月6日。
③ 《习近平谈治国理政(2)》,外文出版社2017年版,第62页。

意义。

此外,2018年5月4日,习近平在纪念马克思诞辰200周年大会上,又以"四个不是"[①]肯定了中国特色社会主义形成和发展的长期性、实践性、艰巨性。

以上关于中国特色社会主义的高度总结从时间、空间等独特视角概括了中国特色社会主义不断丰富发展的来龙去脉、科学内涵和价值取向。既有其历史逻辑、理论逻辑、实践逻辑,又有其独特的文化传统基因、民族特色;既有自身独特的历史机遇和历史环境,也不可避免地受到同时代社会主义思潮等多种因素相互联系、相互作用,展现其时代价值和现实意蕴。

本书研究的总体逻辑,正是从中国特色社会主义进入新时代,站在"两个一百年"新征程的关键节点,从"社会主义500年"和"中华民族5 000年"两条主线,思考中国特色社会主义的形成和发展及其背后的时空,在不同层面、不同角度上探究其生成逻辑、价值展开。并对中国特色社会主义为何成为当今世界最成功的世界社会主义实践,并日益走近国际舞台,引领时代,成为人类美好社会的希望所在,进行经验反思和前景展望,不断续写中国特色社会主义新篇章。

此外,本书研究总体方法是把中国特色社会主义作为一种系统性、整体性、协调性、全局性的"全新事物"。不管是中华民族民族复兴,还是现代化,包括"三步走""两个大局"、站起来富起来强起来、"两个一百年""四个全面"战略布局、"五位一体"总体布局、"四个伟大""三个基本"(基本理论、基本路线、基本方略)等中国特色社会主义建设发展中这些关键要素,都是围绕大历史观的视角而对中国特色社会主义的逻辑生成进行论

---

① 《习近平谈治国理政(3)》,外文出版社,2020年版,第76页。

述的。

　　同样,对中国特色社会主义价值展开是以马克思历史唯物主义为视角进行展开的。如中国特色社会主义作为全新的事业,这篇"大文章",大在拥有14亿人民之"大国",大在9000多万党员之"大党",大在其共产主义"远大"理想,大在马克思主义"占据真理和道义制高点",大在世界社会主义500年事业之"艰巨",大在中华民族5000年悠久历史之"伟大"。还比如,党的十八大报告中强调"两个不走",党的十九大报告继续强调"既不走封闭僵化的老路,也不走改旗易帜的邪路,保持政治定力"[1],再到党的十九届六中全会通过的《中共中央关于党的百年奋斗重大成就和历史经验的决议》的"两个确立"[2],等等。

　　这是基于我国基本国情、和平与发展时代世情,以及中国共产党领导"最本质特征""最大优势"党情的清醒认知。基于"两个决不会"[3]"两个没有变"[4],包括"两个不容置疑"[5]"两个不走""两个确立"等辩证关系的把握,始终做到"三个一以贯之"[6]的战略动力和政治定力,不断开创新时代中国特色社会主义事业新局面,从而在整体性定位中国特色社会主义"从哪里来""到哪里去"的逻辑生成与价值展开中不断寻找新坐标,实现优势超越到价值替代。

二、研究方法

　　一是文献研究法:本书以全球化的历史视野,紧扣时代背景、中国式

---

[1] 《习近平谈治国理政(3)》,外文出版社2020年版,第14页。
[2] 《中共中央关于党的百年奋斗重大成就和历史经验的决议》,《人民日报》2021年11月17日。
[3] 《马克思恩格斯选集(4)》,人民出版社2012年版,第920页。
[4] 《习近平谈治国理政(3)》,外文出版社2020年版,第10页。
[5] 《习近平谈治国理政》,外文出版社2014年版,第265页。
[6] 《习近平谈治国理政(3)》,人民出版社2020年版,第69页。

现代化、民族伟大复兴主题，根据观点较为公允客观、论说严谨缜密的相关文献或参阅一些权威的报刊资料，系统梳理中国特色社会主义从探索、发展、实践到党的决议等系列文献资料，对中国特色社会主义形成的基础环境、国内外背景、主客观条件进行追根溯源考察，在全面描述中国特色社会主义的缘起、流变以及结构全貌的基础上，进而深入透视其背后的基本范畴、演进逻辑、构建脉络。

二是结构分析法。结构分析法主要分析某一总体现象的内部结构特征、总体的性质、依据时间推移而表现出的变化规律性。此方法通过对中国特色社会主义思想溯源、要素归纳与流变分析，对中国特色社会主义进行逻辑生成结构分析，重视历史发展的长时段和连续性，注重把握阶段和过程之间的前进性和曲折性，把中国特色社会主义放到特定的历史坐标中，放眼于马克思世界历史观视野中的结构性，进行全方位的诠释、分析和考察，正确处理其过去、现在和未来的关系，探寻其生成偶然与必然的路径归因及时空构建，理性客观地揭示其一般性、普遍性的世界意义与价值所在。

三是系统分析法。系统分析法要求对各种要素在整体上研究其结构性、层次性和开放性，坚持唯物辩证法，抓住主要矛盾和矛盾的主要方面，纲举目张，既突出重点，又统筹兼顾，进而对研究对象形成系统深入、科学的本质认识。中国特色社会主义所涵盖的各个方面内容都是作为整体的部分或方面，只有在分析各部分在整体中的地位和作用，才能更好地领会中国特色社会主义的科学内涵和精神实质。

四是历史与逻辑统一法。从不同的视角、不同的层面多点还原中国特色社会主义总体发展的生成逻辑和价值展开，这样，不至于得出只有历史事件堆砌，没有逻辑思维的结论，也不会得出仅限于思维逻辑，无法历史验证的结论。一方面，更好地洞悉中国特色社会主义理论、道路、制度和文化等一脉相承的逻辑联系,以及系统要素之间各自侧重点的不同及其变化的原因。另一方面,妥善处理研究对象碎片与整体的关系,避免陷入"碎片化"的泥淖,被一大堆细节或各种争执意见所困惑,"见孤木以为森林,拾芝麻以为珠玑",用局部和碎片去解构历史、曲解历史、虚无历史。只有站在历史和时代的制高点,力求在整体历史中考察其形成机制和具体走向,在厘清中国特色社会主义来龙去脉中对其抽丝剥茧,准确定位其横向与纵向方位与坐标,进一步全面理解过去的、当下的、未来的中国特色社会主义,为人类文明的发展提供参考和借鉴。

第一章
中国特色社会主义的时代背景

任何事物的形成和发展都不是在一个封闭系统中进行的。恩格斯认为:"每一时代的理论思维,包括我们这个时代的理论思维,都是一种历史的产物。"①就是说,任何理论的产生都有其特定的时代条件,也是自己时代精神的精华。因此,研究中国特色社会主义的生成逻辑,首先要考察其时代的主题和特征。中国特色社会主义开创于改革开放新时期,是中国共产党人把马克思主义和中国实际、时代特征相结合的产物,是在世界波澜壮阔的科学社会主义运动中展开自己逻辑的,研究其逻辑生成和发展脉络需要对其所处的国际背景和历史进程进行剖析。

之所以对时代主题和特征能够作出科学判断,并对传统社会主义进行转型和超越,是基于资本主义大的"历史时代",同时"民族历史向世界历史转变",世界历史观的总态势,使世界越来越成为一个整体,任何一个国家和民族必须紧跟世界,在经济、社会、思想、文化等各领域一体化中开放性发展。同样,中国特色社会主义形成和发展是在当代全球化的世界图景这一宏大叙事中不断拓展的,这条道路是与时代潮流相随、与世界文明相伴的道路,是被实践证明了的既符合中国国情、又体现人类社会发展

---

① 《马克思恩格斯选集(4)》,人民出版社 2012 年版,第 873 页。

规律的道路。

江泽民在党的十四大报告中深刻地指出："建设有中国特色社会主义的理论，是在和平与发展成为时代主题的历史条件下，在我国改革开放和社会主义现代化建设实践过程中，在总结我国社会主义胜利和挫折的历史经验并借鉴其他国家社会主义兴衰成败的历史经验的基础上，逐步形成和发展起来的。"[①]正是对时代特征的总体把握，结合中国特殊国情的清醒认识，中国的具体实际和时代特征、全球化背景、现代化路径、新科技革命都构成了中国特色社会主义形成和发展的"现实基础"，同时又为其提供了广阔实践背景。改革开放40多年来，从开启新时期到跨入新世纪，从站上新起点到进入新时代，这些因素相互作用，不断推进中国特色社会主义持续发展、不断丰富、更加完善。

第一节　和平与发展成为时代主题

正是因为中国共产党及时总结对时代的判断和以往的经验教训，准确把握了时代本质，科学认清了时代主题转换，顺应了时代发展的潮流，重新树立了解放思想、实事求是的思想路线，为改革开放和开创中国特色社会主义奠定了理论基础以及良好的外部环境。

一、"卡夫丁峡谷"与"东方道路"

19世纪五六十年代，马克思、恩格斯重点关注欧美发达资本主义国家的无产阶级革命，巴黎公社失败以后，欧洲无产阶级革命运动长期低迷

---
① 《江泽民文选(1)》，人民出版社2006年版，第221页。

不振,相反,俄国却呈现出高涨的革命形势,这种情况下,马克思、恩格斯开始关注俄国、印度、中国等东方国家,研究了东方国家无产阶级革命的特殊性。马克思、恩格斯对俄国的经济社会发展状况尤为关注,认为俄国这样仍然保留着"农村公社"的国家,具有特殊的历史条件,可以利用世界革命形势的有利时机,不用通过资本主义制度,而直接利用资本主义制度下发展的符合社会发展的肯定成果,避免遭受资本主义制度所带来的一切极端不幸的灾难。

这就是"卡夫丁峡谷"设想和"东方道路"理论,这一理论建立在对东方社会和史前社会进行了全新的系统研究的基础上。这些思想主要体现在马克思给《祖国纪事》杂志编辑部的信和查苏利奇复信的第一至四稿,以及马克思、恩格斯为《共产党宣言》1882年俄文版写的序言。"如果俄国继续走它在1861年所开始走的道路,那它将会失去当时历史所能提供给一个民族的最好的机会,而遭受资本主义制度所带来的一切灾难性的波折。"[1]俄国跨越资本主义"卡夫丁峡谷"的国内外前提条件主要是:必须以俄国"农村公社"的存在和发展为基础;必须与西方资产阶级革命相互补充;必须享用资本主义制度一切肯定成果,等等。

这里还只是停留于俄国完全可能吸取资本主义制度的肯定成果,而不必重复资本主义发展的旧路。但他的思想被俄国民粹派政治家米海洛夫斯基在题为《卡尔·马克思在尤·茹夫斯基先生的法庭上》的文章中曲解了。马克思在批驳论证基础上,从俄国的道路"可能"走一条不同于西欧的道路,明确指出俄国的道路已经不是"两者必择其一"的问题了,而是只有一条"不经受资本主义制度的一切苦难"的道路可走。这个思想在马克思给俄国女革命家查苏利奇复信的中加以进一步明确。

---

[1] 《马克思恩格斯选集(3)》,人民出版社2012年版,第728页。

《资本论》对资本主义生产起源的分析,明确地限于欧洲各国。俄国由于历史条件不同,"历史必然性"不适用于俄国。在《共产党宣言》俄文版序言中,马克思、恩格斯对俄国的观察和思考并不局限于俄国这样一个国家,而是把整个俄国革命当作欧洲革命的"先头部队",对于整个欧洲的面貌有很大影响。考虑到影响整个世界无产阶级革命进程,这"不仅适用于俄国,而且适用于处在资本主义以前的阶段的一切国家"①。

东方落后国家直接过渡到社会主义的思想,首先通过人民革命夺取政权,实现生产关系变革,然后充分利用社会主义制度优越性大力发展生产力,突破从发达资本主义国家进入社会主义的历史进程。马克思关于"享用资本主义制度的一切肯定的文明成果"思想,为列宁实行新经济政策、发展社会主义等理论和实践提供了马克思唯物史观的依据。

1917年,"二月革命"爆发后,列宁提出将资产阶级革命转变为社会主义革命,布尔什维克党发动了武装起义,最终取得了十月革命的胜利。列宁在社会主义建设实践中开始思考东方落后国家跨越资本主义制度的历史前提和现实条件。"首先用革命手段取得达到这个水平的前提,然后在工农政权和苏维埃制度的基础上赶上别国人民。"②

十月革命初,新生的苏维埃俄国由于受到传统的社会主义观念的束缚,加上缺乏经验和迫于严酷的斗争环境,出现了一些曲折。其主要原因在于俄国在实行"战时共产主义"政策期间,对跨越"卡夫丁峡谷"的前提和条件认识并不充分,试图"直接过渡"到马克思设想的共产主义第一阶段,并采取了一系列激进的措施。"战时共产主义"政策的历史作用日渐丧失,相反农民不满情绪与日俱增,许多地方还发生了农民暴动,特别是

---

① 《马克思恩格斯选集(4)》,人民出版社2012年版,第313页。
② 《列宁选集(4)》,人民出版社1995年版,第777页。

喀琅施塔得水兵暴乱,宣告向社会主义"直接过渡"失败,这使列宁认识到需要重新认识社会主义。

"战时共产主义政策"逐渐向新经济政策转变。新经济政策是对社会主义的新看法、新探索,以粮食税取代余粮征集制。十月革命以后,新经济政策的有效实施,让苏联"在社会主义基地上站稳了",苏维埃国家的经济顺利恢复。这也改变了列宁对社会主义的看法,比如社会主义与资本主义国家之间实行和平共处、通过发展合作社加强社会主义建设、经济文化落后国家大胆借鉴和利用西方发达国家一切文明成果,等等。1923年列宁强调:"我们不得不承认我们对社会主义的整个看法根本改变了。"①

这个看法根本改变的核心就是不能仅仅根据书本来建设社会主义,理论需要实践来修正和检验,要依据实践的变化而变化,要符合自身国情开辟道路。后来,列宁继续围绕落后国家建设社会主义问题,提出了一系列理论和思路,特别是1922年12月到1923年3月初,列宁通过口授留下八篇"最后的书信和文章",其中关于合作社、国家机关改革、民主法治、文化建设、民族自治、执政党建设等问题,成为后来的社会主义建设者珍贵的"政治遗嘱"。但是,经济文化落后的国家在社会主义制度建立后,究竟如何建设和发展社会主义是一个难题,苏联慢慢陷入了僵化的模式中。中国曾经照抄照搬苏联模式,重犯了苏联的错误。

列宁的这些探索,其实是对社会主义从理论变成现实后,如何深化本国社会主义道路的探索,每个民族都有自己的特点,不能只遵循一个固定模式。那么,中国跨越资本主义"卡夫丁峡谷"是否具备马克思、恩格斯所认为的跨越条件呢?鸦片战争对我国封建社会的经济基础起了很大的破

---

① 《列宁选集(4)》,人民出版社1995年版,第773页。

坏作用,而资本扩张的本性把中国卷进了整个世界历史的基本矛盾总进程中。毛泽东指出:"要在中国建立资产阶级专政的资本主义社会,首先是国际资本主义即帝国主义不容许。"①这意味着,对于中国来说,在取得民族独立后,除了走社会主义道路,别无他路。

从总体上讲,中国的革命道路和社会主义初期探索是对马克思、恩格斯"东方通路"理论的探索和继续,不仅为经济文化落后的半殖民地半封建化的中国跨越资本主义制度,经由过渡性质的新民主主义社会走上社会主义道路,并为后来中国特色社会主义的建设发展提供了理论依据和方法论指导。

二、大的"历史时代"与小的"时代主题"

"每个原理都有其出现的世纪。"《共产党宣言》明确指出,不同于过去的各个历史时代,我们的时代,即"资产阶级时代"。人类社会的历史时代已经发展到资本主义社会代替封建社会,按照马克思观点,"历史成为世界的历史",即大的"历史时代"。

时代概念具有广义和狭义之分。大的"历史时代"就是指广义的时代概念,从时代的根本性质和大的历史进程来看,"我们依然处于马克思主义所揭示的历史时代"。狭义的时代概念是从某个特定的角度对某个社会发展阶段的判定,如"战争与革命""和平与发展"等时代特征。

在资本主义时代,由于资产阶级和无产阶级之间不可调和的矛盾,始终贯穿着工人阶级与资产阶级两种命运、两种力量的斗争,这种斗争其实是社会主义取代资本主义的命运和前途的较量,最终必然以一个社会形态取代另一个社会形态为止。在《〈政治经济学批判〉序言》中"马克思运

---

① 《毛泽东选集(2)》,人民出版社1991年版,第679页。

用唯物史观阐明了划分时代的主要依据和根本标准,并以此划分了人类社会发展的四个阶段"[1]。

马克思对资本主义向共产主义转变的历史发展趋势作了论述,提出了生产力水平和生产关系性质两者矛盾运动相互作用的辩证统一关系,并以生产方式作为划分时代的标准,从而得出随着资本主义的灭亡,资本主义形态将作为社会历史发展的最后对抗形态而告终的结论。"社会主义是比资本主义更高级的社会形态,因此人们容易认为资本主义灭亡了社会主义才会出现,起码要比资本主义晚很多。其实不然。社会主义和资本主义都是世界历史的产物,相伴而生。"[2]

列宁着重以阶级关系为依据和标准,比较全面、深入地阐述了时代问题,确定时代的主要内容和发展方向,分析了资本主义时代的主要矛盾、发展趋势,强调判断一个时代,应着眼于人类社会的整体状况和总体特征作为时代的基本依据。1917年十月革命胜利后,列宁指出十月革命开辟了"两个具有世界历史意义的时代"[3]。

当今世界仍然处在马克思判断的"从资本主义向社会主义过渡的时代",但是过渡时期,不同历史阶段呈现出不同的时代特点和时代主题。毛泽东认为第二次世界大战后"世界革命已经进入一个伟大的新时代",邓小平提出20世纪80年代之后的时代主题是"和平与发展"。

就是说,大的"历史时代"没有变,仍然是"从资本主义向社会主义过渡的时代",但时代主题可以根据不同历史时期发生变化。"1917年俄国十月革命开启了从资本主义向社会主义过渡的'大时代',至今未变。但

---

[1] 《我们依然处在马克思主义所指明的历史时代——访中国社会科学院党组成员、当代中国研究所所长姜辉》,《马克思主义研究》2019年第1期,第13—22页。
[2] 郭强:《社会主义发展史上的六个时间段》,《学习时报》2020年11月2日。
[3] 《列宁全集(36)》,人民出版社1985年版,第208页。

上世纪六七十年代起,实际上已进入了由战争与革命到和平与发展的'小时代'。可惜我们当时仍然把战争与革命当作"大时代",由此导致了一系列'左'的做法。"①

在改革开放和社会主义现代化建设新时期,特别是"文化大革命"结束后,中国共产党深刻认识到,只有在一个稳定的环境中实现改革开放才是唯一的出路。20 世纪 80 年代,邓小平根据国际形势和世界格局的新变化、新特点,认为国际社会的主要矛盾是划分时代主题的依据和标准,提出"时代主题"的概念和理论,明确提出了"和平与发展是当今世界的两大问题"。

在历史发展的大趋势中深刻把握时代本质,为如何处理社会主义和资本主义长期共存发展提供了新的判断依据。邓小平一针见血地指出:"只要中国社会主义不倒,社会主义在世界将始终站得住。"②中国能否把社会主义旗帜举住了、举稳了,把社会主义道路走到底,不仅是回应苏联解体、东欧剧变之后,社会主义事业一度低潮,"共产主义失败论""社会主义终结论""中国崩溃论"等喧嚣一时的质疑最有力的武器,也是自身能否坚定社会主义道路,并将其不断推向一个崭新阶段的关键问题。

1985 年 3 月,邓小平在会见外宾时,把"时代特征"的认识和把握当成全球性的战略问题,并作了精炼形象的表述。"概括起来,就是东西南北四个字。"③"东西"即"和平问题","南北"即"发展问题"。

1987 年党的十三大报告明确提出和平问题和发展问题是当代"世界的两大问题",1992 年党的十四大报告正式提出和平与发展是当今的"时

---

① 雷云:《三十年艰辛探索铸就的重大理论成果:邓小平社会主义初级阶段论》,《观察与思考》2016 年第 11 期,第 5—14 页。
② 《邓小平文选(3)》,人民出版社 1993 年版,第 346 页。
③ 《邓小平文选(3)》,人民出版社 1993 年版,第 105 页。

代主题"。从"世界的两大问题"到"时代主题"的科学结论,对于我国社会主义所处历史方位——"还处于并将长期处于社会主义初级阶段"的科学判断起到了关键作用。"这两个'正确判断',两个'科学结论',成为中国特色社会主义道路选择的两大理论基石。"①

此后历次党的代表大会报告都强调中国特色社会主义事业要与时代特征、时代主题相结合,如何抓住战略机遇发展社会主义成为全党的长期共识。"我们要赶上时代,这是改革要达到的目的。"②

2017年党的十九大报告仍然强调了这个时代主题:"世界正处于大发展大变革大调整时期,和平与发展仍然是时代主题。"③改革开放的关键抉择,正体现了对时代主题、大势的准确判断和把握,使"我们这个古老民族实现了从'赶上时代'到'引领时代'的伟大跨越"④。抓住和发展时代主题,一切从实际出发,深刻改变了中国并赋予其鲜明的时代特征。

社会主义取代资本主义需要很长的历史过程,"这是社会历史不可逆转的总趋势,但道路是曲折的"⑤。对时代本质和时代主题的把握,也为在面临复杂深刻的国际形势变化中保持战略定力、保持清醒认识、抓住历史机遇提供了重要依据。进入21世纪,当前世界资本主义与世界社会主义竞争较量的新态势,呈现出许多新的表现和新的特点,中国特色社会主义如何与时代接轨,如何与人类命运共进退,都是中国特色社会主义必须面对的"往哪里去"的现实问题。

2017年1月28日,习近平在联合国日内瓦总部发表了题为《共同构

---

① 包心鉴:《论中国特色社会主义的当代价值——纪念邓小平提出"建设有中国特色的社会主义"30周年》,《中国延安干部学院学报》2012年第4期,第5—15、26页。
② 《邓小平文选(3)》,人民出版社1993年版,第242页。
③ 《习近平谈治国理政(3)》,外文出版社2020年版,第45页。
④ 《把握历史规律 认清世界大势》,《人民日报》2018年4月12日。
⑤ 习近平:《关于坚持和发展中国特色社会主义的几个问题》,《求是》2019年第7期,第4—12页。

建人类命运共同体》的主旨演讲时,发出"世界怎么了、我们怎么办?"之问,呼吁整个世界都要思考"我们从哪里来、现在在哪里、将到哪里去?"的问题,指出"100多年全人类的共同愿望,就是和平与发展"。虽然人类正处在一个挑战层出不穷、风险日益增多的时代,但"和平力量的上升远远超过战争因素的增长,和平、发展、合作、共赢的时代潮流更加强劲"①。2018年4月,在博鳌亚洲论坛上,习近平深刻分析世界大势和时代潮流,提出"人类社会向何处去?"引起国际社会对"时代之问"的广泛思考。

2017年9月29日,习近平在主持第十八届中央政治局第四十三次集体学习时指出:"尽管我们所处的时代同马克思所处的时代相比发生了巨大而深刻的变化,但从世界社会主义500年的大视野来看,我们依然处在马克思主义所指明的历史时代。"②面对人类发展在十字路口何去何从的抉择,这是基于时代本质和特征的科学判断,也是保持战略定力的科学依据,要准确把握时代主题,共同努力把人类前途命运掌握在自己手中。

"我们依然处在马克思主义所指明的历史时代",和平与发展仍然是时代主题,时代本质特征没有变,和平与发展大势不可逆转,和平、发展、合作、共赢仍然是时代的潮流。创造性地坚持时代本质和时代特征的有机统一,在社会主义和资本主义两种制度进行新的激烈较量的历史时期,始终看清和把握我国发展所处的历史方位,"统筹国际社会、国内社会两个大局基础上形成的总体认识和基本判断,不仅是指中国国内社会进入了新的发展阶段,而且包含中国同世界的关系进入新阶段,成为推动世界和平发展的参与者、建设者和引领者"③。

---

① 习近平:《共同构建人类命运共同体——在联合国日内瓦总部的演讲》,《人民日报》2017年1月20日。
② 《习近平谈治国理政(2)》,外文出版社2017年版,第66页。
③ 杨守明、杨鸿柳:《论习近平新时代观的内涵、依据和价值》,《中国特色社会主义研究》2018年第6期,第13—19页。

基于对时代本质和主题的科学把握，以及对资本主义和社会主义长期并存的科学判断，中国共产党对建设和发展社会主义的看法改变了，并作出了改革开放的重大决断，这就是中国特色社会主义探索与发展的时代背景。

只有引领时代才能走向世界，"马克思主义是不断发展的开放的理论，始终站在时代前沿"[①]。对时代本质和特征的深刻把握，需要我们准确把握时代大势，把坚持马克思主义和发展马克思主义统一起来，处理好大的"历史时代"与小的"时代主题"关系，可以更深刻认识中国特色社会主义"是什么""干什么""为什么是""从哪里来、到哪里去"等问题，立足时代特点，不断推进马克思主义中国化时代化。

第二节 不断推进马克思主义中国化时代化

突破传统社会主义是在处理资本主义关系中形成的，对社会主义建设和发展的看法，离不开充分地认识资本主义制度及其价值这一前提。从传统到现代的转型与飞跃，正是用马克思主义观察时代、把握时代、引领时代，中国特色社会主义科学性、真理性、开放性、时代性在中国才得到了充分贯彻和彰显。

一、"传统"到"现代"的转型

马克思恩格斯指出："我们所称为共产主义的是那种消灭现存状况的现实的运动。"[②]科学社会主义其实就是无产阶级和劳动人民谋求自身解

---
① 习近平：《在纪念马克思诞辰 200 周年大会上的讲话》，《求是》2018 年第 10 期，第 3—10 页。
② 《马克思恩格斯选集(1)》，人民出版社 2012 年版，第 166 页。

放的运动的过程,就是不断探索、开辟革命和建设道路的过程,是关于无产阶级运动的条件、进程和一般结果的学说。如果说改革开放后形成的中国特色社会主义是在全球化背景下,开拓的一条落后发展中国家追赶现代化的新路,这种"新"某种意义上表现为与时代潮流与世界接轨的"现代"超越,那么改革开放以前,无论苏联模式,还是我国移植苏联模式进行的社会主义探索实践一般称为"传统"模式。

社会主义由空想成为科学,俄国、中国等一些国家在马克思恩格斯理论指导下取得革命成功。不过这些国家,一方面,并不是马克思恩格斯设想的在发达资本主义国家首先取得社会主义革命胜利;另一方面,即使马克思恩格斯晚年针对俄国这样经济落后的东方国家,设想过在一定历史条件下跨越资本主义"卡夫丁峡谷",但是这些国家在如何建设社会主义问题上,更多的是迷茫和困惑。

尽管马克思恩格斯一再声明,不要把他们的学说当教条,可事实上,早期传统社会主义几乎无例外地严格把马克思主义经典理论中的社会主义作为指导理论,而且当成实施和操作的准则。比如,坚持纯之又纯的公有制,实行完全的计划经济,坚决排斥市场关系,实行严格的按劳分配,包括在处理与资本主义的关系上,坚持革命与战争主题,将资本主义和社会主义看成你死我活、非此即彼的现实境况,必然导致高度对抗,甚至冷战局面出现。

落后国家建设社会主义,有三个时间段可圈可点。一是列宁的"新经济政策",这也是1921年列宁在总结"战时共产主义"经验教训、改正错误的情况下提出的新设想,主要包括不能急于消灭资本主义,要充分利用资本主义文明,不能急于全面实行公有制和按需分配等。"新经济政策"是对社会主义再认识的伟大尝试,邓小平认为"思路比较好"[1],对中国特色

---

[1] 《邓小平文选(3)》,人民出版社1993年版,第139页。

社会主义后来的探索有很多启示意义。但是列宁过早离世,继任者斯大林并没有延续列宁的思路和探索,而是加快实行国家工业化和农业全面集体化,彻底地推行消灭一切私有制的极端举措,急于宣布建成社会主义,提出向共产主义过渡,形成了苏联模式,这是社会主义建设第二个时间段。第三个时间段就是东欧国家要求独立自主,改变不符合国情的社会主义模式的改革,最终因苏联军事干涉等多种原因并未成功。

中国在改革开放以前探索实践的就是以"苏联模式"为模板的传统社会主义。在新民主主义革命胜利之后,中国原计划用15年左右时间来实行新民主主义社会制度,但后来随着形势变化,提前开始向社会主义过渡,新民主主义社会大体只持续了7年。由于国际上极左思潮的冲击,在全国日益高涨的社会主义激情下,中国倒向了苏联模式的社会主义。于是在1953年提出了过渡时期的"一化三改造"总路线,一条社会主义建设和社会主义改造同时并举的路线。"所以中国传统社会主义实践严格来说是从1953年开始的,直到十一届三中全会开启改革开放以前,这个历史阶段都可以被称为传统社会主义时期,它大致经历了30年时间。"[①]

这个时期,与苏联的社会主义建设大体是一致的。中国从半殖民地半封建社会一跃进入社会主义社会,通过社会主义改造消灭了在中国存在2000多年的剥削制度,这是历史的巨大进步。但是,很多方面脱离了客观实际,实行完全的计划经济和指令性计划,过分追求纯粹的公有制,对传统社会主义思想的片面理解,急于实现"马克思、恩格斯设想"所规定的社会主义理想目标,处理不好"两个必然"和"两个决不会"的关系,脱离中国社会主义具体实际,操作上急于求成和简单化,企图"跑步跨入共产主义"。

[①] 刘林元、张明:《从传统社会主义到中国特色社会主义》,《中国延安干部学院学报》2015年第3期,第22—30、70页。

从 20 世纪 50 年代中期到 70 年代中期,中国相继发动"大跃进"运动、"文化大革命","左"的错误一个接着一个。这段时期,国家面貌和人民生活基本没有得到改观和改善。这说明,新中国虽然实行社会主义制度,但并没有解决好如何建设国家的问题。

从 20 世纪 80 年代开始,世界革命和战争时代已经过去,和平与发展的时代全面到来,世界一体化进程明显加快,第三次技术革命蓬勃兴起,极大地推动了社会生产力的发展,美、欧、日经济实力实现大发展、大提升。面对新课题和历史转折之时,邓小平明确指出了我国面临的严峻社会现实。他说:"几亿人口搞饭吃,粮食问题还没有真正过关。"[1]从这一事实出发,邓小平认识到我们进入的社会主义是"不够格"的社会主义,没有体现优越性的社会主义,没有"信服力"和"说服力"的社会主义。在 1992 年初南方谈话中,邓小平明确地提出了"社会主义本质"新论断,实现了从马克思主义生产力和生产关系辩证关系中科学认识社会主义和建设社会主义等问题。

在此基础上,邓小平坚决地提出要对传统社会主义体制进行改革,必须改变闭关自守的状态。邓小平指出:"大大发展生产力,体现社会主义优于资本主义的特点。"[2]必须吸取过去的教训,调动人的积极性,转移工作重心。要建设比资本主义优越的社会主义,要生产力发达、摆脱贫穷,必须坚持改革开放,对于社会上出现的一股主张走资本主义道路的思潮,邓小平于 1987 年 3 月 3 日会见外宾时指出,中国 10 亿人口,只有社会主义制度才能从根本上解决摆脱贫穷的问题。如果走资本主义道路,"大量的人仍然摆脱不了贫穷,甚至连温饱问题都不可能解决"[3]。

---

[1] 《邓小平文选(2)》,人民出版社 1994 年版,第 90 页。
[2] 《邓小平文选(3)》,人民出版社 1993 年版,第 224 页。
[3] 《邓小平文选(3)》,人民出版社 1993 年版,第 208 页。

虽然苏联及东欧社会主义国家在20世纪50年代就针对传统社会主义模式的弊端进行了改革,但这些改革不仅未能从根本上扭转其发展危机,且最终酿成80年代末的苏东剧变,使国际共产主义运动遭受到严重挫折,只有中国走出了一条改革开放的新路。

中国特色社会主义从传统社会主义发展而来,是对传统社会主义的继承、改革和发展,主要包含:社会主义本质论、提出了社会主义初级阶段理论、以经济建设为中心代替阶级斗争为纲、社会主义市场经济取代完全的计划经济、单一的公有制转变为以公有制为主体、完全的按劳分配转变为以按劳分配为主、战争与革命主题论转变到和平与发展主题、把实现远大理想与社会主义现实目标结合起来等。

改革开放前,中国共产党对社会主义道路的探索就如"起房子",其"框架结构"是在借鉴苏联模式下进行的。某种意义上说,中国的改革、中国特色社会主义的"中国特色"首先是不要苏联特色,扬弃斯大林模式的社会主义,革除苏联社会主义模式的弊端,去苏联模式化。历史已经证明,正是坚持走中国特色社会主义的新路,突破了传统社会主义的模式,坚持改革开放,中国才没有重蹈苏东国家的覆辙。同样,中国特色社会主义道路不会要求别的国家"复制中国的做法",更不会走其他国家"国强必霸"的老路,只是超越以"苏联模式"为代表的传统社会主义,找到适合自己国情的社会主义新道路。

"中国没有确立'模式',但中国形成了'道路'。'模式'是通过拷贝传播的,但'道路'只确定路向,需要各自不同的开拓。'模式'忽略了社会主义运动的民族性、特殊性,中国道路恰恰凸显了中国共产党人对当代社会主义运动民族性、特殊性把握的重大贡献。"[①]中国特色社会主义是对"苏

---

① 孙力、翟桂萍:《改革开放塑造科学社会主义新形态》,《科学社会主义》2018年第6期,第26—31页。

联模式"传统社会主义的突破与超越,其经验和教训就是不能够按照固定的统一模式,要建设每个民族和国家特色的社会主义。

"21世纪以中国特色社会主义为主要代表的社会主义,与20世纪以苏联模式为主要代表的社会主义,有着质的区别。所谓从传统到现代之'现代',不是一般的时间概念上的'现代',也不仅仅是走出'苏联模式'困境的'现代',而是现代化意义上的'现代'。"[①]"苏联模式"是在苏美两大阵营对峙下形成的,是在经济文化落后的国家实现现代化的参照物,它最终失败了,被历史淘汰了,中国特色社会主义通过改革开放对传统社会主义进行了全面超越,成功开辟了一条发展中国家走向现代化的新路。

完全可以说,"经历巨大挫折而来的中国特色社会主义,乃是十月革命及其开创的社会主义在现实历史进程中鲜活而生动地展开"[②]。在新的历史起点上,中国特色社会主义扭转了世界社会主义运动"低潮综合症"颓势,实现对传统社会主义的继承中突破与发展中转型,同时为世界社会主义运动的发展提供了中国方案与中国经验,写出了科学社会主义"新版本"。在马克思主义经典作家那里,作为扬弃资本主义社会的社会主义,是资本主义发达基础上的产物,是一种更好的价值替代,它必须在克服资本主义的基本矛盾运动中去彰显自己的生命力,在释放超越资本主义生产力的优越性中去证实。

2022年10月,党的二十大报告指出,"中国特色社会主义为什么好,归根到底是马克思主义行,是中国化时代化的马克思主义行"[③]。中国化

[①] 秦刚、郭强:《社会主义"从传统到现代"的新发展——从社会主义发展进程看中国特色社会主义进入新时代》,《科学社会主义》2018年第1期,第11—16页。

[②] 邱卫东:《从十月革命到中国特色社会主义》,《毛泽东邓小平理论研究》2017年第6期,第94—99、109页。

[③] 《高举中国特色社会主义伟大旗帜 为全面建设社会主义现代化国家而团结奋斗——在中国共产党第二十次全国代表大会上的报告》,人民出版社2022年版,第16页。

时代化的马克思主义之所以行,就在于中国共产党不断推进马克思主义中国化时代化并用以指导实践,这样才能不断回答中国之问、世界之问、人民之问、时代之问,作出符合中国实际和时代要求的正确回答,不断推动中国特色社会主义事业健康发展。

二、"两个结合"到"两个大局"

马克思主义关于大的"历史时代"的判断是历史唯物主义的结论。马克思、恩格斯要求人们把他们的理论与各国的具体实际结合起来,"实际地反对并改变现存的事物"①,"随时随地都要以当时的历史条件为转移"②,"不是必须背得烂熟并机械地加以重复的教条"③,应该"把这一理论应用于本国的经济条件和政治条件"④。列宁也反复强调"马克思主义者必须考虑生动的实际生活,考虑现实的确切事实"⑤。所以马克思主义不仅在世界范围内得以广泛传播,而且在世界上的一些民族和国家中生根、开花和结果。

马克思主义伴随着中国特色社会主义事业的兴衰成败,对其清醒认识和科学准确把握,有助于确定中国特色社会主义的历史方位。从其理论逻辑和历史逻辑看,在马克思主义中国化过程中,存在着从"马克思主义基本原理同中国实际相结合""马克思主义基本原理同中国实际和时代特征结合",到"马克思主义基本原理同中国具体实际相结合、同中华优秀传统文化相结合"的发展历程。

这种结合是一种消化、吸收的过程,即强调从"国际性"到"中国化",

---

① 《马克思恩格斯选集(1)》,人民出版社2012年版,第155页。
② 《马克思恩格斯选集(1)》,人民出版社2012年版,第7页。
③ 《马克思恩格斯选集(4)》,人民出版社2012年版,第8页。
④ 《马克思恩格斯选集(4)》,人民出版社2012年版,第574页。
⑤ 《列宁专题文集·论马克思主义》,人民出版社2009年版,第169页。

从"具体实际"到"时代特征"再到"世界范围",统筹国际国内"两个大局"的现实基础。

这就要求发展和完善中国特色社会主义要做到理想性与现实性的具体的、历史的统一,坚持共产主义理想是全部工作的前提,但理想目标的实现必须依赖于若干具体现实目标的推进,而若干具体目标的设定又必须接受理想目标的检验,运用马克思主义的基本原理考察和分析中国的当前现实。毛泽东在《反对本本主义》中指出:"马克思的'本本'要学习的,但是必须同中国的实际情况相结合。"[1]而两者没有结合好,就会造成社会主义事业的停滞,特别是"文化大革命"时期,我国经济濒临崩溃,人民温饱都成问题。

1938年10月,毛泽东在党的六中全会报告中进一步指出:"共产党员是国际主义的马克思主义者,但是马克思主义必须同我国的具体特点相结合并通过一定的民族形式才能实现。"[2]离开中国特点很难把马克思主义应用到中国具体实际中去,更不会在中国大地上开花结果。以毛泽东为代表的中国共产党人开始探索适合中国国情的社会主义建设道路,强调"要进行第二次结合,找出在中国怎样建设社会主义的道路"[3]。

这里的"第二次结合",就是要变马克思主义的"欧洲形式"为"中国形式",讲"国际性"也要讲"中国化""民族化",就是说马克思主义的具体民族化要和中国具体实际相结合。1939年,毛泽东在《〈共产党人〉发刊词》中,直接提出了"将马克思列宁主义的理论与中国革命的实践相结合"的命题,进而才有后来提出"实事求是"思想路线,实现马克思主义中国化历史性飞跃,形成毛泽东思想。

---

[1] 《毛泽东选集(1)》,人民出版社1991年版,第112页。
[2] 《毛泽东著作选读(上)》,人民出版社1986年版,第288页。
[3] 逄先知:《毛泽东年谱(1949—1976)(2)》,中央文献出版社2013年版,第557页。

邓小平探索社会主义建设时期,则以和平与发展为时代主题。它是在"文化大革命"使中国陷入困境的背景下,以真理标准大讨论为契机,冲破"两个凡是"的禁锢而进行的。在改革开放初期,"解放思想、实事求是"思想路线的恢复,对于探索具有中国特色社会主义道路具有关键意义。邓小平特别强调,"这是我们吃了苦头总结出来的经验"。①

改革开放后,邓小平纠正了1956年以后我国探索社会主义建设道路的错误,继续"以苏为鉴"。首先对"什么是社会主义,如何建设社会主义"这个根本问题作了探索。在此基础上,对改革开放理论、社会主义本质理论、社会主义初级阶段理论等形成了符合中国实际的新论断。邓小平理论的一个重要特点就是用马克思主义宽广眼界观察世界,做到了马克思主义基本原理和中国具体实际和时代特征的结合。"不论是革命还是建设时期,如何使马克思列宁主义与各个时期的具体情况相结合,这是一个需要不断解决的问题。"②

中国特色社会主义道路的成功开辟和不断拓展,克服了苏联社会主义模式僵化的弊端,对于社会主义改革开放试验与探索,邓小平曾深刻指出,"如果成功了,可以对世界上的社会主义事业和不发达国家的发展提供某些经验"③。习近平也曾经作了如下评价:"邓小平的贡献,不仅改变了中国人民的历史命运,而且改变了世界的历史进程。"④中国特色社会主义拓展了社会发展的多样性,始终与时代特征和世界大势联系在一起,在发展中利用了世界和平与发展的机遇,顺应了时代潮流,中国特色社会主义的发展使世界越来越需要中国的参与。

---

① 《邓小平文选(3)》,人民出版社1993年版,第95页。
② 《邓小平文选(1)》,人民出版社1993年版,第258页。
③ 《邓小平文选(3)》,人民出版社1993年版,第135页。
④ 习近平:《在纪念邓小平同志诞辰110周年座谈会上的讲话》,《人民日报》2014年8月21日。

2001年江泽民在"七一"暨中国共产党成立80周年重要讲话中明确指出,中国共产党"最基本的经验",就是"必须始终坚持马克思主义基本原理同中国具体实际相结合",提出了"既不割断历史、又不迷失方向,既不落后于时代、又不超越阶段"①,把历史阶段与时代联系起来,捍卫了中国特色社会主义。

不仅如此,在"解放思想、实事求是"基础上,江泽民提出"马克思主义与时俱进的品质",又在党的十六大报告中号召"必须使全党始终保持与时俱进的精神状态"②。"与时俱进"这个"时",某种层面上,已经蕴含了"时代"的概念。而胡锦涛进一步提出了"马克思主义基本原理与中国具体实际相结合"的根本目标和"为人民服务"的落脚点。

党的十八大之后,在"两个结合"的基础上更加注重世界意义的阐释,更加注重统筹国内国际"两个大局"。"意味着新时代中国的社会主义现代化进程面临着极为复杂的现实,社会主义不仅要更加坚定走马克思主义与中国实际相结合的路,还会更加自觉走社会主义与时代相结合的路。"③

"两个结合"与"两个大局"存在一定的源流关系,但"两个大局"思想可以溯源到邓小平的东西部发展战略。邓小平认为,沿海先发展起来,内地要顾全这个大局。反过来,发展到一定时候,又要求沿海拿出更多力量来帮助内地发展,"这是一个事关大局的问题"④。随着中国特色社会主义事业推进,"两个大局"思想不断得以丰富。

---

① 江泽民:《全面建设小康社会,开创中国特色社会主义事业新局面》,人民出版社2001年版。
② 江泽民:《全面建设小康社会,开创中国特色社会主义事业新局面》,人民出版社2002年版,第12页。
③ 秦刚、郭强:《社会主义"从传统到现代"的新发展——从社会主义发展进程看中国特色社会主义进入新时代》,《科学社会主义》2018年第1期,第11—16页。
④ 《邓小平文选(3)》,人民出版社1993年版,第277—278页。

2012年12月16日,中央经济工作会议上,习近平指出:"从历史上看,新兴大国出现必然带来国际格局调整,必然遭到守成大国遏制。"①2019年5月,习近平在江西考察时指出:"领导干部要胸怀两个大局,一个是中华民族伟大复兴的战略全局,一个是世界百年未有之大变局,这是我们谋划工作的基本出发点。"②

2020年10月,党的十九届五中全会进一步提出,"全党要统筹中华民族伟大复兴战略全局和世界百年未有之大变局"。从"胸怀"到"统筹",从统筹国内国际"两个大局"到统筹中华民族伟大复兴战略全局和世界百年未有之大变局"两个大局",字里行间蕴含着科学研判"时"与"势",辩证对待"变"与"不变",善于把握"危"与"机",精准定位中国所处的历史坐标与世界坐标的战略定力,突出要有全局、整体、战略等系统观念。

习近平在庆祝中国共产党成立100周年大会讲话中提出:"新的征程上,我们必须坚持马克思列宁主义、毛泽东思想、邓小平理论、'三个代表'重要思想、科学发展观,全面贯彻新时代中国特色社会主义思想,坚持把马克思主义基本原理同中国具体实际相结合、同中华优秀传统文化相结合,用马克思主义观察时代、把握时代、引领时代,继续发展当代中国马克思主义、21世纪马克思主义!"③

"回顾中国共产党百年奋斗历程,可以清晰地发现,对形势进行科学研判,对发展阶段作出划分,往往不是一个单纯时间意义上的概念,而是伴随着对国内外形势、我国发展条件、发展环境等方面变化的深刻把握。"④作为有14亿人口的发展中大国,中国把自己的事办好,就是对世

---

① 习近平:《在中央经济工作会议上的讲话》,《人民日报》2012年12月17日。
② 《习近平总书记江西考察并主持召开座谈会微镜头》,《人民日报》2019年5月23日。
③ 习近平:《在庆祝中国共产党成立100周年大会上的讲话》,人民出版社2021年版,第13页。
④ 陈理:《深刻理解把握我国进入新发展阶段的重要依据》,《中共党史研究》2020年第6期,第5—16页。

界的最大贡献。在新的长征路上,我们要充分认识这种战略变化的客观必然性,放眼"两个结合",在国内、国际两个大局中考量重大战略思想的演变路径及其成为世界社会主义样本、要素、变量的可能性,赢得战略主动,防范系统性风险,避免颠覆性危机,努力做出系统上的最优决策,中国特色社会主义的优越性必将进一步显现,对世界的影响必将越来越大。

2021年11月,党的十九届六中全会通过的《中共中央关于党的百年奋斗重大成就和历史经验的决议》,再次明确提出"同中华优秀传统文化相结合"[①]。不仅拓展了"两个结合"的内涵和外延,而且把习近平新时代中国特色社会主义思想回答的时代课题更加鲜明凸显出来。这样,马克思主义中国化时代化的历史基础和群众基础便有了牢牢扎根并肥沃的生长土壤,更好保持马克思主义的蓬勃生机和旺盛活力。

同时,党的十九届六中全会还深刻指出了100年来,党领导人民进行伟大奋斗,把"胸怀天下"作为所积累的十个宝贵经验之一。2022年10月,党的二十大报告提出,继续推进实践基础上的理论创新,首先要把握好新时代中国特色社会主义思想的世界观和方法论,坚持好、运用好贯穿其中的立场观点方法,必须做到"六个坚持",其中之一即"坚持胸怀天下"。

党的二十大报告深刻阐释"两个结合",指明了推进党的理论创新的根本途径,揭示了中国化时代化马克思主义理论之树常青的奥妙所在。从历史经验提升到世界观和方法论,更加宏大地探寻了中国共产党和中国人民、民族复兴,中国共产党和马克思主义、世界社会主义,中国共产党和人类社会发展、人类文明形态的联系,更加鲜明地指出了为人民谋幸福、为民族谋复兴、为世界谋大同的内在逻辑关系,更加深刻地理解了中

---

① 《中共中央关于党的百年奋斗重大成就和历史经验的决议》,《人民日报》2021年11月17日。

国共产党是什么、要干什么的根本问题。

第三节　顺应时代潮流回答时代挑战

经过新中国 70 多年特别是改革开放 40 多年的持续发展，中国发展的历史方位发生了重大而深刻的变化。中国进入新的发展阶段的同时，在科技革命和全球化的推动下，人类社会发展呈现出一系列新的特点，"使得中国面临前所未有的复杂情形：一方面中国尚处于现代化加速进行的状态，另一方面中国又必须担负起全球性问题解决的历史任务"[1]。可见，中国特色社会主义"发展起来以后"的"后半段"进行社会主义现代化和中华民族复兴之艰难。

一、中国式现代化之路

现代化这个概念比全球化更早提出，但两者大体上几乎是同步发展的。现代化与全球化的交织互动，一般认为，"现代化带动了全球化，全球化又引导了现代化"[2]。它们是形成中国特色社会主义的深刻背景和内外动因，传统社会向现代社会的转型，是与新科技革命紧密相连的，是每个民族和国家走向繁荣富强的必由之路。全球化是近代以来人类社会发展的总体趋势，是现代化成果的应用推广，是横向空间的拓展，是对美好世界的追求和呈现。

---

[1] 魏荣、吴波：《习近平关于战略定力的重要论述研究》，《中国特色社会主义研究》2018 年第 6 期，第 5—12、19 页。
[2] 高放：《中国共产党与现代化、全球化——纪念中国共产党建立八十周年》，《社会科学》2001 年第 6 期，第 2—8 页。

社会主义是人们对美好社会制度的探索,是整个人类发展的理论,现代化、全球化都是人类文明进步的产物,为人类的彻底解放创造了前提条件,是社会主义的应有之义。三者之间如何建构,是相互掣肘还是同向同行,在现代化浪潮兴起的情况下,如何认识现代化与社会主义的关系,特别是落后的社会主义国家如何发挥制度优势推进现代化进程,成为对社会主义再认识和社会主义发展道路再探索必须面对的重大问题。

　　马克思认为,资本主义向社会主义的转变,应当首先在发达国家实现,以发达资本主义国家创造的现代化文明成果为基础,才能实现历史性转变。虽然马克思也提出了落后国家可以跨越资本主义"卡夫丁峡谷",但前提是充分吸收发达资本主义国家发展的文明成果。而落后国家没有发达资本主义国家那样的现代化基础,并且往往处于比自己现代化程度更高的资本主义的包围封锁之中,对于社会主义与现代化的关系,很长一段时间并没有正确的认识,使得这些国家社会主义现代化建设更为曲折和艰难。

　　我国是没有经过资本主义充分发展的社会主义国家,这决定了中国式现代化同西方发达国家有很大不同,是属于外源的现代化,任务更为艰巨,形势更为紧迫。"你不抓住四个现代化,不从这个实际出发,就是脱离马克思主义,就是空谈马克思主义。"[1]现代化成了突破传统社会主义,开创中国特色社会主义,彰显社会主义优越性的试金石。"它成了急迫的任务,关系到国家的兴衰、民族的存亡……现在不是个要不要的问题,它是非要不可、无可选择的。"[2]

　　由于中国特有的国情,我们要做的事是前人没有做过的,我们不可能也不容许重复西方资本主义国家的现代化老路,而应以社会主义制度选

---

[1] 《邓小平文选(2)》,人民出版社1994年版,第162—163页。
[2] 钱乘旦、杨豫、陈晓律:《世界现代化进程》,南京大学出版社1999年版,第6页。

择来进行中华民族复兴,来推进中国的现代化进程。正如邓小平指出的,中国有自己的特点,所以我们只能按照中国的实际去办。"一旦中国全盘西化,搞资本主义,四个现代化肯定实现不了","中国搞现代化,只能靠社会主义"①。全球化背景下,中国由于经济落后,生产力水平低,现代性成长不足,发展生产力、建设社会主义物质基础不足,按照中国式现代化的社会主义性质和方向进行高效的制度安排,是实践中国特色社会主义现代化过程中必须首先加以落实的关键。

外源的现代化国家在追赶过程中,很容易犯冒进的错误,1956 年到 1978 年,由于"文化大革命"的发生,中国错失了科技革命加快经济发展的大好机遇。邓小平在总结中国现代化建设经验教训的基础上,坚持四项基本原则,开启了中国特色的社会主义市场经济体制,成功解决了现代化姓"资"姓"社"问题。

中国在全球化中加速了现代化,拓展了中国特色社会主义的时空条件。"如果说,现代化是自身历史的纵向发展,全球化则是每个国家现代化体系之间的横向互动。"②20 世纪 70 年代末,随着新科技革命步伐不断加速,经济全球化程度不断深入,各国利益交融不断增强,不同社会制度的国家、不同发展水平的经济体相互依赖、相互依存,又相互渗透到统一的全球化经济体系中,谁都无法置身事外。邓小平敏锐意识到全球化势不可当的新变化,深刻指出,"关起门来搞建设是不能成功的,中国的发展离不开世界"③。

改革开放就是中国在全球化背景下,中国特色社会主义现代性不断

---

① 《邓小平文选(3)》,人民出版社 1993 年版,第 229 页。
② 徐保军:《现代化与全球化视域中中国特色社会主义制度的形成逻辑》,《理论与现代化》2016 年第 3 期,第 14—21 页。
③ 《邓小平文选(3)》,人民出版社 1993 年版,第 78 页。

深化的历史过程。1980年1月,邓小平在《目前的形势和任务》讲话中指出,20世纪80年代我们要做的主要三件事,"三件事的核心是现代化建设"①,"我们从八十年代的第一年开始,就必须一天也不耽误,专心致志地、聚精会神地搞四个现代化建设。搞四个现代化建设这个总任务,我们是定下来了,决不容许再分散精力"②。

党的十一届三中全会以来,党的历次全国代表大会都会对推进社会主义现代化建设作出战略性部署。党的十一届三中全会拉开改革开放序幕,从此中国开始"面向现代化、面向世界、面向未来"。党的十二大,邓小平提出建设有中国特色的社会主义;十二届三中全会把对外开放政策确立为一项基本国策;"三步走"战略和党的十九大确立的"到21世纪中叶建成社会主义现代化强国新征程",都是切合中国实际的现代化发展战略。

全球化对于一个国家既是机遇,也是挑战。长期以来,西方国家在经济、科技上保持领先地位,习惯用自己的政治、经济、文化价值观构建话语优势,在全球推广自己的价值观,希望在全球化的浪潮中同时把其他国家西化。资本主义现代化、全球化的"双刃剑",让每个国家在继承人类文明成果的同时,又要克服其糟粕。"推动全球化发展及决定其走向的是生产力这个最革命的因素,社会主义同资本主义一样是全球化发展到一定阶段的产物,在理论上,社会主义在本质上是高于资本主义的制度,社会主义、共产主义描绘的人人平等、世界大同的图景就是对全球化的一种认识。全球化在本质上最终应该是属于社会主义的,而不是资本主义的。"③

---

① 《邓小平文选(2)》,人民出版社1994年版,第240页。
② 《邓小平文选(2)》,人民出版社1994年版,第241页。
③ 胡静波:《社会主义存在价值在全球化中日益凸现》,《江西社会科学》2003年第1期,第20—22页。

中国特色社会主义正是从走"中国式现代化之路"开始的,在全球化、现代化的良性互动中,中国特色社会主义得以发展和完善。中国共产党近百年来,团结带领中国人民所进行的一切奋斗,无论从"四个现代化""两步走"到"三步走"战略,还是从全面建成小康社会到全面建设社会主义现代化国家,到全党统筹中华民族伟大复兴战略全局和世界百年未有之大变局,一以贯之的就是为了实现中华民族伟大复兴,把我国建设成为现代化强国。

我们用几十年时间走完了发达国家几百年走过的工业化历程,中国实现了从"赶上时代"到"引领时代"的伟大跨越,中国不再是国际秩序的被动接受者,而是积极的参与者、建设者、引领者。当代中国特色问题就体现在全球化、现代化和中国化这"三化"里,中国特色社会主义因全球化和现代化呈现出自身鲜明的特色。我们之所以说当代中国社会伟大变革不是国外现代化发展的"翻版",是因为中国所走的现代化道路与国外现代化国家具有明显的不同。

党的十八大以来,在世界经贸增长低迷、资本主义国家动能衰落之际,中国共产党认为和平与发展仍然是当今的时代主题,并作出了我国仍处于并将长期处于重要战略期这一基本判断,在大发展大变革大调整的背景下,利用国内外形势变化带来的一切积极因素,充分发挥我们的独特优势。中国特色社会主义日益焕发出勃勃生机,成为新一轮全球化的动力源泉,给全球化赋予正能量,发挥着引领作用。"一带一路"成为中国引领新型全球化的实践平台,推动构建人类命运共同体,为解决人类问题贡献了中国智慧和中国方案。

全球化日益改变中国,中国也不断影响全球化,我们不断为人类现代化贡献中国力量、中国理念和中国智慧,呈现构建全球化、现代化良性互动的世界视野和价值取向。中国特色社会主义成功地开创了一条中国式现代化新道路，为人类社会发展提供了一条"和而不同"的道路。用事实证明，"世界上既不存在定于一尊的现代化的模式，也不存在放之四海而皆准的现代化标准"①。

邓小平早就说过："我们搞的现代化，是中国式的现代化。"②就是说，我们推进的现代化，需要考虑到我们特殊的国情，这必然使中国特色社会主义建设呈现出"中国式"，即中国特点。

习近平在党的十九届五中全会第二次全体会议上发言时，首次明确提出要"以中国式现代化推进中华民族伟大复兴"，强调"我们党对建设社会主义现代化国家在认识上不断深入、在战略上不断成熟、在实践上不断丰富，加速了我国现代化发展进程，为新发展阶段全面建设社会主义现代化国家奠定了实践基础、理论基础、制度基础"③。

2022年10月，党的二十大正式宣示"中国式现代化是人口规模巨大的现代化，是全体人民共同富裕的现代化，是物质文明和精神文明相协调的现代化，是人与自然和谐共生的现代化，是走和平发展道路的现代化"④。并强调中国式现代化的本质要求是："坚持中国共产党领导，坚持中国特色社会主义，实现高质量发展，发展全过程人民民主，丰富人民精神世界，实现全体人民共同富裕，促进人与自然和谐共生，推动构建人类命运共同体，创造人类文明新形态。"⑤

党的二十大这个关键时刻的重要大会宣示中国要坚定不移走自己的

---

① 《高举中国特色社会主义伟大旗帜　奋力谱写全面建设社会主义现代化国家崭新篇章》，《人民日报》2022年7月28日。
② 《邓小平文选(3)》，人民出版社1993年版，第29页。
③ 《习近平谈治国理政(4)》，人民出版社2022年版，第153页。
④ 《高举中国特色社会主义伟大旗帜　为全面建设社会主义现代化国家而团结奋斗——在中国共产党第二十次全国代表大会上的报告》，人民出版社2022年版，第22—23页。
⑤ 《高举中国特色社会主义伟大旗帜　为全面建设社会主义现代化国家而团结奋斗——在中国共产党第二十次全国代表大会上的报告》，人民出版社2022年版，第23—24页。

现代化道路,既框定了"中国之治"是不同于西方政治制度与体系的发展路径,也借此消除相关误解和幻想。在新的历史方位,第二个百年奋斗目标新征程中,以中国式现代化推进中华民族伟大复兴,正是在全球化背景下,建设中国特色社会主义的现代化强国之路,也是不断为人类作出更大贡献的现代化之路。

中国式现代化是中国共产党领导的社会主义现代化,既有各国现代化的共同特征,更有基于自己国情的中国特色。这些始终把国家和民族发展放在自己力量的基点上,形成具有中国特色、符合中国实际、体现社会主义原则和价值的现代化新观念、新道路,正是顺应时代潮流、回应时代挑战的中国特色社会主义形成与发展的重要时代背景。

二、新科技革命与中国特色社会主义

中国特色社会主义形成和发展正处于经济全球化和新科技革命突飞猛进的时期,它们给社会主义特别是中国特色社会主义带来机遇的同时,也带来诸多挑战。从机遇的角度,新科技革命是在世界和平与发展为主题背景下进行的,为跨越式发展道路、改革开放思想观念、参与全球治理等内外环境提供了难得机遇。从挑战的角度,要克服技术本身的负面影响,更好地体现科技发展要以人为本,要缩小在科技领域与发达国家的差距,赢得与资本主义相比较的优势。长久地看,高科技革命就是一场没有硝烟的社会制度的较量。

18世纪中叶,由英国带头,以蒸汽机的发明为主要标志的第一次科技革命,掀起了现代化与全球化的第一个浪潮。19世纪末,由德国、美国带头,以电动机的发明应用为主要标志的第二次科技革命,掀起了现代化与全球化的第二个浪潮。20世纪下半叶,由美国带头,以电子信息技术为核心和主要标志的第三次科技革命,掀起了现代化与全球化的第三个浪潮。这三个浪潮一浪高过一浪,特别是第三个浪潮进入 21 世纪更是得到迅猛发展。

重视经济基础给上层建筑带来的变化,重视社会化生产发展,重视社会中个体关系是马克思主义、历史唯物主义的基本观点。而社会生产力主要是依靠科学技术的进步而提高的,第三次科技革命和以往的蒸汽机革命、电动机革命不一样,个体作用很大。"社会主义所赖以建立在其上的社会化生产,是充分发挥个人主动性、积极性、创造性的社会化生产。因此,这一场与数字化信息化技术相联系的新工业革命,对于社会主义,特别是对于中国特色社会主义,可以起到极大的促进作用。"[1]

历史上,资本主义每一次重大历史变革,都是在科技革命的作用下取得的。第一次科技革命使得资本主义摆脱了封建主义枷锁,在世界上确立了资本主义制度。这个阶段,资本主义存在的固有矛盾,必然带来无产阶级和资产阶级的根本对立,促进了社会主义由空想变成了科学。

第二次工业革命使得资本主义发展到了垄断资本主义阶段,垄断的资本家在瓜分市场、在世界各地建立殖民地之后仍未满足。这个阶段,"列宁对资本主义政治经济发展不平衡规律进行了透彻的研究,才在这个基础之上提出了社会主义将在一国或几个国家取得胜利的科学论断,指导俄国取得了十月革命的伟大胜利"[2]。十月革命后,列宁清醒认识到经济落后国家依靠科学技术和科学管理的重要性,提出了这样的公式:"苏维埃政权+普鲁士的铁路管理制度+美国的技术和托拉斯组织+美国的国民教育……=社会主义。"[3]

---

[1] 李君如、彭萍萍:《热话题与冷思考:关于第三次工业革命与中国特色社会主义的对话》,《当代世界与社会主义》2014 年第 2 期,第 4—10 页。
[2] 马家骧:《科学技术与中国特色社会主义发展的必要条件:以苏联为实证》,《天水行政学院学报》2012 年第 6 期,第 60—63 页。
[3] 《列宁文稿(3)》,人民出版社 1978 年版,第 94 页。

第三次科技革命,使资本主义呈现了国际垄断的趋势。"如果说在资本主义现代化、全球化的第一个浪潮中产生了马克思主义,第二个浪潮中形成了列宁主义和毛泽东思想的话,那么在第三个浪潮中则涌现了邓小平理论。"[1]邓小平在作出改革开放决策时,正值新科技革命长足进展之际。新科技革命带来了新一轮全球性的经济增长和产业结构调整,使得国际竞争空前激烈,发达国家纷纷出台重大科技计划,通过抢占科技制高点提高综合国力。

而十年"文化大革命",加上中华人民共和国成立后、资本主义势力长期对我国的封锁和包围,我们错失了科技革命提供的发展经济的大好机遇,使本来与发达国家的差距拉得越来越大。"中国必须发展自己的高科技,在世界高科技领域占有一席之地。"[2]改革开放使中国亦卷入了新科技革命的浪潮。启动经济体制与科技体制改革,制定科技工作战略方针,提出尊崇知识和人才强国战略,可以说,中国特色社会主义道路的开辟,就是在科技革命差距大、紧迫感强的情况下开创的。

20世纪90年代以后,新科技革命继续保持强劲发展态势,形成新的高潮,以计算机、互联网为代表的信息技术得到极大发展,高科技产业比重不断增加,推动了在整个经济中全球产业结构转型和优化升级,各国围绕科技人才的竞争更为激烈,对科学技术的作用也越来越重视——"科学技术的实力越来越决定着一个国家综合实力的强弱和国际地位的高低"[3],"科学技术是先进生产力的集中体现和主要标志"[4],"人才是第一

---

[1] 高放:《中国共产党与现代化、全球化——纪念中国共产党建立八十周年》,《社会科学》2001年第6期,第2—8页。
[2] 《邓小平文选(3)》,人民出版社1993年版,第274、279页。
[3] 江泽民:《论科学技术》,中央文献出版社2001年版,第64页。
[4] 《江泽民文选(3)》,人民出版社2006年版,第275页。

资源"①,"创新是一个民族进步的灵魂,是一个国家兴旺发达的不竭动力,也是一个政党永葆生机的源泉"②。

在此基础上,中国共产党明确提出科教兴国战略,积极推进国家创新体系建设,强调"真正做到把社会主义制度的优越性同人类优秀文明成果和先进科技力量结合起来"③,同时也强调依靠自己的探索和创新,"必须依靠自己,必须拥有自主创新的能力和自主知识产权"④,坚持走新型工业化道路,"以信息化带动工业化,以工业化促进信息化"。⑤ 除此之外,对科技强军、科技兴农等问题认识和论述,都推进了中国特色社会主义事业。

在新世纪新阶段,新科技革命又出现了一些新特点新趋势,尤其金融危机爆发后,各国纷纷开展新一轮科技竞争。胡锦涛顺应世界科技发展新变化,将科技工作与我国经济社会发展面临的各种难题紧密结合起来,反复强调"把握住机遇,赢得主动"⑥,提出走中国特色自主创新道路。如在应对国际金融危机冲击,控制和减缓温室气体排放等重大任务、重大事件时都促进科学发展观实现的形成,也构成了科学发展观的重要内容。如"依靠科技进步和创新来实现全面、协调、可持续发展"⑦,提出建设创新型国家,走中国特色自主创新道路等战略思想。

2012年11月8日,党的十八大报告提出实施创新驱动发展战略,激发全社会创新活力和创造潜能。2016年5月,印发《国家创新驱动发展

---

① 《江泽民文选(3)》,人民出版社2006年版,第319页。
② 《江泽民文选(3)》,人民出版社2006年版,第64页。
③ 《江泽民文选(2)》,人民出版社2006年版,第395页。
④ 《江泽民文选(2)》,人民出版社2006年版,第396页。
⑤ 《江泽民文选(3)》,人民出版社2006年版,第545页。
⑥ 《十六大以来重要文献选编(中)》,中央文献出版社2006年版,第112页。
⑦ 《十六大以来重要文献选编(中)》,中央文献出版社2006年版,第114页。

战略纲要》规定了分三步走的战略目标。2016年5月30日,习近平在题为《为建设世界科技强国而奋斗》讲话中提出要"建设世界科技强国"的号召。

2018年5月,习近平在两院院士大会上深刻指出,"必须把科技创新摆在国家发展全局的核心位置",走自主创新道路,实现"跟跑者"向"同行者"、再到"领跑者"的转变。强调以人民为中心,共享发展,"要把满足人民对美好生活的向往作为科技创新的落脚点"[①]。习近平新科技革命观是马克思主义科技革命理论的继承和发展,"要求我们在新时代的'历史天空'下要大力提高理论思维能力"[②],对实现"强起来"的目标具有重要意义。

综上所述,党的历届领导人对高科技革命的重视一以贯之。如果说和平与发展是时代主题,新科技革命就是时代背景和时代特征的重要方面和突出因素,构成了中国特色社会主义事业的实践基础和动力系统。"可以说,中国特色社会主义道路的开创、中国特色社会主义理论体系的产生,一开始就是与应对新科技革命相伴相随的。"[③]而中国特色社会主义新局面的开创,也是与应对新科技革命相伴相随的。如制定符合我国实际的科技政策、战略和科技思想,如"星火计划""八六三计划""火炬计划""九七三计划"等,构成了中国特色社会主义整体事业中科技事业发展道路的"中国特色"。

欧美等西方国家占据高科技革命先发优势并长期垄断这种局面,但

[①] 习近平:《在中国科学院第十九次院士大会、中国工程院第十四次院士大会上的讲话》,人民出版社2018年版,第12页。
[②] 王丹、邱耕田:《习近平新科技革命观论析》,《中共中央党校学报》2019年第3期,第38—45页。
[③] 许先春:《新科技革命与中国特色社会主义理论体系的形成和发展》,载《中国共产党90年研究文集(中)》中央文献出版社2011年版,第535—546页。

这不是资本主义制度的胜利,也没有让资本主义跳出经济危机的怪圈,资本主义矛盾依然存在,长远来看,还会带来这些矛盾的深化,资本主义的新变化并不能改变世界历史发展的总趋势,相反还导致资本主义更大的危机。

高科技革命与全球化、现代化往往相伴而行。生产力的快速发展和日益社会化,迫使资本主义承认生产资料占有关系的社会本性,接受社会主义新制度的价值取向。社会主义是为了克服资本主义的弊端而产生的,是对资本主义的一种超越与替代,它所提供的价值趋向是与真正全球化的走向一致的。

当前,全球新一轮科技革命和产业革命同我国经济结构优化升级交汇融合,我们还将面临更多挑战,自主创新能力还不够强,关键技术还存在卡脖子现象,必须增强忧患意识,时刻不能松懈,需要在关键核心技术创新上取得重大突破,为更好融入全球化增添新的动能和优势。

通过以上分析可以看出,中国共产党领导的改革开放以及社会主义现代化建设的生动实践中,新科技革命是时代背景的重要方面,也是把握时代特征的重要因素。中国特色社会主义形成与发展在不同时期对新科技革命的认识与把握,都是顺应时代潮流的重要体现,自然也是洞悉中国特色社会主义时代背景的重要考量。

新科技革命既影响着中国特色社会主义形成与发展的进程,也构成了中国特色社会主义的时代特征与内涵。党的十九届五中全会提出,"坚持创新在我国现代化建设全局中的核心地位,加快建设科技强国"[1]。这里把创新摆在各项规划任务的核心地位,将为中国特色社会主义不断赢得先机和优势,注入不竭动力。

---

① 《中国共产党第十九届中央委员会第五次全体会议公报》,人民出版社2020年版,第13页。

充分认清科技是全面建设社会主义现代化国家的核心力量，这也是应对世界百年未有之大变局加速演进作出的战略安排。党的二十大报告强调要深入实施科教兴国战略，"教育、科技、人才是全面建设社会主义现代化国家的基础性、战略性支撑。必须坚持科技是第一生产力，人才是第一资源、创新是第一动力"[1]，"三个第一"深刻揭示了科技进步、教育发展、经济社会发展之间相互推进的紧密关系，这也是顺应时代潮流，回答时代挑战，不断开辟发展新领域新赛道，不断塑造发展新动能新优势，更好地开创中国特色社会主义事业新局面。同时两步走战略安排总体目标中提出，到2035年，我国要"实现高水平科技自立自强，进入创新性国家前列"。

可见，新一轮科技革命和产业革命的深入发展，既是中国特色社会主义事业的机遇，更是挑战。我们要坚持教育优先战略、科技自立自强、人才引领驱动，加快建设教育强国、科技强国和人才强国，为全面建成社会主义现代化强国和实现中华民族伟大复兴提供丰富战略资源和创新人才储备。

本章结语

中国特色社会主义是中国近现代社会内在要素运动的必然结果，也是对世界发展与时代变化的主动回应。在特定的条件下，俄国和我国等国家实现社会主义可以有特殊的道路，但社会主义必须建立在资本主义一切肯定的先进成果，也即代表人类先进文明成果之上的。改革开放以

---

[1] 《高举中国特色社会主义伟大旗帜　为全面建设社会主义现代化国家而团结奋斗——在中国共产党第二十次全国代表大会上的报告》，人民出版社2022年版，第33页。

来,之所以彰显了社会主义制度优势和特色,重要原因之一就是对时代主题与本质有了科学认识,靠改革来体现社会主义优越性,靠发展成为"够格"并有"信服力"和"说服力"的社会主义。

建党百年来,马克思主义中国化是马克思主义基本原理与中国实际和时代特征结合的过程,它们之间内在关联的高度统一,体现在中国特色社会主义生成逻辑中。在这样的大背景下,我们坚持和发展中国特色社会主义,必须具有世界眼光,必须培育胸怀天下的情怀。对传统社会主义的更新与超越不是抽象的,而是具体的,不是片面的,而是全面的,是全方位、历史性、根本性的。中国特色社会主义不是为传统社会主义增加了一个新模式,而是实现了对传统社会主义模式的全面超越。

时代是出卷人。中国特色社会主义进入了新时代,这是我国发展新的历史方位。中国和世界的关系也发生了历史性变化,在大历史观背景下,不管是对大的"历史时代",还是小的"时代主题"的把握,都应该把人类文明迄今为止的这些好东西整合起来,把中华民族复兴的所有积极因素调动起来,注重改革发展的系统性、整体性、协同性,才能更好把握中国特色社会主义的时代性、世界性、世纪性责任和使命,在时代的潮流中发展,以宏大的格局、广阔的视野不断回答"历史课题"和"时代之问"。

第二章
中国特色社会主义的历史逻辑

恩格斯指出,"世界不是既成事物的集合体,而是过程的集合体"[①]。历史从哪里开始,逻辑也就从哪里开始。具体来说,从事物的生成逻辑看,过程离不开一定的时间和空间。东方国家跨越资本主义"卡夫丁峡谷",必须具备一些条件,其中俄国内部必须发生革命,同时仅有内部条件还不够,还必须具备外部条件。"中国革命是世界革命的一部分。"这就是之所以要从世界社会主义思想的源头等外部环境溯源,进一步认识中国特色社会主义是如何经过反复比较和总结历史后的选择。

唯物辩证法认为,任何事物的产生、发展和灭亡,总是内因和外因共同作用的结果。社会主义思想只能是资本主义社会的产物,离开资本主义这个"历史"去谈论社会主义这个"逻辑",不仅不科学,而且是有害的。中国特色社会主义的形成,既有自身独特的历史机遇和历史环境,同时也是借鉴其他社会主义国家兴衰成败历史经验的产物,是内因和外因共同作用的结果,具有无比深厚的历史底蕴。同样,要正确认识中国特色社会主义,就应该将其放在世界社会主义演进的历程中去把握,这对于中国特色社会主义整体性认识,前瞻世界社会主义的未来进程意义重大。

---

① 《马克思恩格斯文集(4)》,人民出版社 2009 年版,第 298 页。

中国共产党在推进革命、建设、改革的进程中经过反复比较和总结，历史地选择了马克思主义、选择了社会主义道路，又历经千辛万苦、付出各种代价、排除各种干扰，最终开创和发展了中国特色社会主义、形成新时代中国特色社会主义。对中国特色社会主义追本探源，从其历史发展过程，可以清晰地看出一个半殖民地半封建的经济文化落后大国，是如何走上社会主义，又如何开辟中国特色社会主义道路的历史逻辑。我们要树立正确的历史观，捍卫历史的主流和本质，澄清或纠正某些对中国特色社会主义片面的甚至歪曲的认识，才能深刻揭示历史发展的大道和大势。

第一节 从历史镜鉴看转型和突破

1917年，列宁领导的十月革命取得胜利，社会主义从理论变为现实，开辟了人类历史的新纪元。在十月革命的影响下，马克思列宁主义在中国迅速传播。1921年，中国共产党成立，从选择社会主义再到开创中国特色社会主义，中华民族的解放和复兴就这样汇入了世界社会主义历史进程。

一、从"以俄为师"到"以苏为鉴"

列宁领导的俄国十月社会主义革命的胜利，向全世界宣告崭新的社会制度实现了由理论到现实的飞跃，为20世纪上半叶世界范围内的社会主义革命作了榜样。十月革命使被压迫民族争取解放的斗争蓬勃高涨，极大地震撼了资本主义世界，也为正在苦闷中摸索、在黑暗里苦斗的中国指明了一条新的出路。在中国共产党领导的中国革命和建设的历史发展中，无论胜利和挫折都与苏俄的影响密切相关。孙中山说过："非以俄为师,断无成就"。

李大钊热烈赞扬"十月革命",指出"这种潮流,是只可迎,不可拒的"。"试看将来的环球,必是赤旗的世界!"[1]毛泽东也指出:"十月革命一声炮响,给我们送来了马克思列宁主义。"[2]列宁对经济文化落后国家如何向社会主义过渡的道路探索,特别是社会主义发展进程及其长期性等论断,继承和发展了马克思主义,为后来社会主义国家的实践提供了宝贵的经验和教训。

苏联是第一个向全世界宣布进入社会主义的国家,随着落后的俄国变成了一个强大工业国的建设成就,人们对社会主义的认识趋同于苏联社会主义制度特征。第二次世界大战后走上社会主义道路的国家基本上按照苏联模式来认识和建设社会主义,甚至成为落后民族和国家中的革命党人比学赶超的榜样。

新中国成立初期,向苏联学习是由当时特定的历史条件决定的。"苏联共产党就是我们的最好的先生,我们必须向他们学习。"[3]一方面,中国共产党和当时其他国家的共产党一样都是在共产国际和苏联共产党的直接帮助下建立和发展起来的。另一方面,中国革命胜利了,不选择向社会主义阵营"一边倒"是不可能的。最后,中国向社会主义过渡,特别是要发展经济,按照苏联的模式,得到苏联的援助,效仿其社会主义建设,是当时唯一的选择。

"以俄为师"确实让新中国在革命和建设初期取得了很大成功,但也有过惨重的失败和教训。经过几年的实践,我们的社会主义建设工作开始取得一点成绩和经验,对苏联模式一些做法中的缺点与不足也开始有

---

[1] 《李大钊全集(2)》,人民出版社2006年版,第255、263页。
[2] 《毛泽东选集(4)》,人民出版社1991年版,第1471页。
[3] 《毛泽东选集(4)》,人民出版社1991年版,第1481页。

所认识。毛泽东后来在回顾探索中国社会主义发展道路的历程时曾经说过:"第一个五年计划,对建设还是懵懵懂懂的,只能基本上照抄苏联的办法,但总觉得不满意,心情不舒畅。"①这表明毛泽东已经开始反思"以苏为师"的得失。

1956年2月,苏共二十大和赫鲁晓夫秘密报告事件,比较集中地反映了苏联体制的弊端和严重后果,毛泽东敏锐认识到了苏联体制的弊端并对其警觉,对社会主义建设进行了深刻反思。1956年6月和10月先后发生的波兰、匈牙利事件,进一步反映了东欧各国照搬照抄苏联模式的严重后果。这场"政治大地震"使社会主义遭受到了前所未有的重大挫折,社会主义普遍遭到质疑,社会主义信仰受到嗤笑或鄙夷。

毛泽东在讨论赫鲁晓夫秘密报告时指出其中涉及的问题以及它在全世界所造成的影响,"一是他揭了盖子,一是他捅了娄子",认为其无论在内容上或方法上,都有严重的后果。"正是这种揭开盖子所起的破除迷信、解放思想的积极作用,开启了中国共产党人对自己的建设道路的思考和探索。"②

以毛泽东为代表的中国共产党人开始对苏联模式进行反思,借鉴苏联的经验探索中国道路。毛泽东在党的八大前夕明确提出"以苏为鉴"的口号,开始要求辩证地看待学习苏联的问题。他明确提出不能盲目、教条地学苏联。要以我们自己的经验为主,"批判地学""创造性地学",强调我国社会主义建设时期"要进行第二次结合,找出在中国怎样建设社会主义的道路"③。

---

① 《毛泽东文集(8)》,人民出版社1999年版,第117页。
② 梁柱:《"没有预见就没有一切"——毛泽东领导思想的精髓》,《中国延安干部学院学报》2012年第5期,第56—65页。
③ 逄先知:《毛泽东年谱(1949—1976)(2)》,中央文献出版社2013年版,第557页。

1956年4月、1957年2月,毛泽东先后发表了《论十大关系》《关于正确处理人民内部矛盾的问题》,开始以苏联的经验和教训为鉴,探索具有中国特点的社会主义道路。但1957年到1959年,出现了反右斗争扩大化和共产风、"大跃进"等失误教训,毛泽东提出"以苏为鉴"的目的并未根本达到。

1961年,毛泽东在中央工作会议上说,我们遭受到了挫折和失败,碰了钉子,但还碰得不够。对社会主义,我们现在有了一些了解,但不甚了了。搞社会主义,我们没有一套,没有把握。但是我们没有很好根据实际继续探索下去,在经历了60年代的"中苏论战"和"四清"之后,发动了"文化大革命",对社会主义建设规律性的认识发生了根本性偏差,背离了历史唯物主义,带来了惨痛教训。

毛泽东探索社会主义建设道路,并提出了很多理论观点,但从总体上讲,这一时期的社会主义建设没有从根本上摆脱苏联传统社会主义模式的束缚。

改革开放后,邓小平继续"以苏为鉴",纠正了1956年以后我国探索社会主义建设道路的错误。邓小平深刻指出,"社会主义究竟是什么样子,苏联搞了很多年,也没有完全搞清楚。可能列宁的思路比较好,搞了个新经济政策,但是后来苏联的模式僵化了"[1]。

对中国式社会主义道路的探索实践,为党的十一届三中全会后中国特色社会主义道路的开辟奠定了坚实基础。可以说,正是中国共产党突破了苏联模式,开辟了中国特色社会主义道路。没有"以苏为鉴",就没有中国特色社会主义道路的继往开来。有学者认为,"中国共产党'以苏为鉴'的提出,当之无愧是探索中国特色社会主义道路的历史逻辑起点"[2]。

---

[1] 《邓小平文选(3)》,人民出版社1993年版,第139页。
[2] 彭波、郑德荣:《"以苏为鉴":探索中国特色社会主义道路的历史逻辑起点》,《天府新论》2016年第2期,第89—93页。

除此之外,第二次世界大战结束后,中国周边的许多国家和地区经济发展迅速,这也倒逼了中国共产党对"什么是社会主义,如何建设社会主义"进行思考。这些国家和地区除了一些经济落后的新兴民族独立国家和地区,也包括一些比较发达的资本主义国家和地区。如被世界各国称为"亚洲四小龙"的韩国、新加坡和中国台湾、中国香港都在很短时间内实现了经济腾飞,战后的日本也经历了"高速增长"的恢复时期,从1955—1970年,日本 GDP 增长了7.2倍。弹丸之地的香港,1977年进出口总额达到196亿美元,而整个中国内地当年只有148亿美元[1]。这对中国既是一种挑战,更是一种刺激和压力。

正如邓小平所说:"周边一些国家和地区经济发展比我们快,如果我们不发展或发展得太慢,老百姓一比较就有问题了。"[2]这正是中国特色社会主义突破苏联模式的重要镜鉴因素。

显然,探索中国社会主义建设曲折发展的经验教训,经历了一个从"以俄为师"走俄国人的路,到"以苏为鉴"走中国自己的路的曲折过程。除了借鉴并突破了苏联模式,还有新科学革命的发展、知识经济的兴起、中国周边一些国家经济高速增长等多种因素一起作用"催生"了中国特色社会主义。正如党的十四大报告所说,中国特色社会主义是"在总结我国社会主义胜利和挫折的历史经验并借鉴其他社会主义国家兴衰成败历史经验的基础上,逐步形成和发展起来的"[3]。

二、社会主义500年的"六个时间段"

2013年1月5日,习近平在新进中央委员会的委员、候补委员学习

---

[1] 曹普:《中国改革开放的历史由来》,《商业观察》2018年第6期,第84—89页。
[2] 《邓小平文选(3)》,人民出版社1993年版,第375页。
[3] 《中国共产党第十五次全国代表大会文件汇编》,人民出版社1997年版,第12页。

贯彻党的十八大精神研讨班上的讲话中,"从 6 个时间段分析了社会主义思想从提出到现在的历史过程,内容包括空想社会主义产生和发展,马克思恩格斯创立科学社会主义理论体系,列宁领导十月革命胜利并实践社会主义,苏联模式逐步形成,新中国成立后我们党对社会主义的探索和实践,我们党作出进行改革开放的历史性决策、开创和发展中国特色社会主义。"①

从世界社会主义发展的历程系统回顾,把世界社会主义 500 年发展史划分为"六个时间段",清晰洞察了为何以及如何坚持和发展中国特色社会主义。"搞清楚世界社会主义思想的源头及其演进,搞清楚中国特色社会主义的历史发展,就能明白,我们党在推进革命、建设、改革的进程中,是怎样经过反复比较和总结,历史地选择了马克思主义、选择了社会主义道路;是怎样把马克思主义基本原理同中国实际和时代特征结合起来,独立自主走自己的路,迎来了中国特色社会主义从创立、发展到完善的伟大飞跃。"②

2018 年 1 月 5 日,习近平在新进中央委员会的委员、候补委员和省部级主要领导干部学习贯彻党的十九大精神研讨班开班式上的讲话中指出,中国特色社会主义不是从天下掉下来的,而是具有"五个得来"③的历史过程。"只有回看走过的路、比较别人的路、远眺前行的路,弄清楚我们从哪儿来、往哪儿去,很多问题才能看得深、把得准。"④2018 年 5 月 4 日,习近平在纪念马克思诞辰 200 周年大会上讲话又指出:"只有在整个人类

---

① 《毫不动摇坚持和发展中国特色社会主义　在实践中不断有所发现有所创造有所前进》,《人民日报》2013 年 1 月 6 日。
② 《习近平新时代中国特色社会主义思想学习纲要》,学习出版社、人民出版社 2019 年版,第 25 页。
③ 《习近平谈治国理政(3)》,外文出版社 2020 年版,第 70 页。
④ 《习近平谈治国理政(3)》,外文出版社 2020 年版,第 70 页。

发展的历史长河中,才能透视出历史运动的本质和时代发展的方向。"①

社会主义 500 年"六个时间段"的划分,其中"第一个时间段"是空想社会主义时期。这个时期从 16 世纪初开始,历经 300 多年,是手工业向机器大工业发展的时期,从 1516 年托马斯·莫尔的《乌托邦》一书发表到 1848 年马克思、恩格斯发表《共产党宣言》之前,其中最有影响力的是 19 世纪初圣西门、傅立叶和欧文三大空想社会主义思想家的理论和学说。空想社会主义揭露资本主义社会的罪恶,对未来社会提出了一些积极主张,体现了人们对美好社会结构的憧憬和向往。当时空想社会主义思潮几乎遍及整个欧洲,构成科学社会主义的直接思想来源。

社会主义 500 年"第二个时间段"是"空想到科学",马克思恩格斯创立科学社会主义理论体系。随着机器大工业发展,工人阶级队伍以及工人运动迅速发展,无产阶级作为独立的政治力量登上政治舞台。1848 年,《共产党宣言》发表,科学社会主义正式诞生。1867 年,《资本论》出版,系统地阐释了剩余价值学说。1880 年,《社会主义从空想到科学的发展》系统阐述了科学社会主义理论体系,实现了社会主义从空想到科学的伟大飞跃。

社会主义 500 年"第三个时间段"是"理论到实践"。以 1917 年列宁领导俄国十月革命并取得胜利为标志,开创了人类历史新纪元。这期间,资本主义由自由竞争向垄断过渡,各种矛盾空前激化。俄国作为帝国主义薄弱环节成为社会主义革命的突破口。列宁把马克思主义基本原理与时代特征和俄国实际相结合,首先使社会主义革命在一国取得成功,社会主义从理论变为现实,形成了列宁主义,为社会主义建设道路作了艰辛探索。

---

① 习近平:《在纪念马克思诞辰 200 周年大会上的讲话》,《人民日报》2018 年 5 月 5 日。

社会主义 500 年"第四个时间段"为苏联社会主义制度的建立和苏联模式的兴衰,显著特点是"一国到多国",以第二次世界大战后欧亚一系列国家走上社会主义道路为标志。在 20 世纪二三十年代,斯大林在列宁逝世之后,以重工业优先的发展战略巩固和建设苏联社会主义制度,使之迅速从一个落后的农业国变成强大的工业国。第二次世界大战结束后,东欧社会主义国家大都照搬了"苏联模式","将之视之为社会主义的唯一模式。即使在不同时期有所谓调整,也是局限于修修补补,头痛医头,脚痛医脚,没有全局长远的体制改革规划"[①]。

"苏联模式"既积累了重要经验,也留下了深刻教训。随着时间推移,其弊端日益暴露,逐渐形成了权力过分集中的僵化的体制和模式,成为经济社会发展的严重体制障碍,最终苏联解体,东欧剧变,世界社会主义运动遭受重大挫折。

新中国成立后,中国共产党对社会主义的探索和实践,把社会主义 500 年带进了"第五个时间段"。中国的社会主义探索和实践推动社会主义 500 年实现从一国到多国的发展。以毛泽东为核心的党的第一代中央领导集体,探索适合中国国情的社会主义建设道路,其中既有成就也有失误。他们虽然坎坷波折,但形成了自己新的重要认识,为开创中国特色社会主义提供了宝贵经验、理论准备、物质基础。

开创和发展中国特色社会主义是社会主义 500 年"第六个时间段",这个时间段肇始于 1978 年 12 月党的十一届三中全会作出改革开放的历史性决策。这个时期,中国共产党积极借鉴国际、国内社会主义建设正反两方面经验,实现了对"苏联模式"的突破和超越,走出了一条中国特色社会主义成功之路。为人谋幸福、为民族谋复兴、为世界谋大同,以不可辩

[①] 顾海良、季正矩、彭萍萍:《热话题与冷思考:关于社会主义五百年回顾与反思的对话》,《当代世界与社会主义》2013 年第 3 期,第 4—13 页。

驳的事实彰显了科学社会主义的强大生机活力，为发展马克思主义作出中国的原创性贡献，对推动世界社会主义发展和人类进步具有深远的历史意义。

在这一历史回溯和梳理中，在世界社会主义总体进程中，并同其他国家社会主义运动的比较中认识中国特色社会主义的源流脉络，更易于清晰地揭示中国特色社会主义理论逻辑和历史逻辑的辩证统一。从空想社会主义到新时代中国特色社会主义伟大实践，不是凭空产生的，而是脚踏实地干出来的。

除了世界社会主义500年"六个时间段"的划分，世界社会主义发展中科学社会主义170多年的历史进程也被概括为"三次飞跃"。

第一次飞跃的成果是马克思恩格斯确立了科学社会主义的思想和理论形态，通过理论创新和对革命经验的总结，把空想社会主义变成科学社会主义，明确了科学社会主义的基本原则，并对未来社会主义革命和建设进行了科学研究和设想。在马克思恩格斯看来，社会主义作为共产主义的第一个阶段，经济方面，提出了公有制和有计划地组织全部生产与消灭商品经济、按劳分配等基本原则；政治方面，提出国家各项职能由国家收回，权力返还社会的原则；社会建设方面，提出解决人与社会、人与人之间矛盾，实现人的自由全面发展的原则。这些对未来社会主义的设想，包含了许多深刻的思想观点，虽然对后来的社会主义实践产生了积极影响，但毕竟是一种理论形态，需要在实践中去检验、完善和论证。

第二次飞跃是科学社会主义从以思想和理论为特征的经典形式发展为革命运动的形态，社会主义在落后国家首先建立。十月革命开辟了人类历史新纪元。第二次世界大战后，东欧、亚洲和拉美的10多个国家相继走上了苏联模式的社会主义道路，特别是中华人民共和国成立，壮大了世界社会主义力量，瓦解了帝国主义的殖民体系。科学社会主义是基于西欧发达资本主义国家的条件下提出的,在较为落后的俄国、东欧以至更为落后的东方国家建立社会主义,既需要特定的历史条件,也没有具体的依循。虽然这些国家在社会主义建设中进行了积极的探索和实践,诸如列宁的"新经济政策"、后来的斯大林模式以及东欧国家的改革,有成功和创新之处,也出现了曲解和背离科学社会主义的情况。这些曲折、失误和教训,也为后来中国等社会主义国家提供了宝贵经验。

第三次飞跃是中国通过改革开放,开创了中国特色社会主义,探索了科学社会主义原则在不同国情条件下的实现形式。社会矛盾及其规律的结果,不仅表现为以革命的方式实现新旧社会的更替,而且表现为通过改革实现社会的自我调整和局部完善,即在保持社会基本制度不变的前提下实现对旧的社会体制的变革。

处于社会主义500年"第六个时间段"的中国特色社会主义,既有中国共产党这样的大党,又有中国这样的大国为其发展实践场景,迫切需要以把握历史规律和历史趋势的高度自觉、高度自信,以更宽广的视野去考察人类问题的雄心。也只有从历史和现实相贯通、国际和国内相关联,深刻认识把握并理解中国特色社会主义的来之不易及其世界意义,才能不断推进马克思主义中国化。

第二节 从当代中国基本国情看历史课题

中华民族复兴的伟大实践是在最大的发展中国家进行的,在资本主义主导的现代化世界发展潮流背景下推进的。这就是说,追求中华民族伟大复兴的这个历史性课题,有着不循常规的现实意义及启示。

一、历史性课题与百年中国道路

"一个国家实行什么样的主义,关键要看这个主义能否解决这个国家面临的历史性课题。"[①]在世界四大文明古国中,唯有中华文明绵延至今。几千年的文明史发展中,中华民族创造了悠久灿烂的中华文明,历史上生产力、科学技术和思想文化曾长期居于世界前列,引领世界发展的潮流,为人类作出卓越贡献。中国古代的四大发明造福全世界,马克思在《机器、自然力和科学的应用》中指出,火药、指南针、印刷术是预告资产阶级社会到来的三大发明。

2014年3月27日,习近平访问欧洲时在联合国教科文组织总部的讲演中提到:"中国的造纸术、火药、印刷术、指南针四大发明带动了世界变革,推动了欧洲文艺复兴。"[②]据有关研究,1750年时,中国处于康乾盛世时期,西方还没有开始工业革命,中国的制造业产量在世界上所占的份额非常大,远超英国,中国工业产量占世界总产量的32.8%,英国仅为1.9%。只是到了近代,1840年鸦片战争后,由于西方列强的入侵和封建统治的腐败,闭关锁国的中国逐渐陷入半殖民地半封建社会的黑暗深渊,从1700年到1900年,短短200年间,中国的制造业产量从遥遥领先到远远被英美甩在了后面,由占世界总产量的32.8%变成了6.2%,英国为18.5%,美国则为23.6%。[③]

中华民族掉队、落伍的结果就是,国家四分五裂,民族备受凌辱,军阀混战不已,人民在苦难中挣扎。正因如此,近代中国两大历史性课题,一是实现中华民族的独立和人民解放,二是实现国家繁荣和中国人民幸福。

[①] 《习近平谈治国理政》,外文出版社2014年版,第22页。
[②] 习近平:《出席第三届核安全峰会并访问欧洲四国和联合国教科文组织总部、欧盟总部时的演讲》,人民出版社2014年版,第14页。
[③] [英]安格斯·麦迪森:《世界千年经济史》,伍晓鹰等译,北京大学出版社2003年版,第164—360页。

这才有中华民族"复兴"一说,而经历了深重苦难的中华民族的复兴也被赋予了更为独特的内涵和使命,并被称为"伟大复兴"。

有观点认为,如果没有外部资本主义势力的入侵,中国会自然而然由封建社会过渡到资本主义。问题是在外国资本主义的冲击下,中国历史自身逻辑和过程已经被打破,中国被资本主义裹挟着进入"世界历史",一步一步陷入半殖民地半封建境地。资本主义强国入侵不会让中国变成一个独立的资本主义国家以和他们在国际商品市场上竞争,他们所需要的是一个依附于资本主义先发国家分而治之的附庸。

因此,在中华民族积贫积弱、任人宰割的时期,"使国家复兴",成了近代以来中华民族先进分子最伟大的梦想。自强不息的中华民族也从未放弃对美好梦想的向往和追求,中国人民和无数仁人志士不甘落后,"以爱国相砥砺,以救亡为己任",进行了千辛万苦的探索和不屈不挠的斗争,各种救亡图存的主义和思潮都进行过尝试,尝试的一个基本方向就是"向西方学习"。

"向西方学习"盲目地以西方为"天",期待着会从"天"上掉下来一套适合中国的好制度。先有"师夷长技以制夷",产业救国、科技救国,后有君主立宪制、多党制、两院制、内阁制、总统制等社会政治制度学习,制度救国、教育救国,虽然学习十分真诚,结果却都以失败告终。甲午战争中北洋水师全军覆灭,主张走君主立宪制的戊戌变法仅维持103天就夭折。

毛泽东曾形容当时先进的人们什么办法都愿意尝试,同落水之人抓住稻草一样。"只要是西方的新道理,什么书也看。向日本、英国、美国、法国、德国派遣留学生之多,达到了惊人的程度","帝国主义的侵略打破了中国人学西方的迷梦。很奇怪,为什么先生老是侵略学生呢?中国人向西方人学得很不少,但是行不通……国家的情况一天一天坏,环境迫使人们活不下去。怀疑产生了、增长了,发展了。"①罗素曾告诫中国人应该"秉着开明的态度,向他国学习但又不受其支配"②。

从鸦片战争到五四运动 80 年间,中国社会各阶级、各阶层和各种政治力量,农民阶级、封建王朝的洋务派、资产阶级改良派和革命派等都曾登上历史舞台,呈现出"你方唱罢我登场"的热闹场景。结果无一例外都以失败告终,都没有解决中国的前途和命运问题。孙中山的辛亥革命成果被袁世凯窃夺了,国人还尝试了 12 年的共和制,结果军阀割据混战、人民生灵涂炭。

正如毛泽东所言,"西方资产阶级的文明,资产阶级的民主主义,资产阶级共和国的方案,在中国人民的心目中,一齐破了产"③,"一切别的东西都试过了,都失败了"④。习近平在欧洲访问时,也曾指出:"君主立宪制、复辟帝制、议会制、多党制、总统制都想过了、试过了,结果都行不通。"⑤

无路可走的中国选择社会主义不是偶然的,"近代中国历史表明,旧式农民战争和软弱的资产阶级都不可能完成中华民族救亡图存和反帝反封建的历史任务,更不可能承担起实现民族复兴的历史使命。"⑥在内忧外患、社会危机空前深重的背景下,社会主义曾作为救亡图存的主义和思潮的一种,登上中国历史舞台并一度成为潮流。形形色色的社会主义流派纷然杂陈,据统计,1905 年中文的社会主义报刊已达 54 种,更呈现出"盛言社会主义"的局面。这些"社会主义"五花八门,"社会主义流派,社

---

① 《毛泽东选集(4)》,人民出版社 1991 年版,第 1469、1470 页。
② [英]伯特兰·罗素:《中国问题》秦悦译,学林出版社 1996 年版,第 191 页。
③ 《毛泽东选集(4)》,人民出版社 1991 年版,第 1471 页。
④ 《毛泽东选集(4)》,人民出版社 1991 年版,第 1471 页。
⑤ 求是编辑部:《毫不动摇坚持和发展中国特色社会主义》,《求是》2019 年第 7 期,第 13—22 页。
⑥ 《习近平新时代中国特色社会主义思想三十讲》,学习出版社 2018 年版,第 33 页。

会主义意义都是纷乱的,不十分清晰的"①。但是广泛的辩论形成了社会主义被民众认同和接受的思想基础,直到"十月革命一声炮响,给中国送来了马克思主义",此后马克思主义开始了中国化进程,饱受帝国主义欺辱的中国人民,从"以西为师"到"以俄为师",在历史的选择中转向了马克思主义,在"走俄国人的路"中看到了解决中国问题的出路。

"自从中国人学会了马克思列宁主义以后,中国人在精神上就由被动转入主动。"②从这时起,中国近代一直以来的颓势和被动局面最终从根本上得以扭转和改变。1921年中国共产党应运而生,中国共产党团结带领人民历尽千难万险,建立了中华人民共和国,彻底结束了旧中国半殖民地半封建社会的历史,确立了社会主义基本制度,在社会主义革命和建设初期,我们既取得了巨大的成就,也经历了严重的曲折,付出了各种代价,最终找到了当代中国进步的根本方向,使中国大踏步赶上了时代。

随着时间的推移,苏联高度集中的计划经济体制的弊端以及由此带来的经济、政治和社会的问题,迫使中国共产党人开始独立探寻一条适合自己国情的社会主义发展道路。自1978年改革开放及邓小平在党的十二大正式提出"建设有中国特色的社会主义"命题,我们用几十年时间走完了发达国家几百年走过的工业化历程,使具有70多年历史的中华人民共和国取得举世瞩目的成就,中华民族以崭新姿态再次屹立世界东方。

"中国共产党的百年历史,就是接力探索、奋力开创、不断完善社会主义制度的历史"③,也是一部始终以实现中华民族伟大复兴为己任,不断取得辉煌成就的历史。党的十九届五中全会提出全党要统筹中华民族伟

---

① 《瞿秋白文集(1)》,人民出版社1953年版,第23—24页。
② 《毛泽东选集(4)》,人民出版社1991年版,第1516页。
③ 陈曙光、赵耀:《百年大党对中华民族的伟大贡献》,《前线》2021年第1期,第14—20页。

大复兴战略全局，一个"全"字，既涵盖近代170多年来实现中国梦的奋斗史，也表明它是全体中国人民的伟大梦想。

毋庸置疑，关于中华民族复兴的历史背景、历史逻辑是思考中国特色社会主义的源和流最深刻视角和视野。"一百年来，党总是能够在重大历史关头从战略上认识、分析、判断面临的重大历史课题，制定正确的政治战略策略，这是党战胜无数风险挑战、不断从胜利走向胜利的有力保证。"[①]

二、"四个走出来"与"五个得来"

一场社会革命要取得最终胜利，往往需要一个漫长的历史过程。2013年6月25日，在中国共产党成立92周年前夕，习近平在中共中央政治局集体学习时指出："中国特色社会主义这条道路来之不易，它是在改革开放30多年的伟大实践中走出来的，是在中华人民共和国成立60多年的持续探索中走出来的，是在对近代以来170多年中华民族发展历程的深刻总结中走出来的，是在对中华民族5000多年悠久文明的传承中走出来的，具有深厚的历史渊源和广泛的现实基础。"[②]

这里用了"四个走出来"指出了中国特色社会主义的形成和发展历程。中国特色社会主义虽然起步于"改革开放"关键一步，但是"改革开放"也是经过长期探索得来的。社会主义革命、中华人民共和国的成立为中华民族伟大复兴奠定了根本政治前提和制度基础，但是社会主义探索过程中，也经历了严重挫折和惨痛教训，这都为在新的历史时期开创中国特色社会主义提供了宝贵经验、理论准备、物质基础。

[①] 习近平：《更好把握和运用党的百年奋斗历史经验》，《求是》2022年第7期，第8页。
[②] 《在对历史的深入思考中更好走向未来　交出发展中国特色社会主义合格答卷》，《人民日报》2013年6月27日。

即使改革开放后,中国特色社会主义现代化建设也分为不同时期和阶段,呈现出不同的任务、战略、使命,但又是紧紧围绕"中华民族发展历程"这个伟大复兴的历史课题进行的,既要进行现代化建设,顺应时代潮流,赶上时代,又不能丢了历史悠久的民族精神与文明的传承,是建立在深厚的历史渊源和现实基础之上的。

2018年1月5日,习近平在党的十九大精神研讨班开班式上作了重要讲话,这次讲话进一步指出:"中国特色社会主义不是从天上掉下来的,而是在改革开放40年的伟大实践中得来的,是在中华人民共和国成立近70年的持续探索中得来的,是在我们党领导人民进行伟大社会革命97年的实践中得来的,是在近代以来中华民族由衰到盛170多年的历史进程中得来的,是对中华文明5000多年的传承发展中得来的。"①在"四个走出来"基础上,明确增加了"党领导人民进行伟大社会革命97年的实践"这个历史节点,构成了"五个得来"。

"'五个得来'从党和国家的改革史、国家的建设史、党的革命史、民族的奋斗史、文明的传承史诠释了新时代中国特色社会主义深厚的历史渊源和广泛的现实基础,表明新时代中国特色社会主义是植根于中国大地、反映中国人民意愿、适应中国发展进步要求的社会主义,具有无比广阔的时代舞台,具有无比深厚的历史底蕴,具有无比强大的前进动力。"②

可以看出,从"四个走出来"到"五个得来",第一次从五个方面对中国特色社会主义历史逻辑做了完整的论述。一方面说明中国特色社会主义是中国共产党领导人民进行伟大社会革命的成果,是建立在中国共产党

---

① 《习近平谈治国理政(3)》,外文出版社2020年版,第70页。
② 韩庆祥、陈远章:《学习把握新时代中国特色社会主义的大逻辑》,《人民日报》2018年5月24日。

长期奋斗基础上，经历千辛万苦，付出各种代价、接力探索取得的；另一方面也指出了中国特色社会主义的形成与发展是个历史过程，既有历史的必然性，也有历史的长期性，同时又是一个在不断完善中多种因素相互影响的整体，是具有中国国情、中国实际、中国实践、中国经验等特点的历史产物。可以说，改革开放、社会主义是中国特色社会主义最核心的主体主线，而中华人民共和国、中华民族则是中国特色社会主义最关切的背景和动因，它们共同孕育和催生了中国特色社会主义。

党的十七大报告在阐述改革开放和中国特色社会主义的历史进程时，还用了"三个永远铭记"阐明了中国共产党三代中央领导集体在孕育、开创中国特色社会主义过程中的理论探索和实践探索，揭示了其理论和实践从开创到继承、发展的一脉相传、与时俱进的源流关系。

如何在中国建设社会主义，没有现成的模式可循，以毛泽东为主要代表的中国共产党人提出要以苏为鉴，独立探索适合中国国情的社会主义建设道路。

"对社会主义五百年历史逻辑和理论逻辑及其统一性的思考，有助于理解共产主义理想和社会主义信念，是建立在马克思主义揭示的人类社会发展规律的基础之上的。"[1]回溯这些历史节点，它们从不同视角和维度指出了中国特色社会主义的形成起点。中华文明史是中国特色社会主义厚重的历史背景，但"不是对历史上曾经的繁荣昌盛简单地模仿和重复，也不仅仅是在与西方世界的对比中展示自己的优越性"[2]。

中国特色社会主义的历史逻辑除了具有在时间上延伸的连续性，而

---

[1] 顾海良、季正矩、彭萍萍：《热话题与冷思考：关于社会主义五百年回顾与反思的对话》，《当代世界与社会主义》2013年第3期，第4—13页。
[2] 肖贵清：《习近平对中国特色社会主义主题的认识和深化》，《社会主义研究》2017年第3期，第1—8页。

且具有在世界社会主义发展空间上展开的并存性。前文论述的中国特色社会主义放在世界社会主义500年发展的"六个时间段"①里加以审视和阐述,同样揭示了中国特色社会主义的历史方位和新的发展阶段的历史逻辑。

历史是现实的镜鉴。要高度警惕"历史虚无主义"的危害,中国特色社会主义的历史逻辑告诉我们,党在推进革命、建设、改革的进程中是怎样经过反复比较和总结,历史地选择了马克思主义、选择了社会主义道路的;是怎样历经千辛万苦、付出各种代价、排除各种干扰,开创和发展中国特色社会主义、形成新时代中国特色社会主义的。

某种意义上,中国特色社会主义"四个走出来"和"五个得来"的历史逻辑,也为对党史、新中国史、改革开放史、社会主义发展史的学习提供了遵循。党史、新中国史、改革开放史、社会主义史要从全局性的视角、科学的视野和发展的眼光对待中国革命、建设、改革的历史进程中积淀而成的精神基因,把它们作为一个整体把握,避免把它们割裂开来、对立起来。

中国共产党历来重视历史的学习。2013年6月25日,习近平在主持十八届中央政治局第七次集体学习时强调,"历史是最好的教科书",是"必修课"②。这就要求把党史、国史的地位提升到党和国家各项事业的全局角度来思考和重视。2020年1月8日,习近平在"不忘初心、牢记使命"主题教育总结大会上强调,要把学习贯彻党的创新理论同学习马克思主义基本原理贯通起来,同学习党史、新中国史、改革开放史、社会主义发展史结合起来,同新时代进行伟大斗争、建设伟大工程、推进伟大事业、实

---

① 《毫不动摇坚持和发展中国特色社会主义 在实践中不断有所发现有所创造有所前进》,《人民日报》2013年1月6日。
② 《在对历史的深入思考中更好走向未来 交出发展中国特色社会主义合格答卷》,《人民日报》2013年6月27日。

现伟大梦想的丰富实践联系起来。2021年2月1日,中共中央又决定在全党开展教育活动。

中国特色社会主义是正在进行的党史、新中国史、改革开放史、社会主义发展史。学习党史、新中国史、改革开放史、社会主义史,要从全局性的视角、科学的视野和发展的眼光对待中国革命、建设、改革的历史进程中积淀而成的精神基因,把历史性论断、历史性成就、历史性变革、历史性结论作为一个整体把握,避免把它们割裂开来、对立起来,准确地理解中国特色社会主义理论的系统性、整体性、逻辑性。抓住党史、新中国史、改革开放史和社会主义发展史之间的主题和主线,就是要捍卫历史的主流和本质,澄清或纠正某些对中国特色社会主义片面的甚至歪曲的认识。

中华民族5000多年的悠久文明,见证了中华民族由衰到盛、自尊自立到自强自信的复兴史,见证了改革开放筚路蓝缕的伟大奋斗史,见证了中华人民共和国成立以来的持续探索史,见证了中国共产党领导人民进行伟大社会革命百年来的初心使命践行史,也昭示了世界社会主义500多年波澜壮阔的人类文明光辉前景。

搞清楚中国特色社会主义的生成逻辑,能够更为深切地揭示中国特色社会主义形成发展的内在必然性及其历史逻辑。要远眺前行,往哪里去就必须弄清从哪里来,只有深深地扎根历史,才能行稳致远。中国特色社会主义进入新的历史方位,这是一个大有可为的历史机遇期,同时也要清醒地认识到,前进道路不可能一帆风顺,需要基于其"新的历史方位"以及"百年未有之大变局"等新的历史境况,用历史思维和历史逻辑对待历史进程中积淀而成的精神基因,从而深刻揭示中国特色社会主义整体历史发展进程的大道和大势。

第三节　从历史性结论看历史担当

中国特色社会主义是党和人民历经千辛万苦、付出各种代价、接力探索取得的,这个历史进程是中华民族从站起来到富起来、再到强起来的历史进程。从中国共产党成立100周年实现第一个奋斗目标、全面建成小康社会,进而到21世纪中叶中华人民共和国成立100周年时实现第二个百年奋斗目标,不断把为崇高理想奋斗的伟大实践推向前进。

一、站起来、富起来到强起来三次伟大飞跃

1949年9月21日,毛泽东在中国人民政治协商会议第一届全体会议的开幕词中指出:"占人类总数四分之一的中国人从此站立起来了。"同年10月1日,中华人民共和国的成立,标志着中国人民从此把命运牢牢掌握在自己手中,开启了中国历史发展的新纪元。中华人民共和国的成立彻底改变了近代中国积贫积弱、一盘散沙、落后挨打的悲惨命运,中华民族走上了实现伟大复兴的光明前景。

2011年7月,在回溯中国共产党90年奋斗历程时,胡锦涛以"中华民族伟大复兴"为主题,提出党团结带领人民不懈奋斗,完成和推进了三件大事:完成了新民主主义革命,实现了民族独立、人民解放;完成了社会主义革命,确立了社会主义基本制度;进行了改革开放新的伟大革命,开创、坚持、发展了中国特色社会主义。这"三件大事","从根本上改变了中国人民和中华民族的前途命运,不可逆转地结束了近代以后中国内忧外患、积贫积弱的悲惨命运,不可逆转地开启了中华民族不断发展壮大、走

向伟大复兴的历史进军"①。

2017年7月26日,习近平在回顾中国共产党光辉历程和历史贡献时,又用"三个意味着"高度凝练地指出中国特色社会主义进入了新的发展阶段。"意味着近代以来久经磨难的中华民族实现了从站起来、富起来到强起来的历史性飞跃,意味着社会主义在中国焕发出强大生机活力并不断开辟发展新境界,意味着中国特色社会主义拓展了发展中国家走向现代化的途径,为解决人类问题贡献了中国智慧、提供了中国方案。"②

2017年10月18日,党的十九大报告再次使用了"三个意味着",党的十九大报告这里使用"三个意味着",立意长远,站位更高,指出了我国发展站到了新的历史起点。中国特色社会主义新时代是迈向"强起来"的新时代,揭示了中国特色社会主义继往开来、不断进取的历史逻辑。

"三个意味着"昭示了中国特色社会主义从传统向现代实现了飞跃,由"不够格"的社会主义越来越充满自信和自觉,并赢得相比较优势。2018年5月4日,习近平在纪念马克思诞辰200周年大会上,又用"三次伟大飞跃"精准概括了中国共产党的奋斗历程并进行了具体阐释。第一次伟大飞跃指"中华民族从东亚病夫到站起来的伟大飞跃"。这一历史阶段,中华民族陷入内忧外患的灾难深渊,中国人民处于水深火热的悲惨境地。中国共产党实现了中国从几千年封建专制政治向人民民主的伟大飞跃。事实证明,只有社会主义才能救中国。第二次伟大飞跃指"中华民族从站起来到富起来的伟大飞跃"。这一历史阶段,改革开放成为决定当代中国命运的关键一招,也是实现中华民族伟大复兴的关键一招,使中国大踏步赶上了时代,不可逆转地实现了中华民族由不断衰落到持续走向繁荣富强。"富起来"为全面建成小康社会打下了坚实基础。第三次伟大飞

---

① 《胡锦涛文选(3)》,人民出版社2016年版,第174、659页。
② 《习近平谈治国理政(2)》,外文出版社2017年版,第62页。

跃指"中华民族从富起来到强起来的伟大飞跃"。这一历史阶段,党和国家事业取得全方位、开创性历史成就,发生深层次、历史性变革,对党和国家事业发展的一系列重大理论和实践问题进行了深刻思考和科学判断,中国特色社会主义进入新时代。

从中国特色社会主义"三件大事"到"三次伟大飞跃"的论断,是继往开来、不断进取的历史逻辑新的提炼,贯通党的伟大斗争、伟大工程、伟大事业、伟大梦想,清晰地展现了从国家、民族、政党到人民根深蒂固的社会主义价值观念变迁这一光辉历程,也为深刻洞察中国特色社会主义的历史逻辑提供了一个多维度的、多线条的视角。

2018年12月18日,习近平在庆祝改革开放40周年大会的讲话中,提到了三次"站起来、富起来到强起来"。他指出"中国人民在富起来、强起来的征程上迈出了决定性的步伐!""中华民族迎来了从站起来、富起来到强起来的伟大飞跃!"[①]。并浓笔重彩地指出改革开放是中国人民富起来的法宝,是中国人民和中华民族发展史上一次伟大革命,是当代中国的主旋律和最鲜明的特色,是中国特色社会主义形成和发展的不竭动力源泉,也形成了中国特色社会主义制度自我完善的优势。

2019年3月4日,习近平在参加全国政协十三届二次会议文化艺术界、社会科学界委员联组会时的讲话中进一步指出,"70年砥砺奋进,我们的国家发生了天翻地覆的变化,中华民族迎来了从站起来、富起来到强起来的伟大飞跃。无论是在中华民族历史上,还是在世界历史上,这都是一部感天动地的奋斗史诗"[②]。揭示了中国改革和发展历史性变革中所蕴藏的历史逻辑以及历史性成就背后的中国特色社会主义道路、理论、制度、文化优势。2019年10月31日,习近平在党的十九届四中全会第二

---

① 习近平:《在庆祝改革开放40周年大会上的讲话》,《求是》2018年第24期,第3—12页。
② 《习近平谈治国理政(3)》,外文出版社2020年版,第326页。

次全体会议上的讲话中指出,"新中国成立 70 年来,中华民族之所以能迎来从站起来、富起来到强起来的伟大飞跃,最根本的是因为党领导人民建立和完善了中国特色社会主义制度"①,指出了制度优势是一个国家的最大优势。

2022 年 10 月,党的二十大报告总结了党的十八大以来对党和人民事业具有重大现实意义和深远历史意义的三件大事:"一是迎来中国共产党成立一百周年,二是中国特色社会主义进入新时代,三是完成脱贫攻坚、全面建成小康社会的历史任务,实现第一个百年奋斗目标。"②这是中国共产党和中国人民团结奋斗赢得的历史性胜利,是彪炳中华民族发展史册的历史性胜利,也是对世界具有深远影响的历史性胜利。

不管是"三次伟大飞跃",还是从中国特色社会主义不同层面总结的"三件大事"论断,这些都是继往开来、不断进取的历史逻辑新的提炼,贯通党的伟大斗争、伟大工程、伟大事业、伟大梦想,清晰地展现了从国家、民族、政党到人民根深蒂固的社会主义价值观念变迁这一光辉历程,也为深刻洞察中国特色社会主义的历史逻辑提供了一个多维度、多线条的视角。

二、改革开放前后"两个 30 年"关系

中国共产党通过把握时代发展大势以及分析国内发展现状,于 1978 年党的十一届三中全会果断结束"以阶级斗争为纲"的政治路线,重新恢复了党的八大关于社会主义社会基本矛盾的判断,实现了党和国家工作中心的战略转移。40 多年来,党始终不渝坚持这次全会确立的路线方针

---

① 《习近平谈治国理政(3)》,外文出版社 2020 年版,第 119 页。
② 《高举中国特色社会主义伟大旗帜 为全面建设社会主义现代化国家而团结奋斗——在中国共产党第二十次全国代表大会上的报告》,人民出版社 2022 年版,第 4 页。

政策。可以说,改革开放作为历史性决策贯穿了中国特色社会主义从创立、发展到完善的历史过程。

以1978年党的十一届三中全会为历史分期,我们党领导人民进行社会主义建设,主要分为改革开放前和改革开放后两个历史时期。对于改革开放前后两个历史时期的关系,在很长一段时期里,理论界并没有达成共识。"一种意见过于夸大改革开放期间所出现的问题,将后30年改革的历史视为对于前30年所走的道路、所执行的理论路线方针政策的根本性否定和背离,并由此最终导致用前30年否定后30年。另一种意见则以单面张扬改革开放后30年的历史来否定前30年的历史"[1]。此外,也有学者认为"除了由来已久的前后30年相互否定、彼此割裂的'对立否定论'外,还有前后30年的'直线运动论'、'一概否定论'以及'整体论'中的争论性观点"[2]。

任何历史都是连贯发展的,是相互联系的历史,相互依存的历史,是不断发展的历史。正确认识改革开放前后两个30年的关系,决定着能否正确评价中华人民共和国成立以来的历史,也是理解和把握中国特色社会主义历史逻辑整体性的重要关键点。在这个大是大非问题上,我们要有十分清醒而坚定的认识,这样我们才更容易看清中国特色社会主义的基本历史走向。

前30年对社会主义革命和建设的探索,没有现成的经验可供借鉴,而是在经历长期战乱、百废待兴,并遭到资本主义国家全面封锁的条件下进行的,由于社会主义建设经验不足,遭受了一些重大挫折。尽管如此,

---

[1] 方松华、杨起予:《改革开放前后"两个30年"关系研究》,《马克思主义研究》2014年第3期,第43—50、160页。
[2] 王东红:《改革开放前后的两个30年关系研究述评》,《北京党史》2014年第3期,第43—50、160页。

我们还是积累了正反两方面的经验和教训，并为以后的发展提供了重要的思想、物质、制度条件。

后30年改革开放取得了令世人瞩目的巨大成绩，我们党团结领导人民开创了中国特色社会主义，实现了从"赶上时代"到"引领时代"的伟大跨越。当代中国创造了举世瞩目的经济发展奇迹，亿万民众焕发出前所未有的生机活力。

我们充分肯定前30年，并不否定它在社会主义道路上探索的意义。正因为前30年的探索中缺乏社会主义建设的经验，所以要改革开放，要对革命和建设进行改革和完善。前30年存在的种种问题和困难，构成了后30年的改革和发展的主题、方向和任务；前30年的深刻教训，规避了路径依赖和错误路向，打开了后30年创新发展空间；前30年为探索积累了条件，是推动后30年出发的原点和大踏步的支点。显然，前30年和后30年追求的中华民族复兴的梦想是相同的、一贯的。在这个意义上，前30年是在社会主义道路上进行艰难探索，经验教训更值得我们珍惜。后30年是在前30年的发展经验和教训基础上进行的一次自我觉醒，是中国的第二场革命，是开创了中国特色社会主义，充分认识到了改革开放"是决定当代中国命运的关键一招"。

厘清"两个30年"关系是理解中国特色社会主义来龙去脉不可或缺的因素和依据。一方面，改革是在社会主义性质没有变的前提下进行的改革，依然坚持中国共产党领导，依然走社会主义道路。这都说明，改革开放是在坚守社会主义的基本原理、核心的价值理念、科学社会主义的理想信仰的前提下进行的守正创新。另一方面，开创了理论、制度、道路、文化等方面独特的一套适合中国国情和实际的路线方针政策和治国理政方略。

"在对中国特色社会主义的认识过程中我们也经历了实践与认识的

循环往复。"①令"两个 30 年"发生转变的改革开放,是中国共产党从"实践是检验真理标准"的大讨论中开启的。这一方面说明了中国共产党具有极强的自我纠错能力;另一方面说明中国共产党具有自我革命的勇气以及独创的初心、使命和智慧。

"两个 30 年"正是对"什么是社会主义","怎样建设社会主义"等问题的艰辛探索,60 年是一脉相承的,无法割裂的,"两个 30 年"对马克思主义经典作家理论都有突破,以改革开放为分界点开启的中国特色社会主义,正是在"以阶级斗争为纲"到"以经济建设为中心"的历史性转变中,突破了传统的社会主义模式,走出了一个经济文化相对落后的国家建设现代化的新路。

对"两个 30 年"关系的认识最重要的是必须正确地对待历史上发生过的曲折和错误。中国共产党之所以能够与时俱进、尊重客观规律,原因之一就在于它能够正视错误、善于从错误中学习,通过总结成功的经验和失败的教训,不断把革命和建设事业推动向前。

党的十八大报告,正确评价了毛泽东社会主义建设时期所取得的巨大成就,"为新的历史时期开创中国特色社会主义提供了宝贵经验、理论准备、物质基础"②。习近平在 2013 年 1 月 5 日讲话中进一步明确指出:"不能用改革开放后的历史时期否定改革开放前的历史时期,也不能用改革开放前的历史时期否定改革开放后的历史时期。"③2016 年 6 月,在中国共产党成立 95 周年之际,经党中央批准,由中共中央党史研究室编写出版《中国共产党的九十年》,这本著作正是把中国特色社会主义作为贯

---

① 王立胜:《中国特色社会主义的历史由来及其发展阶段》,《喀什师范学院学报》2013 年第 4 期,第 1—8、11 页。
② 《十八大以来重要文献选编》,中央文献出版社 2014 年版,第 8 页。
③ 《习近平谈治国理政》,外文出版社 2014 年版,第 23 页。

穿历史发展的红线,揭示了中国特色社会主义实践和中国共产党接续奋斗的内在统一性。"以中国特色社会主义贯穿全书,把党领导全国人民不懈奋斗作为一个整体来认识,揭示和体现了历史运动的内在统一性,也揭示和体现了'根本成就'和'必由之路'所蕴含的历史逻辑。"[1]

当然,如果再拉长时间尺度,从中国共产党整个历史发展主流看,其"不懈奋斗史""理论探索史""自身建设史"有"三个30年"的历史轨迹,即革命(1921年党的成立到1949年中国革命胜利)、建设(1949年中华人民共和国成立到1978年党的十一届三中全会前)和改革(党的十一届三中全会后)的"三个30年"。"两个一百年"交汇点到建设成为社会主义现代化国家是第"四个30年"[2]。但是,处理好改革开放前30年和后30年关系尤为重要,这和"站起来、富起来到强起来"是同一个历史思维,也是我们从"两个30年"关系中应该得到的思考和启示。

显而易见,在对"两个30年"关系的理解中透视出历史逻辑在中国特色社会主义逻辑生成中具有重要价值。2021年1月11日,习近平讲话中强调,经过改革开放40多年的不懈奋斗,我们已经拥有开启新征程、实现新的更高目标的雄厚物质基础。"新中国成立不久,我们党就提出建设社会主义现代化国家的目标,未来30年将是我们完成这个历史宏愿的新发展阶段。"[3]"未来30年"属于"发展起来以后"的30年,面临的新情况新问题新挑战会更多。在这个特殊的时空交汇点上,新的历史机遇同样也会摆在我们面前,需要我们紧紧抓住和用好这样一个大有可为的历史机遇期。

---

[1] 黄一兵:《中国共产党的九十年》新突破的思想理论基础段》,《中共党史研究》2016年第12期,第104—112页。
[2] 胡静波:《追求复兴的梦想是一贯的》,《解放日报》2021年4月27日。
[3]《习近平在省部级主要领导干部学习贯彻党的十九届五中全会精神专题研讨班开班式上发表重要讲话 强调深入学习坚决贯彻党的十九届五中全会精神 确保全面建设社会主义现代化国家开好局》,《人民日报》2021年1月12日。

本章结语

中国选择社会主义从一开始就与国家主权、民族自尊心紧密联系在一起，也正是在这个过程中，中国传统大同的社会理想和近现代磨难的经历构筑了从国家、民族、政党到人民根深蒂固的社会主义价值观念变迁，使中国特色社会主义最终成为中国人民的坚定信仰。历史地看，民族复兴是中国特色社会主义形成、发展过程中一以贯之的宏伟目标。建设中国特色社会主义，必须坚持马克思主义基本原理同中国具体实践相结合，科学看待和善于学习别国经验，既要体现社会主义的共同规律，也要体现自己的发展特色。

历史演进的路径源远流长、千回百转。对于一个具有5000年文明史的国家和民族来说，当代中国正处于中华民族伟大复兴的关键时期，正处于从大国走向强国的关键时期。不管是承前启后，还是继往开来，都要求我们对中国特色社会主义有更深入的思考、观察和研究，确立更加严谨、更加准确的科学态度和历史思维，用历史眼光去把握中国特色社会主义的必然性、长期性和整体性。从全局性的视角、科学的视野和发展的眼光来对待其历史进程中积淀而成的精神基因，把历史性成就、历史性变革、历史性结论作为一个整体来把握。

在新的社会实践面前，我们必须具有强烈的历史责任感和使命感，高度重视理论创新。中国特色社会主义进入新时代，进入新的历史方位，取得了历史性伟大成就和阶段性伟大胜利。当代中国的发展已经站在了新的历史起点上，相比过去具备了难以想象的良好发展条件，未来我们应该正确处理好历史逻辑关系，高度总结社会主义建设的经验和教训，不断汲取前进的智慧、勇气和力量。

第三章
中国特色社会主义的理论逻辑

一个民族要走在时代前列,就一刻不能没有理论的思维,一刻不能没有正确的思想指引。恩格斯指出:"历史从哪里开始,思想进程也应当从哪里开始。"① 中国是主动选择并接受马克思列宁主义走上社会主义道路的,以马克思列宁主义为指导思想的中国共产党,自然以选择社会主义道路为历史必然。马克思主义列宁是社会主义的理论基础,也是百年中国道路的行动指南。

马克思恩格斯关于社会主义的构想是在批判资本主义制度的基础上建立起来的。中国社会主义建设初期的曲折发展原因之一就是完全根据马克思主义经典作家的设想,而忽略了设想的前提。中国特色社会主义理论逻辑告诉我们,对科学社会主义理论既要坚持和继承,又要发展和创新。更重要的是,以马克思主义的立场、观点和方法为指导,立足中国实际,在坚持中发展,在发展中坚持,守正创新,不断推进马克思主义中国化时代化。

马克思主义中国化的历史,就是一部不断推进理论创新、进行理论创造的历史。中国共产党为什么能,中国特色社会主义为什么好,归根到底

---

① 《马克思恩格斯选集(2)》,人民出版社 2012 年版,第 14 页。

是马克思主义行,是中国化时代化的马克思主义行。社会主义国家在建设中之所以出现种种失误,最为根本的原因就是没有搞清楚"什么是社会主义"这个基本理论问题。而"社会主义发展阶段理论""社会主义本质理论"和"社会主义市场经济理论"可以说是中国特色社会主义理论体系的原创和精髓,正是它们才完成了真正意义上对传统社会主义理论的突破,逻辑地展现了中国特色社会主义的思想内涵与价值意蕴。

第一节　中国特色社会主义理论体系的形成与发展

党的十二大开幕词指出:"把马克思主义的普遍真理同我国的具体实际结合起来,走自己的道路,建设有中国特色的社会主义",这精辟地阐明了中国特色社会主义的理论依据和内在逻辑。如果要进一步充分地认识中国特色社会主义的理论内涵与特质,则需要厘清中国特色社会主义理论与马克思主义、科学社会主义之间的逻辑生成关系,由此才能理解中国特色社会主义理论体系的真正内涵。

一、马克思列宁主义是理论根据和思想源头

中国特色社会主义并不是科学社会主义的歧出,而是科学社会主义的经典学说在当代中国的理论创新与伟大实践,因此,要深刻理解中国特色社会主义的性质,必须首先从科学社会主义这个"源头"说起。"要了解中国特色社会主义形成和发展的脉络,更加充分地认识其历史必然性和科学真理性,应该拉长时间尺度,放在世界社会主义演进的历程中去把握。"[①]

---

① 《习近平新时代中国特色社会主义思想学习纲要》,学习出版社、人民出版社 2019 年版,第 22 页。

从 1516 年英国的托马斯·莫尔发表空想社会主义的《乌托邦》一书算起，到中国特色社会主义开创，已经跨跃了近 500 年。资本主义自诞生之日起，就一直伴随着种种社会弊端，面对资产阶级剥削造成的社会不公平现实，工人反对资本主义剥削与压迫，向往社会主义、共产主义的思想启蒙运动从来就没有停止过。16 世纪空想社会主义就是在批判资本主义社会制度的种种弊端的基础上，着眼于美好未来社会设想而盛行于欧洲的。

与空想社会主义者不同，马克思、恩格斯对未来社会的设想，不是教条式地预测未来，而是在批判旧世界的过程中发现新世界，在揭露和剖析资本主义社会的过程中预测新社会。马克思、恩格斯指出更高的社会形态发展，必须在资本主义充分发展的基础上进行无产阶级革命，并设想无产阶级革命在资本主义世界一切文明国家，或至少在几个主要资本主义国家同时发生并取得胜利。

列宁创造性地把马克思主义与俄国实际相结合，创立了列宁主义，实现了科学社会主义由理论到实践、从一国实践走向多国发展。但是，随着世界社会主义运动遭受严重挫折与失误，迫使各社会主义国家不得不从本国国情和社会历史条件出发，在实践中对马克思主义理论进行发展和创新，从而形成了丰富多彩的马克思主义本土化的理论形态和实践模式。

科学社会主义作为科学的世界观、方法论和指导无产阶级认识、改造世界的强大的思想武器，必须回到现实中去，与各国的具体实际相结合。马克思、恩格斯晚年对东方社会发展道路进行探索，提出了"卡夫丁峡谷"设想，包括科学预见了"中国社会主义"的出现。

马克思主义揭示了人类社会发展规律，是认识世界、改造世界的科学真理。马克思主义奠定了共产党人坚定理想信念的理论基础。中国共产党一经成立，就把马克思主义写在自己的旗帜上。中国共产党之所以能够与时俱进,发展成为世界第一大党,很重要的一个原因就是始终"坚持马克思主义指导地位不动摇,坚持科学社会主义基本原则不动摇"①。从中国特色社会主义理论渊源和社会主义实践都可以看到,把中国特色社会主义与科学社会主义割裂开来,这在理论上和实践上都是极具危害的。

习近平指出:"从世界社会主义500年的大视野来看,我们依然处在马克思主义所指明的历史时代。"②2019年6月由中共中央宣传部编写的《习近平新时代中国特色社会主义思想学习纲要》一书中,在习近平关于中国特色社会主义"五个得来"③论述基础上,进一步强调了中国特色社会主义是"在世界社会主义500年波澜壮阔的发展历程中得来的"④,为进一步深刻认识中国特色社会主义"从哪里来、到哪里去"提供了更完整的视角。

经过几十年的艰苦卓绝的理论和实践探索,我们党对社会主义的认识,已经达到了一个新的高度。这期间,苏东剧变、社会主义阵营不复存在,中国特色社会主义则在世界社会主义进入低潮时进入新时代,其内涵和外延在理论和实践的创新中不断得到丰富和拓展。

马克思列宁主义是中国特色社会主义的总根源,离开了科学社会主义也就没有中国特色社会主义。邓小平曾说:"我们搞改革开放,把工作重心放在经济建设上,没有丢马克思,没有丢列宁,也没有丢毛泽东。老祖宗不能丢啊。"⑤对于中国共产党人来说,老祖宗当然是指马克思列宁主义的思想和学说,也指科学社会主义的基本原则。习近平说:"科学社

---

① 《十九大以来重要文献选编(上)》,中央文献出版社2019年版,第724页。
② 《习近平谈治国理政(2)》,外文出版社2017年版,第66页。
③ 《习近平谈治国理政(3)》,外文出版社2020年版,第70页。
④ 《习近平新时代中国特色社会主义思想学习纲要》,学习出版社、人民出版社,2019年版,第25页。
⑤ 《邓小平文选(3)》,人民出版社1993年版,第369页。

会主义基本原则不能丢,丢了就不是社会主义"①。

这就是说,马克思列宁主义的基本原理是社会主义之所以称为社会主义的"元"命题,也是坚持和发展中国特色社会主义的"源"头,是守正创新的最核心的"点",如果离开了这些"源"和"点",社会主义的"元"命题就变色变调,不能被称为社会主义了。同样,中国特色社会主义,不管如何"特色",如果还是社会主义,就必须坚守马克思列宁主义的基本原理,在坚持和发展中始终不渝地把其当作理论源头活水。

2021年11月,党的十九届六中全会通过的《中共中央关于党的百年奋斗重大成就和历史经验的决议》指出了中国共产党百年奋斗的历史意义:"一百年来,党坚持把马克思主义写在自己的旗帜上,不断推进马克思主义中国化时代化,用博大胸怀吸收人类创造的一切优秀文明成果,用马克思主义中国化的科学理论引领伟大实践。"②

对于中国特色社会主义这个当代马克思主义,不管是"中国化的科学理论",还是"引领的伟大实践",百年奋斗重大成就和历史经验证明,指引中国道路发展方向并保驾护航的,很明确就是坚持和发展马克思主义。

马克思主义之所以具有跨越国度、跨越时代的影响力,就是因为它深刻揭示了人类社会发展规律。中华民族能够扭转悲惨命运,走上复兴之路,最根本的是有马克思主义的科学指引,坚持解放思想、实事求是、求真务实,遵循了科学社会主义的基本原则。

2022年10月,党的二十大报告指出:"马克思主义是我们立党立国、兴党兴国的根本指导思想。实践告诉我们,中国共产党为什么能,中国特色社会主义为什么好,归根到底是马克思主义行,是中国化时代化的马克

---

① 《习近平谈治国理政》,外文出版社2014年版,第22页。
② 《中共中央关于党的百年奋斗重大成就和历史经验的决议》,《人民日报》2021年11月17日。

思主义行。拥有马克思主义科学理论指导是我们党坚定信仰信念、把握历史主动的根本所在。"①这里强调"为什么能""为什么好"归根到底是"两个行",即"归根到底是马克思主义行,是中国化时代化的马克思主义行"。一方面强调不管马克思主义如何中国化时代化依然是马克思主义,另一方面也强调马克思主义"行",必须不断"中国化时代化"。

只有"赋予马克思主义以新的时代内涵",并坚持马克思主义基本原理与中国具体实际相结合,坚持实践是检验真理的唯一标准,"社会主义并没有定于一尊、不成不变的套路"②,只有写出科学社会主义的新版本,中国特色社会主义才有源有流,根深叶茂,成为指引中国发展繁荣的正确道路,展示马克思主义的强大生命力。

二、毛泽东思想是马克思主义中国化的第一次历史性飞跃

近代中国的两大历史性任务,即实现中华民族的独立和解放,实现中国人民的富裕和幸福。毛泽东成功解决了第一大历史任务,并且为第二大历史任务的解决提供了基本的经济、政治、文化和社会条件,从理论上形成了毛泽东思想。

党的十五大首次认定,毛泽东思想是我们党将马克思主义同中国实际相结合实现第一次历史性飞跃的理论成果。毛泽东思想产生和形成于20世纪前中期"战争与革命"时期。以毛泽东为主要代表的中国共产党人在深入总结成功经验和失败教训的基础上,把马克思列宁主义基本原理同中国具体实际相结合,找到了农村包围城市、最后武装夺取政权的中

---

① 《高举中国特色社会主义伟大旗帜 为全面建设社会主义现代化国家而团结奋斗——在中国共产党第二十次全国代表大会上的报告》,人民出版社2022年版,第16页。
② 《习近平谈治国理政(3)》,外文出版社2020年版,第76页。

国特色革命道路。

社会主义制度的建立,为我国一切进步和发展奠定了重要基础,中国发展从此开启了新纪元。在社会主义革命时期,党面临的主要任务就是,实现从新民主主义社会到社会主义社会的转变,进行社会主义革命,推进社会主义建设。

同革命道路一样,社会主义建设道路也曲折艰辛,"走过一段弯路,吃了大亏",但经验教训一样,最重要的是摸清本国国情,"以苏为鉴"独立自主地探索自己的发展道路。

在这个时期,毛泽东提出把马克思列宁主义基本原理同中国具体实际进行"第二次结合",提出关于社会主义建设的一系列重要思想,"包括社会主义社会是一个很长的历史阶段,严格区分和正确处理敌我矛盾和人民内部矛盾,正确处理我国社会主义建设的十大关系,走出一条适合我国国情的工业化道路,尊重价值规律,在党与民主党派的关系上实现'长期共存、相互监督'的方针,在科学文化工作中实行'百花齐放、百家争鸣'的方针等"①。这些既坚持了马克思列宁主义,又符合中国实际的独创性理论成果,对于社会主义的建设和发展至今还有重要的指导意义。

1938年10月,在党的六届六中全会上,毛泽东在《论新阶段》的报告中最先使用了"马克思主义中国化"这个命题。他指出:"离开中国特点来谈马克思主义,只是抽象的空洞的马克思主义。因此,马克思主义在中国具体化,使之在其每一表现中带着必须有的中国的特性,即是说,按照中国的特点去应用它,成为全党亟待了解并亟需解决的问题。"②

1956年,党领导全国人民基本完成了社会主义改造,毛泽东在同年4月中央政治局扩大会议上的讲话中,在借鉴苏联教训、总结中国经验的基

---

① 《中共中央关于党的百年奋斗重大成就和历史经验的决议》,《人民日报》2021年11月17日。
② 《毛泽东选集(2)》,人民出版社1991年版,第534页。

础上提出了一整套符合中国实际的方针政策,《论十大关系》正是产生于这个背景下,说明毛泽东对中国的社会主义建设已经有了初步的系统思考,《论十大关系》也成为中国社会主义建设道路的开篇之作。

正如毛泽东自己所说:"前八年照抄外国的经验。但从1956年提出十大关系起,开始找到自己的一条适合中国的路线。"[①]"找到自己的一条适合中国的路线"就是要找到一条适合中国国情的自己的建设道路。同年9月党的八大全面体现了《论十大关系》的有关精神,明确了建设社会主义必须根据中国情况走自己的道路,避免在建设社会主义时期出现像民主革命时期那么多和那么长时间的错误。

1957年6月,《关于正确处理人民内部矛盾的问题》一文公开发表,对关于统筹兼顾并适当安排的战略方针、关于处理统一战线内部各项矛盾的根本原则和方法、关于工商业者问题、关于知识分子问题、关于民主党派工作等社会主义建设中的诸问题进行了全面探索和思考。

特别是对"什么是社会主义,怎样建设社会主义"从理论上作了思考,其中关于"正确认识与处理人民内部矛盾的思想"的社会主义基本矛盾学说,是对科学社会主义理论的重要贡献。

当然,毛泽东在带领中国探索社会主义建设和发展过程中,也经历了严重曲折。党的八大形成的正确路线未能完全坚持下去,先后出现"大跃进"运动、人民公社化运动等错误,导致"文化大革命"的发生。但党在社会主义革命和建设时期取得的巨大成就,包括独创性的理论成果必须得到肯定。

毛泽东思想是马克思列宁主义在中国的创造性运用和发展,党的十五大报告称之为马克思主义中国化的"第一次历史性飞跃",是被实践证

---

① 中共中央文献研究室:《毛泽东重要著作和思想形成始末》,人民出版社1993年版,第273页。

明了的关于中国革命和建设的正确的理论原则和经验总结,在毛泽东思想指引下,党领导人民完成社会主义革命,消灭一切剥削制度,实现了在一穷二白、人口众多的东方大国大步迈进社会主义的伟大飞跃,"为在新的历史时期开创中国特色社会主义提供了宝贵经验、理论准备、物质基础"①。

"宝贵经验、理论准备、物质基础"是党的十九届六中全会公报中的明确提法。相对于马克思列宁主义的理论总根据和思想总源头,学术界也有把毛泽东思想当作是中国特色社会主义理论体系的直接理论来源。"以毛泽东为代表的中国共产党第一代领导集体关于中国社会主义建设道路的探索成果,给以邓小平为代表的第二代领导集体探索建设有中国特色的社会主义道路奠定了直接的思想理论基础。"②

但是也有学者对中国特色社会主义理论基础有不同的看法。"适合中国国情的社会主义革命道路的开创是始于毛(毛泽东)也成于毛;而适合中国国情的社会主义建设道路的开创是始于毛而成于邓(邓小平)。"③

虽然这些提法学术界可以讨论,但毛泽东思想为开创中国特色社会主义所作的无论是"思想"上,还是"物质"上的准备是不容置疑的。正是在对毛泽东思想继承和发展的基础上,实现了中国特色社会主义理论体系的重大创新。邓小平在 1980 年说:"三中全会以后,我们就是恢复毛泽东同志的那些正确的东西嘛,就是准确地、完整地学习和运用毛泽东思想嘛。基本点还是那些。"④

概而言之,毛泽东思想对中国特色社会主义理论体系中的很多问题

---

① 《中共中央关于党的百年奋斗重大成就和历史经验的决议》,《人民日报》2021 年 11 月 17 日。
② 赵明义:《当代社会主义》,山东大学出版社 2001 年版,第 121 页。
③ 顾海良:《马克思主义发展史》,中国人民大学出版社 2009 年版,第 549 页。
④ 《邓小平文选(2)》,人民出版社 1994 年版,第 300 页。

都有阐述,为社会主义建设的全面展开提供了启迪,提供了基础。毛泽东首创了马克思主义与中国实际相结合的新民主主义革命道路和社会主义改造道路,最早明确提出马克思主义中国化的命题和历史任务,提出关于社会主义建设的一系列重要思想和独创性理论成果,实现了中国大步"迈进社会主义的伟大飞跃",成为"马克思主义中国化的第一次历史性飞跃"。

三、中国特色社会主义理论体系实现了马克思主义中国化新的飞跃

马克思主义中国化第一次飞跃,产生于中国新民主主义革命时期,从理论上形成了毛泽东思想。而马克思主义中国化新的飞跃发生于改革开放和社会主义现代化建设新时期,在这个时期形成了中国特色社会主义理论体系。

党的十一届三中全会以后,中国进入了改革开放和社会主义现代化建设新时期,党中央深刻认识到改革开放才是唯一出路,作出了彻底否定"文化大革命"的重大决策,果断结束"以阶级斗争为纲",实现了党和国家工作中心的战略转移。这个时期的主要任务就是继续探索中国建设社会主义的正确道路,为实现中华民族伟大复兴提供充满新的活力的体制保证和快速发展的物质条件。

党的十五大用"邓小平理论"来代替"邓小平建设有中国特色的社会主义理论"。以邓小平为主要代表的中国共产党人深刻总结中华人民共和国成立以来正反两方面经验,围绕什么是社会主义、怎样建设社会主义这一根本问题,借鉴世界社会主义的历史经验,创立了邓小平理论。

邓小平理论重新确立了解放思想、实事求是的思想路线,科学地把握了社会主义的本质,科学判断了和平与发展为时代主题和社会主义初级阶段基本国情,初步形成了"一个中心,两个基本点"的基本路线,实现了

党和国家工作中心向经济建设上的转移,实行改革开放的历史性决策,科学回答了建设中国特色社会主义的一系列基本问题,明确提出走自己的路,建设有中国特色的社会主义,成功开创了中国特色社会主义。

党的十三届四中全会以后,以江泽民为主要代表的中国共产党人,坚持改革开放、与时俱进,坚持党的基本理论、基本路线,在苏东剧变、世界社会主义遭受严重曲折等国内外政治风波和经济风险严峻考验面前,捍卫了中国特色社会主义,形成了"三个代表"重要思想,开创了全面改革开放新局面,推进党的建设新的伟大工程,并成功把中国特色社会主义推向21世纪。

党的十六大以后,以胡锦涛为主要代表的中国共产党人,顺应国内外形势发展变化,坚持走科学发展道路,着力推进党的执政能力建设和先进性建设,深刻认识和回答了新形势下实现什么样的发展、怎样发展等重大问题,推进实践创新、理论创新、制度创新,形成了科学发展观,成功在新的历史起点上坚持和发展了中国特色社会主义。

在社会主义建设发展中,党深刻认识到,不断开创改革开放和社会主义现代化建设新局面,必须不断推进马克思主义中国化时代化,与时俱进推进理论创新引领中国特色社会主义事业发展。也正因此,改革开放和社会主义现代化建设取得了举世瞩目的伟大成就,中国大踏步赶上了时代,"我国实现了从生产力相对落后的状况到经济总量跃居世界第二的历史性突破,实现了人民生活从温饱不足到总体小康、奔向全面小康的历史性跨越,推进了中华民族从站起来到富起来的伟大飞跃"①。

党的十七大明确提出邓小平理论、"三个代表"重要思想、科学发展观共同构成中国特色社会主义理论体系的科学命题。这些理论体系都

---

① 《中共中央关于党的百年奋斗重大成就和历史经验的决议》,《人民日报》2021年11月17日。

以社会主义初级阶段这一基本国情为理论依据,以建设和发展中国特色社会主义为主题主线,在理论创新和理论发展上不断开拓创新,作出了各自的独特贡献,既一脉相承又与时俱进,是理论基点、理论品质、精神实质上内在统一、相互贯通的,共同构成了中国特色社会主义理论的源流关系。

邓小平理论属于马克思主义中国化第二次飞跃的第一大成果,在党的十五大报告中曾与毛泽东思想并列,直接作为马克思主义中国化的第二次飞跃成果。这是因为邓小平理论明确提出"建设有中国特色的社会主义"的重大命题,实现了具有历史意义的伟大转折,这一理论的主题是"什么是社会主义,怎样建设社会主义"。正是在这一历史起点和逻辑起点的基础上,形成了中国特色社会主义理论体系。邓小平理论是中国特色社会主义理论体系最基础的重要组成部分、实际起点。

邓小平理论同毛泽东思想存在着一脉相承的直接继承关系,也实现了创造性发展。同时,作为中国特色社会主义理论体系的开创之作,邓小平理论与其他重大战略思想之间起到承前启后的作用,具有开创性、原创性、统领性等特征。有学者认为:"不仅奠定了中国特色社会主义的理论基础,而且也奠定了中国特色社会主义理论体系的框架基础。"[1]

必须承认,理论界对中国特色社会主义的起点存在争论,有观点认为,"如果将毛泽东思想排除在外,中国特色社会主义理论就成了一个不知从何而来的空降物"[2]。这个问题上的分歧其实也是对改革开放前后"两个30年"关系的认识问题。

---

[1] 曹宏:《论中国共产党人的中国特色社会主义观》,《山东青年政治学院学报》2012年第2期,第16—20页。
[2] 杜鸿林:《关于构建中国特色社会主义理论体系的若干思考》,《天津行政学院学报》2007年第1期,第10—15页。

不过,随着社会主义事业的推进,学术界形成基本共识:"理论体系不包括毛泽东思想,它的起点是改革开放,开创之作是邓小平理论。"①另一方面,邓小平理论与中国特色社会主义理论的内在逻辑关系,需要辩证地认识和处理。总体上,前者确立了基本思路和基本原则,后者在坚持和继承前者的基础上对前者作出继承、推进和发展。

2013年1月5日,习近平在关于毫不动摇坚持和发展中国特色社会主义的讲话中明确指出:"中国特色社会主义,是科学社会主义理论逻辑和中国社会发展历史逻辑的辩证统一"②这里不仅明确了中国特色社会主义的理论逻辑,也指出了实践反映到理论上一样,是理论逻辑和历史逻辑的统一。

马克思主义必定随着时代、实践和科学的发展而不断发展,不可能一成不变。就是说"实现中华民族伟大复兴是连续性和阶段性的统一"③。

理解中国特色社会主义不仅要和同理论体系之间贯通起来,还要从战略上、制度上总体明确其与科学社会主义一"脉"相"传"的逻辑架构。习近平还深刻指出,"坚持和发展中国特色社会主义是一篇大文章,邓小平同志为它确定了基本思路和基本原则,以江泽民同志为核心的党的第三代中央领导集体、以胡锦涛同志为总书记的党中央在这篇大文章上都写下了精彩的篇章"④。这不仅指出了中国特色社会主义理论体系的重要内容,也明确了邓小平理论、"三个代表"重要思想、科学发展观主要创立者所作的贡献,特别是强调了邓小平为中国特色社会主义理论体系"确

---

① 韩庆祥、王海滨:《中国特色社会主义理论体系的研究理路和逻辑进展》,《中共中央党校学报》2012年第4期,第5—9页。
② 《习近平谈治国理政》,外文出版社2014年版,第21页。
③ 魏志奇:《从四个维度深刻理解如期全面建成小康社会的重大意义》,《党的文献》2020年第6期,第15—21页。
④ 《习近平谈治国理政》,外文出版社2014年版,第23页。

定了基本思路和基本原则",更是回应了学术理论界的论争。

四、习近平新时代中国特色社会主义思想实现了马克思主义中国化新的飞跃

党的十八大以来,中国特色社会主义进入新时代。以习近平为核心的党中央统筹把握中华民族伟大复兴战略全局和世界百年未有之大变局,强调中国特色社会主义新时代具有承前启后、继往开来的特点,表明我们发展处于新的历史方位。

党的十九大报告把习近平新时代中国特色社会主义思想确立为党必须长期坚持的指导思想并庄严地写入《中国共产党章程》。习近平新时代中国特色社会主义思想提出了一系列原创性且富有时代性、创造性的治国理政新理念新思想新战略,推动党和国家事业取得历史性成就、发生历史性变革,"彰显了中国特色社会主义的强大生机活力,党心军心民心空前凝聚振奋,为实现中华民族伟大复兴提供了更为完善的制度保证、更为坚实的物质基础、更为主动的精神力量"[1]。

从毛泽东思想到邓小平理论、"三个代表"重要思想、科学发展观,再到习近平新时代中国特色社会主义思想,分别围绕不同主题,有一个逐步认识、逐步积累的过程,每个理论成果都是在前人探索的基础上发展起来的,它们具有共同的理论渊源和鲜明的马克思主义立场观点,它们面临共同的历史任务和时代课题,它们的基本观点、重要论断,虽然各有侧重,但又紧密联系、相互贯通。

党的十九届六中全会通过的《中共中央关于党的百年奋斗重大成就和历史经验的决议》更加宏大地从中国共产党和中国人民、民族复兴,中国共产党和马克思主义、世界社会主义,中国共产党和人类社会发展、人

---

[1] 《中共中央关于党的百年奋斗重大成就和历史经验的决议》,《人民日报》2021年11月17日。

类文明形态等关系方面把习近平新时代中国特色社会主义思想回答的时代课题，表述为"新时代坚持和发展什么样的中国特色社会主义、怎样坚持和发展中国特色社会主义，建设什么样的社会主义现代化强国、怎样建设社会主义现代化强国，建设什么样的长期执政的马克思主义政党、怎样建设长期执政的马克思主义政党"[1]等重大时代课题，其关注和关照的是中国未来发展更为全面、系统、集成的问题，是统揽伟大斗争、伟大工程、伟大事业、伟大梦想，全面建设社会主义现代化强国的问题，是在发生从量的积累到质的变化过程中的问题，是更加成熟、更加定型、逐渐走向更加够格的社会主义所面对的问题。

习近平新时代中国特色社会主义思想，是在世情、国情、党情发生深刻变化的历史条件下，当今世界经历新变局，我们党面临执政新考验的历史条件下形成和发展起来的。具体来说，我们进入了一个新的发展阶段，发展环境、发展条件、目标任务都发生了新的变化，是一个承前启后、继往开来，从"未发展起来"进入"发展起来以后"的时期；主要矛盾已经转化为人民日益增长的美好生活需要和不平衡不充分的发展之间的矛盾，逐步实现全体人民共同富裕的时代；奋斗目标上，从全面建成小康社会进入踏上全面建设社会主义现代化强国的时代；是实现中华民族伟大复兴，统筹国内国际两个大局，推动构建人类命运共同体，不断为人类作出更大贡献的时代。

习近平新时代中国特色社会主义思想，是在百年未有之大变局中形成的。世界大发展大变革大调整时期，各种威胁与挑战联动效应明显，国际环境日趋复杂，全球治理体系和国际秩序变革加速推进，世界面临的不稳定性不确定性突出，世界全球化遭遇逆流，单边主义、保护主义、霸权主

---

[1]《中共中央关于党的百年奋斗重大成就和历史经验的决议》，《人民日报》2021年11月17日。

义对世界和平与发展构成威胁。新一轮科技革命和产业变革加速演进，都对世界经济、安全和全球发展态势产生了重大影响，并将加速全球新旧治理体系重构和人类社会面貌的演变。而中国致力于推进全球化、人类命运共同体、天下为公等理念，为全球治理提供中国智慧、中国理念和中国方案。

习近平新时代中国特色社会主义思想，是在社会革命和自我革命两大革命有机推动中进行的。党的十八大以来管党治党实现了从"宽软松"到"严紧硬"的深刻转变，消除了党和国家内部存在的严重隐患，在治国理政实践中不断拓展对共产党执政规律的认识，提出坚持和加强党的全面领导，使党在革命性锻造中焕发出新的生机活力，深刻揭示了中国特色社会主义最本质的特征是中国共产党的领导，展现了新时代马克思主义执政党强大的创造力、凝聚力、战斗力。

习近平新时代中国特色社会主义思想内涵十分丰富，坚持和发展中国特色社会主义是其核心要义，彰显了坚定的理想信念，展现了真挚的人民情怀，贯穿了高度自觉自信，体现了鲜明的问题导向，充满着无畏担当精神，不仅其肩负了"站起来、富起来到强起来"的历史使命，还肩负了"为人民谋幸福、为民族谋复兴、为世界谋大同"的历史责任。不仅彰显了中国特色，更呈现出其世界意义。"展望21世纪，我们有理由认为，世界上最精彩的故事已经并将继续发生在中国，世界上最伟大的实践样本已经并将继续是中国样本，中国共产党领导下的中国完全能够胜任马克思主义创新发展的时代使命，马克思主义中国化最新成果完全有理由冠名'世纪'的称号，称之为'21世纪马克思主义'。"[1]

2021年11月，党的十九届六中全会通过了《中共中央关于党的百年

---

[1] 何毅亭：《习近平新时代中国特色社会主义思想是21世纪马克思主义》，《学习时报》2020年6月14日。

奋斗重大成就和历史经验的决议》，在党的十九大报告"八条基本要求"的基础上，用"十个明确"对习近平新时代中国特色社会主义思想的核心内容作出了系统概括，更明确指出："习近平新时代中国特色社会主义思想是中国文化和中国精神的时代精华，实现了马克思主义中国化新的飞跃。"①而且还在"坚持党的全面领导"等13个方面总结了党和国家事业取得的历史性变革，彰显了中国特色社会主义的强大生机活力，也彰显了党的创新理论的时代性、开放性和创造性。这些概括不断提炼了习近平新时代中国特色社会主义思想的主要内容，必须长期坚持并不断丰富发展。

2022年11月，党的二十大审议并一致通过十九届中央委员会提出的《中国共产党章程（修正案）》，把党的十九大以来习近平新时代中国特色社会主义思想新发展写入党章，从党的纲领上要求全党深刻领悟"两个确立"的决定性意义，全面贯彻习近平新时代中国特色社会主义思想，把这一思想贯彻落实到党和国家工作各方面全过程。

马克思恩格斯指出，一切划时代的体系的真正的内容都是由于产生这些体系的那个时期的需要而形成起来的。"马克思主义是一个理论大家族，马克思、恩格斯的学说是总源头，马克思、恩格斯—列宁、斯大林—毛泽东、邓小平、江泽民、胡锦涛、习近平这是一条主干线。此外，还存在若干条马克思主义的支流、支线。每一条线都有其独立存在的价值，各条线整合到一起，就构成了世界马克思主义的完整思想谱系和理论图景。"②中国特色社会主义理论与当代中国的伟大社会变革"不是简单套用马克思主义经典作家设想的模板"③，而是科学社会主义的"新版本"。习近平新时

---

① 《中共中央关于党的百年奋斗重大成就和历史经验的决议》，《人民日报》2021年11月17日。
② 何毅亭：《习近平新时代中国特色社会主义思想是21世纪马克思主义》，《学习时报》2020年6月14日。
③ 《习近平谈治国理政(3)》，外文出版社2020年版，第76页。

代中国特色社会主义思想谱写了马克思主义新篇章,实现了马克思主义中国化新的飞跃,科学回答中国之问、世界之问、人民之问、时代之问,饱含着对人类发展重大问题的独特创见。

第二节 社会主义初级阶段理论是中国特色社会主义的理论基石和总依据

建设社会主义首先必须要考虑的就是社会主义发展阶段、历史方位问题,这是由中国国情决定的,一切方针政策都必须以这个基本国情为依据,并根据经济社会主要矛盾的变化,不断调整历史方位,既不能脱离实际,也不能超越阶段。可以说,对社会主义初级阶段的认识既是一个重要的理论问题,也是一个重大的实践问题,是事关社会主义事业成败的重要理论基石和总依据。

一、社会主义初级阶段理论是对马克思主义的重大发展

早在1939年,毛泽东就指出,"认清中国的国情,乃是认清一切革命问题的基本的根据"[①]。因此,只有对世情、国情特别是我国社会主义发展阶段的准确判断,我们才能准确定位中国社会主义所处的历史方位。改革开放以来,也正是由于对我国历史方位有了科学的认识和准确把握,才成功开辟了中国特色社会主义。

搞清楚"什么是社会主义",这是突破传统社会主义和"苏联模式",放弃"姓社姓资"的无谓争论,放弃"老路"重新定位的根本问题,因为弄清楚

---

① 《毛泽东选集(2)》,人民出版社1991年版,第633页。

"怎样建设社会主义",首先面对的就是"什么是社会主义"的问题,关键在于能否从客观实际出发,能否正确把握社会主义发展规律,找出一条适合中国国情的发展"新路"。

马克思恩格斯对未来社会主义发展阶段问题有过一些设想,发表于《1844年经济学哲学手稿》《共产党宣言》《哥达纲领批判》经典著作中。无产阶级夺取政权后的社会发展至少经历过渡时期、共产主义第一阶段和共产主义社会高级阶段三个阶段。这三个阶段是马克思、恩格斯在生产力高度发达的前提下谈论未来社会发展阶段的,恩格斯就曾指出,"要经过哪些社会和政治发展阶段才能同样达到社会主义的组织,我认为我们今天只能作一些相当空泛的假设"①。

在俄国的社会主义建设过程中,列宁坚持并发展了马克思恩格斯关于未来社会发展的三阶段思想,并根据现实的需要对共产主义发展阶段作了新的表述:把马克思恩格斯的共产主义社会第一阶段称为社会主义社会;把共产主义社会高级阶段称为共产主义社会。在论述这些大的发展阶段时,列宁还提出了每一个大的阶段又是由多个小的发展阶段所构成。他曾经使用了"初级形式的社会主义""发达的社会主义""完全的社会主义""完备形式的社会主义""彻底胜利和巩固了的社会主义"等词汇,表明社会主义会有不同发展阶段,每个大的发展阶段可能还有若干小阶段。

列宁尤其对十月革命后俄国的发展阶段有着清醒的认识。他认为俄国这个过渡阶段还有许多具体的阶段:"我们不知道,而且也不可能知道,过渡到社会主义还要经过多少阶段。"②他认为共产党必须根据过渡的长期性和现实情况来制定不同阶段的过渡政策。

---

① 《马克思恩格斯选集(4)》,人民出版社2012年版,第548页。
② 《列宁全集(34)》,人民出版社2017年版,第44页。

斯大林在坚持"阶段划分"的同时,改变了马克思主义经典作家的社会主义理论。1936年,在还没有完全完成马克思、恩格斯设想的过渡时期历史任务的情况下,斯大林匆匆宣布苏联进入了社会主义社会。斯大林曾经认为社会主义建设是一个历史过程,但很快就忽视了苏联进入社会主义社会经济文化相对落后的历史起点,而急于向共产主义过渡。1939年,斯大林在联共(布)十八大报告中指出:"发展过程不能就此停止。我们还要前进,向共产主义前进。"[1]1952年,苏共十九大通过的党章,指出苏联共产党的主要任务是从社会主义逐步过渡到共产主义。这种忽视苏联生产力发展水平较低和落后国家社会主义建设的长期性的认知,反映了大家的建设热情、美好的希冀,但是进入共产主义的征途是漫长的,急于向共产主义过渡的认识,对社会主义社会发展的多阶段和长期性估计不足,导致苏联模式日益僵化。

在我国的社会主义探索和建设过程中,我们对于建立的社会主义的历史方位问题长期未形式正确的认识。1954年,毛泽东认为,要建成一个社会主义国家,大概15年左右,需要三个五年计划。1956年9月,党的八大对三大改造完成后的中国社会的基本国情作出了相对客观的判断。1957年2月,毛泽东指出:"我国的社会主义制度还刚刚建立,还没有完全建成,还不完全巩固。"[2]同年7月的《一九五七年夏季的形势》中,他认识到社会主义社会需要获得充分的物质基础,并强调指出:"现在还未建成,还差十年至十五年时间。"[3]

1958年11月,郑州会议上,毛泽东第一次使用了"社会主义初级阶段"这个术语。从20世纪50年代初到60年代初,毛泽东对我国经济的

---

[1] 《斯大林文选(1934—1952)(上卷)》,人民出版社1962年版,第256页。
[2] 《毛泽东文集(7)》,人民出版社1999年版,第214页。
[3] 《建国以来毛泽东文稿(6)》,中央文献出版社1992年版,第549—550页。

发展战略提出了四个现代化,在发展速度和时间的变化方面认为把时间想得长一点有好处,用 100 年时间分两步走完西方发达资本主义国家 300 年路程的战略构想。1962 年 1 月,毛泽东在扩大的中央工作会议上指出:"我劝同志们宁肯把困难想得多一点,因而把时间设想得长一点。"①

但是毕竟社会主义建设没有足够的经验,很难在短时间内科学地认识社会主义发展阶段,一些政策包括"四个现代化"目标的提出,并没有建立在对我国社会主义的历史方位和发展阶段准确把握的基础上。另一方面,因受苏共二十大和波匈事件的影响,这些有益的探讨没有能够坚持和发扬下去,因此就出现一度曾把这个目标的实现看得非常容易的情况,提出过一些过急的、不切实际的口号。在"大跃进"运动和人民公社化运动中,产生出了超越发展阶段的"超英赶美"冒进思想。这个时期形成了以阶级斗争为纲的思想路线,中国的社会主义建设出现了严重曲折。

党的八大以后"大跃进"和人民公社化运动等严重失误,让邓小平不断思考中国社会主义的发展阶段和现实国情,根据生产力与生产关系的辩证关系原理重新定位中国所处的发展阶段。

早在 20 世纪 50 年代,邓小平就指出社会主义建设要同国家的实际情况相联系。1957 年 4 月,他在《今后的主要任务是搞建设》中指出,我们进行建设要"面对国家的现实。我们不要脱离国家的现实"②。

1961 年 1 月,党的八届九中全会结束后,邓小平在一次干部调研交谈时说:"按马克思的说法,我们就是超越了阶段","我们在社会主义阶段只能搞这样高的,再高了就不行"③。这里"我们就是超越了阶段",其实

---

① 《毛泽东文集(8)》,人民出版社 1999 年版,第 302 页。
② 《邓小平文选(1)》,人民出版社 1994 年版,第 267 页。
③ 《邓小平传(1904—1974)(下)》,中央文献出版社 2014 年版,第 1190 页。

是看到了一系列"左倾"错误的实质,认识到一切要按照马克思主义原则办事,否则容易犯错误。

此外,邓小平还认为建设社会主义要适合中国情况,提出"走出一条中国式的现代化道路"①。强调现代化建设中认识国情的重要性,国情就是中国最大的现实。1980年4月,邓小平指出:"不要离开现实和超越阶段采取一些'左'的办法,这样是搞不成社会主义的。"②

1981年6月,党的十一届六中全会《关于建国以来党的若干历史问题的决议》第一次明确提出了"社会主义初级阶段"这个概念,在思想上对一些认识误区作了澄清,"我国已经建立了社会主义制度,进入了社会主义社会,任何否认这个基本事实的观点都是错误的"③。

1982年9月,党的十二大报告第一次明确地把"物质文明还不发达"作为社会主义初级阶段的基本特征,并再次明确中国的社会主义建设,要从中国的实际出发。

1986年9月,党的十二届六中全会通过的《关于社会主义精神文明建设指导方针的决议》在"我国还处于社会主义初级阶段"认识基础上,提出"相当长历史时期",并对社会主义初级阶段如何建设社会主义所包含的内容作了表述。

这些观点不同程度地体现了邓小平关于社会主义初级阶段的思想,但还不是在总体上充分地完整地阐述社会主义初级阶段问题。党的十三大召开前夕,1987年1月,党的十三大报告起草班子经讨论,决定把社会主义初级阶段作为立论的根据,希望把社会主义初级阶段论讲透,专门提出《关于草拟十三大报告大纲的设想》致信邓小平,获得邓小平高度肯定,

---

① 《邓小平文选(2)》,人民出版社1994年版,第163页。
② 《邓小平年谱传(1975—1997)(上)》,中央文献出版社2014年版,第1190页。
③ 《三中全会以来重要文献选编(下)》,人民出版社1982年版,第838页。

"这个设计好"[1]。

1987年10月,党的十三大报告系统阐述了社会主义初级阶段的思想,表明社会主义初级阶段理论正式形成。明确社会主义初级阶段论断的两层含义,从而使"社会主义初级阶段"由零零散散的论断上升为一个理论。党的十三大报告后,党的历次代表大会都重申和强调社会主义初级阶段问题,据此制定方针和政策,不断丰富和发展社会主义初级阶段理论。1992年10月,党的十四大把社会主义初级阶段理论作为邓小平建设有中国特色社会主义理论的主要内容之一,写进党章,从党的纲领上确保了社会主义初级阶段理论成为党制定一切方针政策的基本依据。

1997年9月,党的十五大报告对社会主义初级阶段的基本特征作了进一步概括和论述,将党的十三大概括的五条变成九条,首次提出正确处理改革、发展、稳定三者关系,系统阐述了基本理论、基本路线和基本纲领之间的辩证关系,设计了"三步走"基本实现现代化的宏伟蓝图。

2002年党的十六大报告,对此问题表述没有变化。2007年党的十七大报告,提出了"两个没有变"思想,即基本国情和主要矛盾都"没有变"。2012年党的十八大报告,在"两个没有变"基础上,又明确指出"三个没有变",即"我国是世界最大发展中国家的国际地位没有变"[2],进一步提出"总依据是社会主义初级阶段"[3],并强调任何情况下都要牢牢把握社会主义初级阶段这个"最大国情",牢牢立足社会主义初级阶段这个"最大实际"。"三个没有变""两个最大""两个牢牢"进一步深化了对社会主义初级阶段理论的认识。

---

[1] 《十二大以来重要文献选编(下)》,人民出版社1988年版,第1307页。
[2] 《胡锦涛文选(3)》,人民出版社2016年版,第624—625页。
[3] 《十八大以来重要文献选编(上)》,中央文献出版社2014年版,第76页。

2012年11月17日,习近平在主持十八届中央政治局第一次集体学习时从"三个不仅"对党的十八大关于社会主义初级阶段"总依据"论述的内涵作进一步阐释和拓展。即不仅在经济建设中,而且在政治建设、文化建设、社会建设、生态文明建设中;不仅在经济总量低时,而且在经济总量提高后;不仅在谋划长远发展时,而且在日常工作中都要牢记社会主义初级阶段,"坚决抵制抛弃社会主义的各种错误主张,自觉纠正超越阶段的错误观念和政策措施"①。

与此同时,习近平还强调要牢牢把握中国社会主义发展的阶段性特征,提出新的思路、新的战略和新的举措,坚持和发展中国特色社会主义事业。2017年7月,习近平在省部级主要领导干部专题研讨班上发表重要讲话,强调"更准确地把握我国社会主义初级阶段不断变化的特点"②。同年10月,党的十九大报告指出,"我国社会主要矛盾的变化,没有改变我们对我国社会主义所处历史阶段的判断"③。继续强调"一个变,两个没有变",同时在牢牢把握、牢牢立足社会主义初级阶段这个基本国情、这个最大实际外,又增加了"牢牢坚持党的基本路线这个党和国家的生命线、人民的幸福线"④。

综上所述,社会主义初级阶段这个基本国情从"两个没有变"到"三个没有变",再到"一个变,两个没有变","变"与"不变"都既是动态的,也是发展的,要反复认识、科学认识。"中国共产党对社会主义初级阶段理论的认识是随着实践不断丰富和发展的,一方面将其作为重要依据来制定党的路线方针政策,进行中国特色社会主义建设,另一方面又从中国特色

---

① 《习近平谈治国理政》,外文出版社2014年版,第10—11页。
② 《习近平谈治国理政(2)》,外文出版社2017年版,第61—62页。
③ 《习近平谈治国理政(3)》,外文出版社2020年版,第10页。
④ 《习近平谈治国理政(3)》,外文出版社2020年版,第10页。

社会主义建设的伟大实践中提炼出新观点、新认识来丰富和发展社会主义初级阶段理论。"①中国共产党每次对社会主义初级阶段理论的新阐述和再认识,都确保党和国家事业始终沿着正确方向胜利前进,坚持党的基本路线,不断创造发展和稳定双奇迹。

二、社会主义初级阶段理论是制定和执行正确的路线和政策的根本依据

我国曾经是一个半殖民地半封建的大国,这决定了资本主义在中国走不通,同时意味着我们的社会主义必须经历一个很长的初级阶段,党的十三大报告对"两层含义"——"不是泛指","而是特指"——作了具体阐释。

第一层含义,明确了"我国已经是社会主义社会","已经是"是对我国社会制度社会主义的基本性质总的规定,界定了我国社会制度的基本性质和发展方向,表明初级阶段是社会主义社会历史发展中的一个阶段,其社会性质是社会主义的。1956年社会主义改造基本完成以后,我国占统治地位的生产关系是以公有制为主体的社会主义生产关系,自那时起,我国社会已经是社会主义性质的社会。"已经是"这个总的规定要求"必须要坚持和发展社会主义,走社会主义道路"。

第二层含义,强调了"我国的社会主义还处在初级阶段","还处在"是对我国社会主义社会的发展程度、水平、阶段总的判断。中华人民共和国是从半殖民地半封建社会经过新民主主义革命走上社会主义道路的,其赖以建立的物质基础不仅与发达资本主义国家相比还十分落后,也远远

---

① 王钰鑫:《社会主义初级阶段理论的形成及其接续问题研究》,《科学社会主义》2014年第5期,第32—35页。

落后于马克思、恩格斯所设想的社会主义的标准。

社会主义初级阶段的两层含义是紧密相连、缺一不可的,既要看到"已经是",还要看到"还处在",不能只看到"初级阶段",看不到"社会主义",也不能只看到"社会主义",忽略了"初级阶段"。中国处于并将长期处于社会主义初级阶段,这是中国最大的国情,是制定一切路线、方针和政策的依据。

社会主义初级阶段的最基本的特点,就是中国的生产力水平和社会经济发展水平还比较低,社会主义制度还不完善。正是在这个意义上,邓小平说:"现在虽说我们也在搞社会主义,但事实上不够格。"①所谓"不够格",就是说中国的社会主义与马克思、恩格斯设想的社会主义还有很大的差距。这也决定了社会主义初级阶段将是一个长期的历史过程。

对此,社会主义建设"必须从一切实际出发,不能把目标定得不切实际,也不能把时间定得太短"②。正如邓小平在南方谈话中所说的:"需要我们几代人、十几代人,甚至几十代人坚持不懈地努力奋斗,决不能掉以轻心。"③这意味着中国这种"不够格""不完全"的社会主义将至少存在100年时间,甚至更长时间。

关于社会主义初级阶段的基本特征:一是时间的长期性。根据以上两方面的限定,社会主义初级阶段至少需要100年时间,之所以不能奢求在短时间内结束,是因为资本主义的生产关系可以超越,但生产力和商品经济的充分发展却无法逾越,必须大力发展生产力进行"补课"。二是任务的艰巨性、复杂性。社会主义初级阶段具有鲜明的"中国特色",即它不是"泛指"任何国家,而是"特指"我国特殊国情下建设社会主义必然要经

---

① 《邓小平文选(3)》,人民出版社1993年版,第225页。
② 《邓小平文选(3)》,人民出版社1993年版,第224页。
③ 《邓小平文选(3)》,人民出版社1993年版,第379—380页。

历的"特定"阶段。

1987年,党的十三大报告指出这个特定阶段将是逐步摆脱贫穷、摆脱落后的阶段,并从农业、工业、商品经济、政治、文化体制五个方面对其发展过程中的具体特点作了初步描述。1992年,党的十四大报告对建设有中国特色社会主义的理论作了定义式概括,并把"社会主义的发展阶段"作为九个方面内容之一,排在第二,可见社会主义初级阶段理论在整个中国特色社会主义理论体系中的重要性。

1997年,党的十五大报告从发展进程角度对社会主义初级阶段"九个方面"特征作了进一步概括和论述,这"九个方面"特征是对10年前党的十三大报告关于社会主义初级阶段五个方面的进一丰富和拓展。增加了文化教育发展水平、人民富裕程度、地区经济文化平发展状况、精神文明建设四个方面,另外对五个方面内容表述上也作了较大调整。

党的十三大报告第五条表述为"全民奋起,艰苦创业,实现中华民族伟大复兴"[1]。而党的十五大报告第九条表述为"是逐步缩小同世界先进水平的差距,在社会主义基础上实现中华民族伟大复兴的历史阶段"[2]。

此外,"商品经济高度发达"拓展为"社会主义市场经济体制"等,更系统全面地概括了基本特征和价值内涵,科学描绘了社会主义初级阶段的整个历史进程,既有纵向比较,又有横向差距,既有质量的积累,又有量变的发展进程,使得我们改革的方向更明确、更全面、更具体、更丰富。

三、社会主义初级阶段理论在新时代的新阐发

社会主义初级阶段理论既是对以往社会主义发展理论与实践的全面、深刻反思的结果,也是对以往社会主义发展阶段理论的发展和超越,

---

[1] 《十三大以来重要文献选编(上)》,中央文献出版社1991年版,第13页。
[2] 《改革开放三十年重要文献选编(下)》,人民出版社2008年版,第896—898页。

对于认识基本国情和所处历史方位意义重大。

第一,社会主义初级阶段理论是对马克思主义关于社会主义发展阶段理论的继承、发展和创新。

马克思、恩格斯对未来社会主义发展阶段的提出至少经历三个阶段:一是资本主义社会向共产主义社会的过渡阶段,无产阶级利用国家政权,对资本主义彻底改造,消灭阶级和国家,为走向共产主义准备条件;二是共产主义的第一阶段,这一阶段刚脱胎于资本主义社会,生产资料由社会占有,没有商品货币,消灭了阶级和国家,初步实现人的全面自由发展,但是由于生产力发展水平的限制,还存在脑力劳动和体力劳动的分工,在生活资料方面实行按劳分配;三是共产主义的高级阶段,这一阶段社会分工已经彻底消失,劳动已经成为人们的第一需要,社会财富充分涌流,将实现各尽所能、按需分配。

这是马克思、恩格斯按照人类社会发展的一般规律得出的基本结论,也是一般原则的历史规定,是以"共同胜利论"为前提的。但历史在按照一定规律发展的同时,不是一成不变的,是要根据客观情况经常变化的。中国社会主义制度的建立并不是马克思、恩格斯设想的超越发达资本主义的社会主义社会发展程度。

1956年党的八大前后,我们党对社会主义建设道路作了相对客观的探索,但是国际上爆发波兰、匈牙利事件,国内开展了反右派斗争,使得浮夸风和共产风为主要指标的"左"倾错误严重泛滥,我们很多"左"的做法超越了现实的要求。在关于社会发展阶段的探索上,"有条件超越论""有条件缩短论""基本建成论""社会主义完善论"等,给社会主义建设带来了不良的后果。这种认识根源主要是忽略经济文化落后而对社会主义建设的长期性、艰巨性、复杂性认识不足。

同时,这些认识离开生产力标准,追求生产关系盲目过渡。党的十五大报告指出:"在党的纲领中明确提出社会主义初级阶段的科学概念,这在马克思主义历史上是第一次。"①这里的"第一次"客观地指明了社会主义初级阶段论是社会主义发展阶段理论的重大原创。

第二,社会主义初级阶段理论是中国特色社会主义理论体系的理论基石和总依据。

科学认识社会主义所处的历史阶段是社会主义事业成败的关键。这个关键作用,其实是个"起点",更是"总依据"。有了"总依据",才有一系列发展阶段的战略部署,才有一系列基本理论的形成,才有符合实际的基本路线、基本方针、政策的实施。

正如党的十三大报告指出的,"正确认识我国社会现在所处的历史阶段,是建设有中国特色的社会主义的首要问题,是我们制定和执行正确的路线和政策的根本依据"②。"首要问题""根本依据"可见其相当于理论基石的地位和作用。

党的十八大以来,习近平反复强调社会主义初级阶段是当代中国的最大国情、最大实际、总依据,由于社会主义初级阶段理论科学回答了历史方位,确认了中国最大的实际,我们才逐步获得了对怎样建设社会主义和建设一个什么样的社会主义等一系列相关问题的科学认识。

第三,社会主义初级阶段理论是确定和执行党在现阶段的正确路线和政策的根本立足点。

社会主义初级阶段理论澄清了发展阶段问题上的模糊认识,准确地界定了中国社会主义所处的发展阶段和历史方位,保证了党的路线、方针、政策和发展战略的科学性及客观性。改革开放以后,邓小平指出:"从1957年下半年开始,我们就犯了'左'的错误。总的来说,就是对外封闭,对内以阶

---

① 《改革开放三十年重要文献选编(下)》,人民出版社2008年版,第897页。
② 《改革开放三十年重要文献选编(上)》,人民出版社2008年版,第474页。

级斗争为纲,忽视发展生产力,制定的政策超越了社会主义的初级阶段。"①

社会主义初级阶段理论的提出,既有利于克服"左"的冒进思想,又有利于克服右的放弃社会主义的思潮。党的十三大报告指出:"不承认中国人民可以不经过资本主义充分发展阶段而走上社会主义道路,是革命发展问题上的机械论,是右倾错误的重要认识根源;以为不经过生产力的巨大发展就可以越过社会主义初级阶段,是革命发展问题上的空想论,是'左'倾错误的重要认识根源。"②

历史的经验教训告诉我们,"作为世界上唯一拥有数千年不曾间断文明的国家,我们拥有不同于欧美国家的历史文化积淀,不仅在人口、资源、气候等方面与西方国家有异,而且近代以来更是在西方工业文明的冲击下处境艰难,因而在工业化、现代化进程中既存在着某种共性,又面临着迥然不同于西方社会的诸多特性、遵循着不同的基本逻辑"③。

社会主义初级阶段理论是科学社会主义史上的重大理论创新。正是社会主义初级阶段理论的确立,使中国一切从实际出发,找到了一条具有中国特色的社会主义现代化道路,准确把握经济社会发展的客观要求,制定了一系列与之相适应的路线、方针、政策,这些容不得半点怀疑和动摇。

在中国这样经济文化比较落后的国家建设社会主义,只能从中国的基本国情出发,只有从这个最大实际出发,社会主义事业才能稳步前进。不管党的十七大报告指出的"两个没有变",还是党的十八大报告强调的"三个没有变",党的十九大报告明确的"一个变,两个没有变",社会主义初级阶段理论依然是党在现阶段的正确路线和政策的基本依据。"'一个转化'和'两个不变'并不矛盾,恰恰反映了社会主义初级阶段整体量变和

---

① 《邓小平文选(3)》,人民出版社 1993 年版,第 269 页。
② 《改革开放三十年重要文献选编(上)》,人民出版社 2008 年版,第 474 页。
③ 胡怀国:《新中国 70 年经济发展的基本逻辑》,《理论观察》2019 年第 12 期,第 5—14 页。

部分质变的辩证统一,避免了把社会主义初级阶段作为事关全局的基本国情加以把握而导致对国情的判断流于空泛。"①

尽管中国特色社会主义进入新时代,主要矛盾发生变化,社会主义进入新的历史方位,但这些变化,没有改变我们对我国社会主义所处历史阶段的判断,社会主义初级阶段理论依然是建设中国特色社会主义全部工作的立足点和出发点。"这些判断反映了中国共产党人对国情的清醒认识和对走中国特色社会主义建设道路的高度自信。"②

在新时代,我们党正面对着"百年未有之大变局",各方面的挑战和机遇都存在,社会主义初级阶段这个最大实际提醒我们,我们必须准确把握中国不同发展阶段的新变化新特点,一切要从这个最大实际出发,因时而变、与时俱进,抓住时代机遇,量力而行、尽力而为,制定政策要有足够的战略清醒和战略定力。这对于一如既往、一以贯之、毫不动摇地全面贯彻执行党的基本路线,具有重大的理论意义和现实意义。

第三节 社会主义本质理论不断为中国特色社会主义注入新内涵

社会主义国家在社会主义建设中之所以出现种种失误,最为根本的原因就是没有搞清楚"什么是社会主义"这个首要的基本理论问题。正如邓小平所说:"什么是社会主义,如何建设社会主义。我们的经验教训有

---

① 李亮、王凯:《习近平国情观探析》,《井冈山大学学报(社会科学版)》2020 年第 2 期,第 20—27 页。
② 张神根:《社会主义初级阶段论及其时代意义》,《中共党史研究》2014 年第 1 期,第 47—56 页。

许多条,最重要的一条,就是要搞清楚这个问题。"①

一、社会主义本质理论的形成是一个逐步深化的历史过程

马克思、恩格斯虽然对社会主义属性和特征等问题有基本的原则性的认识和看法,但是并没有使用"社会主义本质"这一概念。如生产资料的社会所有制、从按劳分配到按需分配、人的自由全面发展等原理和定义,是关于未来社会的制度设计,是在批判资本主义制度基础上的科学预见。新的历史条件下,实践中如何建设和发展社会主义就成了首先需要回答的理论问题。

列宁对如何建设社会主义基本上是根据马克思、恩格斯的基本原则和设想进行的。当然,考虑到俄国跨越"卡夫丁峡谷"进入社会主义,生产力"发达"对于巩固社会主义的重要性,他强调从现实出发来建设社会主义,体现社会主义制度优越性。"对俄国来说,根据书本争论社会主义纲领的时代也已经过去了,我深信已经一去不复返了。今天只能根据经验来谈论社会主义。"②

但是列宁的继任者教条地照搬马克思主义经典作家关于未来社会的制度构想,无论是"一国建成共产主义论",还是后来的"基本建成论""发达社会主义建成论""发达社会主义起点论""发达社会主义完善论"等,都脱离了苏联实际,结果在社会主义遭受巨大挫折。正如邓小平指出:"社会主义究竟是个什么样子,苏联搞了很多年,也并没有完全搞清楚。"③

20世纪50年代以来,我国曾经照搬苏联的模式搞社会主义,建立了

---

① 《邓小平文选(3)》,人民出版社1993年版,第116页。
② 《列宁全集(34)》,人民出版社1985年版,第466页。
③ 《邓小平文选(3)》,人民出版社1993年版,第139页。

一套高度国有化、高度集中的计划经济体制。改革开放前,党的第一代中央领导集体也对苏联模式的社会主义进行了反思,形成了一些独具创造性的理论成果,但对社会主义的认识并没有突破苏联模式的影响。1957年"反右派"斗争扩大化以后,原本一些正确的尝试和探索不仅没有进行下去,反而被丢弃了。

1980年4月21日,邓小平会见外宾时谈到,"不能因为有社会主义的名字就光荣,就好"①。言下之意,"社会主义"应该名副其实,不能徒有其表,搞社会主义"光荣",首先不能越搞越穷,这是对每一个社会主义实践者最朴素的叩问。

1985年8月23日,邓小平会见外宾时还说,"社会主义是什么,马克思主义是什么,过去我们并没有完全搞清楚"②。可见,搞清楚这个问题是更好地建设社会主义的当务之急。对社会主义本质的思考,说明我们党对社会主义建设和发展的思路走向深化,开始抛开框框的思想束缚,突破了以往只是从社会主义制度特征层面来认识社会主义的缺陷,从事实出发寻找社会主义存在的合理根据,用新的思想、新的观点去发展科学社会主义理论。

由于长期受"左"的思想影响,也由于对社会主义自身认识不足,人们对改革开放政策的态度,一开始就存在"姓资""姓社"的争议,迫切需要对该问题给予澄清。那么,如何定义社会主义本质呢?既然是很难一下子搞明白,邓小平先通过否定式的语句"不是什么"开始探索。

前文谈到,1980年4月12日,邓小平会见赞比亚总统卡翁达,1985年5月会见葡萄牙总统拉马略·埃亚内斯,1985年9月会见加纳国家元首、临时全国保卫委员会主席杰里·约翰·罗林斯,1987年3月会见喀

---

① 《邓小平文选(2)》,人民出版社1994年版,第313页。
② 《邓小平文选(3)》,人民出版社1993年版,第137页。

麦隆总统保罗·比亚,1987年4月26日,会见捷克斯洛伐克总理什特劳加尔,1988年5月会见捷克斯洛伐克共产党中央总书记米洛什·雅克什的谈话中,邓小平反复强调:贫穷不是社会主义,发展太慢也不是,照搬外国不能发展,封闭僵化也不能发展,等等。总体上看是在否定中界定社会主义本质。

什么是社会主义,如何建设社会主义?"生产力发达""优越性""摆脱贫穷""够格",这些功能要素都是建设社会主义必须回答的问题。在此基础上,1992年在南方谈话中,邓小平明确提出了社会主义本质的著名论断:社会主义的本质,是解放生产力、发展生产力,消灭剥削,消除两极分化,最终达到共同富裕。这是邓小平对社会主义本质这一重大问题所作的总结性的理论概括。

应该看到,对社会主义本质的认识是一个逐步深化的历史过程。"三个代表"重要思想进一步提出社会主义根本任务是发展"先进生产力"这个概念,在坚持共同富裕的社会主义价值目标的同时,提出了促进"人的全面发展"重大命题、实现人民的富裕生活,是建设社会主义的根本目的,不断推进人的全面发展。

科学发展观在继承共同富裕和促进人的全面发展思想基础上,明确提出"以人为本"的社会主义价值目标,把人的全面发展确立为中国特色社会主义的根本要求,"让发展成果惠及全体人民"[1],还提出了"社会和谐是中国特色社会主义的本质属性"[2]"维护和实现公平正义是中国特色社会主义制度的本质要求"[3]等新观点。

坚持把发展作为解决中国一切问题的关键,习近平对社会主义本质

---

[1] 《胡锦涛文选(2)》,人民出版社2016年版,第166—167页。
[2] 《胡锦涛文选(2)》,人民出版社2016年版,第539页。
[3] 《胡锦涛文选(2)》,人民出版社2016年版,第291页。

的认识,既有传承,又有创新。习近平还强调必须把共享作为社会主义的本质要求,"共享是中国特色社会主义的本质要求。必须坚持发展为了人民、发展依靠人民、发展成果由人民共享"①。

2018年5月4日,在纪念马克思诞辰200周年大会上,习近平指出:"当代中国的伟大社会变革,不是简单延续我国历史文化的母版,不是简单套用马克思主义经典作家设想的模板,也不是其他国家社会主义实践的再版,不是国外现代化发展的翻版。"②"四个不是"是对中国特色社会主义本质论的历史性、时代性、规律性、科学性的高度概括,充分体现了当代中国马克思主义的思想精髓。

2018年12月18日,习近平在庆祝改革开放40周年大会上又指出,"必须坚持以发展作为第一要务"③。同时,在中国特色社会主义价值目标方面提出,必须以人民为中心,不断实现人民对美好生活的向往,进一步把消除贫困作为社会主义的本质要求。"消除贫困、改善民生、实现共同富裕,是社会主义的本质要求,是中国共产党的重要使命。"④以实现共同富裕为根本方向,从而充分体现社会主义制度的优越性,这就把消除贫困上升到巩固国家政权的高度来认识社会主义本质问题。

习近平还从无产阶级政党与社会主义关系的角度不断深化社会主义本质论。依次形成了"一定要认清,中国最大的国情,就是共产党的领导"⑤,"中国共产党是中国特色社会主义最本质的特征"⑥,"中国共产党

---

① 《中共中央关于制定国民经济和社会发展第十三个五年规划的建议》,《人民日报》2015年11月4日。
② 《习近平谈治国理政(3)》,外文出版社2020年版,第76页。
③ 《习近平谈治国理政(3)》,外文出版社2020年版,第186页。
④ 《习近平扶贫论述摘编》,中央文献出版社2018年版,第3页。
⑤ 《习近平在指导兰考县委常委班子民主生活会时强调作风建设要经常抓深入抓持久 不断巩固扩大教育实践活动成果》,《人民日报》2014年5月10日。
⑥ 习近平:《在庆祝全国人民代表大会成立60周年大会上的讲话》,人民出版社2014年版,第6页。

的领导是中国特色社会主义最本质的特征,也是中国特色社会主义的最大优势"①等重大论断。

"社会主义本质"这个概念首先是由邓小平提出的,它建立在总结国内外社会主义建设的经验教训基础上。正是社会主义本质论的突破,证明马克思主义没有过时,有力地打破了所谓的"共产主义失败"论、"历史终结"论,有力地回击了各种"怀疑论""渺茫论"。②

二、社会主义本质理论是辩证统一的有机整体

社会主义本质理论内涵丰富,既包括了社会主义生产力问题,又包括了社会主义的价值目标及其实现途径。

第一,把解放生产力、发展生产力摆在首要位置,确立了生产力标准。

邓小平的社会主义本质论,坚持了唯物史观关于生产力在社会发展中具有基础性和决定性作用的观点。社会主义国家在建设中出现失误,最重要的一个原因就是没有认识到生产力对生产关系的决定作用,在没有经过生产力充分发展的情况下跨越到社会主义生产关系,必须在生产力方面"补课",正如邓小平深刻指出,"我们在一个长时期里忽视了发展社会主义社会的生产力"③。

邓小平从马克思主义基本原理的高度,始终把生产力的发展放在极端重要的地位,"社会主义原则,第一是发展生产,第二是共同致富"④。比如确立以经济建设为中心的基本路线,提出"科学技术是第一生产力"的科学论断等。

---

① 《习近平谈治国理政(2)》,外文出版社 2017 年版,第 18 页。
② 胡静波:《从追问"什么不是社会主义"破题》,《解放日报》2021 年 2 月 23 日。
③ 《邓小平文选(3)》,人民出版社 1993 年版,第 137 页。
④ 《邓小平文选(3)》,人民出版社 1993 年版,第 172 页。

邓小平在重视发展生产力的同时,还提出了解放生产力的问题,他认为"应该把解放生产力和发展生产力两个讲全了"①。生产力并不发达,特别是和资本主义还有很大差距,就需要改革建立起充满生机和活力的社会主义经济体制,体现制度优越性。

第二,突出社会主义生产关系方面的本质属性是消灭剥削、消除两极分化。

按照马克思、恩格斯的观点,生产资料的社会主义公有制和按劳分配是社会主义生产关系方面的本质特征,消灭剥削、消除两极分化的社会主义要求已经内在地蕴含了公有制和按劳分配的客观要求。

邓小平之所以把消灭剥削、消除两极分化作为社会主义本质,主要是因为中国处于社会主义初级阶段,生产力不发达状况没有得到根本改变,多种所有制经济共同发展还是一种现实需要。这是生产力水平决定的,不会以个人的意志为转移。因而,在现阶段我们不但不能阻止个体经济、私营经济、外资经济的发展,相反,我们要把它们作为社会主义市场经济的重要组成部分,积极创设条件,鼓励、引导促进其健康发展。

改革开放以来,尤其是伴随允许一部分地区、一部分人有条件先富起来的政策的实施,已证明合理的、合法的、适度的收入差距可以调动各方的积极性,激发社会主义建设的活力。

第三,实现共同富裕,突出社会主义最终的根本目标。

"文化大革命"结束时中国老百姓的生活状态令人堪忧。1977 年 6 月,中央任命万里担任安徽省委第一书记。到任以后,万里先后来到芜湖、徽州、肥东、定远、凤阳等地调研,所见所闻,使他大为震惊。安徽凤阳县有个前王生产队,紧靠津浦铁路。这个 10 户人家 68 口人的生产队,4

---

① 《邓小平文选(3)》,人民出版社 1993 年版,第 370 页。

户没有门,3户没水缸,5户没有桌子。队长史成德是个复员军人,一家10口人只有一床被子、7个饭碗,筷子全是树条或秸秆做的。①

1977年12月26日,邓小平在会见外宾时尖锐地提出:"人民生活水平不是改善而是后退叫优越性吗?如果这叫社会主义优越性,这样的社会主义我们也可以不要。"②1990年12月,邓小平指出:"社会主义最大的优越性就是共同富裕,这是体现社会主义本质的一个东西。"③

邓小平讲的共同富裕,是以按劳分配原则为根据的,走先富带后富的渐进道路。社会主义不能贫穷,但同时富裕又不可能,只能逐步发展。允许部分有条件地区先富,形成示范效应,激励贫困地区致富,先富起来的地区再支持贫困地区的发展,实现共同富裕。如何保证共同富裕呢?邓小平指出,一靠公有制占主体地位,二靠社会主义国家政权的力量。"一旦发生偏离社会主义方向的情况,国家机器就会出面干预,把它纠正过来。"④

社会主义本质理论反映了人民的利益和时代的要求,澄清了不合乎时代进步和社会发展规律的模糊观念,摆脱了长期以来拘泥于具体模式而忽视社会主义本质的错误倾向,深化了对社会主义发展规律的认识。

在"中国共产党领导是中国特色社会主义最本质的特征"的新论断提出后,一段时期学界出现不同看法:一是直接阐发"中国特色社会主义最本质特征"是对"社会主义本质论"的丰富和发展;二是从社会主义本质角度,质疑"最本质特征"偏离"社会主义本质论"方向。⑤ 其实两者既有区别又内在一致,"社会主义本质论"是对普遍意义上的社会主义社会特征

---

① 张广友:《改革风云中的万里》,人民出版社1995年版,第142页。
② 曲青山:《从百年历史看党的初心和使命》,《党史文汇》2019年第7期,第4—10页。
③ 《邓小平文选(3)》,人民出版社1993年版,第364页。
④ 《邓小平文选(3)》,人民出版社1993年版,第139页。
⑤ 孙伟、周亮:《中国共产党社会主义本质认识范式的百年历程与未来展望——兼论习近平"中国特色社会主义最本质的特征"论断的定位》,《思想理论教育导刊》2021年第4期,第14—20页。

的揭示,"中国特色社会主义最本质特征"则是强调具体的中国特色社会主义的本质或特征,不同阶段强调的"点"不同,两者依然是科学社会主义基本原则对社会主义实践与发展的理论反映。

中国共产党对社会主义本质的认识从"一大二公"到"社会主义本质论",再从"社会主义本质论"到"中国特色社会主义最本质特征"的过程有利于揭示中国特色社会主义形成发展的时代背景、本质属性、特征优势,丰富和发展科学社会主义理论,构建中国话语和中国叙事体系,用中国理论阐释中国实践,用中国实践升华中国理论。

三、社会主义本质理论是重大理论创新和突破

邓小平的社会主义本质论是重大的理论创新和突破。首先,它从单纯强调特征到抓住核心本质。马克思主义基本原理和主要原则是从社会主义特征来描述社会主义本质的,很容易让后来的社会主义建设者拘泥于"只言片语"的思维模式。而现实中,社会主义实践本身不断发展变化,一旦这些具有多样性、可变性的外部特征被当作社会主义本质去把握的时候,就必然会出现对"什么是社会主义"搞不清的现象。

"只有明确了'什么是社会主义'(本质),才能找到'怎样建设社会主义'的途径和形式,才可能明确改革开放的方向和方式。"[1]本质是区别于其他事物的根本规定,是对事物最根本的存在方式、起决定作用的基本关系和运动趋势的概括。社会主义本质规定超脱于事物具体的外部特征、阶段性形式,摆脱了具体特征的束缚,可以根据国家、民族等具体情况,实事求是地最大限度地适应实践的发展需要,使社会主义凸显其制度优越性和生命力。

---

[1] 杨承训、乔法容:《中国特色社会主义政治经济学重在彰显科学性、创新性、时代性》,《思想理论教育导刊》2017年第7期,第33—40页。

社会主义本质论"不仅从根本上解放了思想、突破了社会主义传统模式的教条主义,彻底清除了长期困扰社会主义建设者的思想藩篱,且明确提出了社会主义也可以搞市场经济的理论主张"[①]。这为"一个中心、两个基本点"基本路线、"三个有利于"生产力标准等理论不断创新起到了重要作用。

其次,邓小平的社会主义本质论更加注重要素的全面协调,不仅单纯谈生产关系,而且从生产力与生产关系的辩证关系入手,全面地揭示了社会主义的本质;对社会主义的价值目标和如何实现价值目标的手段也概括得比较透彻,不发展生产力就体现不了社会主义优越性。

社会主义本质论既内涵了公有制和按劳分配等社会主义基本特征,又突出了生产力目标和人民利益目标。这样,使我们不再拘泥于关于社会主义的个别论断或者单一特征,对社会主义的认识上升到一个全新的高度;同时把发展生产力的目的与资本主义区别开来,也为解放思想、实事求是,推进改革开放,为"四个现代化"建设,为物质文明、精神文明两手抓,坚持四项基本原则等理论创新作了思想上、制度上的准备。

最后,邓小平的社会主义本质理论兼顾了理想性和现实性的双重特色,在"解放""发展""消灭""消除""达到"这些动态的词汇中"最终"实现"共同富裕",把社会主义的近期目标和远期目标有机结合起来,其实是对以往建设社会主义教训的纠偏。中华人民共和国成立以后,原计划要持续15年左右的时间再过渡到社会主义建设,但后来随着形势变化,提前开始向社会主义过渡,新民主主义社会大体只持续了7年。

从"社会主义的本质,是解放生产力、发展生产力。消灭剥削、消除两极分化、最终达到共同富裕",再到"中国共产党是中国特色社会主义最本

---

① 胡怀国:《新中国70年经济发展的基本逻辑》,《理论观察》2019年第12期,第5—14页。

质的特征",可以说,中国特色社会主义生成逻辑及价值展开就是中国共产党领导和团结全国各族人民消除贫困、实现共同富裕的社会主义发展史、改革开放史。

中国特色社会主义道路越走越宽,从"贫穷不是社会主义""让一部分人先富起来""效率优先,兼顾公平"到"人民生活达到小康水平""全面建设小康社会""全面建成小康社会""全面小康,一个不能少",从"一穷二白"到成为世界第二大经济体,一个个"不可能"逐渐变成现实。

正是由于对社会主义本质的认识深化,不断为新时代坚持和发展中国特色社会主义注入了新内涵。

第四节 社会主义市场经济理论是中国特色社会主义的重大理论原创

社会主义初级阶段理论和社会主义本质理论回答的是历史方位问题。建设和发展社会主义另一个重大理论原创就是回答了社会主义与市场经济关系的理论问题,这个问题围绕计划与市场关系等包括如何利用和处理好计划、市场、政府三者关系,如何与社会主义基本制度相结合,最终推动了中国现代化道路独具特色、有别于资本主义的现代化,从实践到理论都超越了西方现代化理论的局限。

一、突破了姓"资"姓"社"问题在思想上的长期束缚

马克思、恩格斯认为,未来共产主义社会既是生产社会化的客观要求,又能推动生产力持续发展,物质财富充分发展,最大限度地发挥生产资料的社会本性,实现人的全面自由发展。马克思、恩格斯在《共产党宣

言》中讲到:"资产阶级在它的不到一百年的阶级统治中所创造的生产力,比过去一切世代创造的全部生产力还要多,还要大。"①

但在社会生产力发展到社会化大生产阶段后,资本主义生产和市场的非理性就体现出来了,市场作为一种"资本和地产的自然规律的自发作用"②的资源配置,会导致生产的无政府状态和周期性经济危机。一方面,每个资本家都为了追求最大限度的利润,盲目扩大生产;另一方面,由于无产阶级日益贫困化而没有足够的市场购买力,使得生产相对过剩,导致经济危机不断出现。

正因如此,马克思、恩格斯从理论上根本否定资本主义私有制和市场,提出了以生产资料的社会所有制和有组织的计划生产代替资本主义无法避免的弊端,也就是在生产力高度发达情况下,实现有组织的社会生产,克服资本主义的无政府状态。就是说,社会主义应该建立在资本主义所创造的发达生产力基础上,商品经济关系将消失,取而代之的社会主义经济体制是公有制、计划经济和按劳分配。

俄国十月革命是在资本主义的薄弱环节即不发达的资本主义国家首先取得胜利的,虽然生产力不发达,但依然按照马克思、恩格斯的设想,建立了以单一公有制、指令性计划经济和按劳分配"三位一体"为基本特征的社会主义经济体制。列宁对马克思、恩格斯设想的过渡时期的经济制度进行了发展和创新,实施了战时共产主义政策,特点就是广泛和高度国有化,取消了商品生产、货币交换和自由贸易,在全国实行余粮收集制。

列宁承认,"'战时共产主义'是战争和经济破坏迫使我们实行的。它不是而且也不能是一项适应无产阶级经济任务的政策。它是一种临时的

---

① 《马克思恩格斯选集(1)》,人民出版社 2012 年版,第 405 页。
② 《马克思恩格斯选集(3)》,人民出版社 2012 年版,第 144 页。

办法"①。1921年春天的政治形势,使列宁意识到"在许多经济问题上,必须退到国家资本主义的阵地上,从'强攻'转为'围攻'"②。后来实行新经济政策,恢复了城乡之间的商品交换和货币流通,用粮食税代替余粮收集制等,新经济政策有效发展了工农业生产,维护了社会稳定,巩固了苏维埃联邦,但这种计划和市场并存的经济模式并没有在理论上解决计划和市场的关系。

列宁逝世后,斯大林认为社会主义只能搞计划经济,于是片面追求单一国有化,强调社会主义只能实行高度国有化的经济制度,提出"一国建成社会主义"理论,使得新经济政策很快走向终结。总体上,在人们的观念中,计划经济和市场经济是相排斥的,市场经济是资本主义特有的东西,社会主义只能是计划经济。

在这种观念和认识下,我国和其他社会主义国家同苏联一样,建立起了高度集中的计划经济体制。高度集中的计划经济体制在当时历史条件下,确实曾经发挥了不可否认的积极作用,然而这些国家都是经济文化相对落后的国家,随着经济规模的扩大,计划经济体制的弊端就逐步暴露出来,这使得马克思、恩格斯的设想不仅难以完全实现,而且阻碍了社会发展。

在经济文化落后的国家究竟如何构建有利于发展生产力又保证全体人民不被剥削、最终走向共同富裕的社会主义经济制度,成为一个亟待解决的理论和实践问题。邓小平的社会主义本质理论就是要求从实际出发,补齐现实社会主义经济文化发展落后的短板,从而发挥社会主义制度优势而逐渐形成和发展的。

---

① 《列宁选集(4)》,人民出版社2012年版,第502页。
② 《列宁选集(4)》,人民出版社2012年版,第602页。

1979年4月,中央工作会议决定对国民经济进行调整,纠正经济工作中的失误,提出"调整、改革、整顿、提高"八字方针,党的工作重心开始转移。从这次会议开始,在论述中国社会主义经济制度体制等相关问题时,开始突破原来以单一公有制为特征的所有制结构,引入劳动者个体经济、外资经济这些过去被长期排斥的私有制经济形式,逐渐改变了以往对市场经济的陈旧观念。

1979年11月,邓小平在会见国外友人时,谈及社会主义市场经济时指出:"虽然方法上基本上和资本主义社会的相似,但也有不同。……市场经济不能说只是资本主义的。"①这里已经很明确指出市场经济与社会主义并非对立,是可以联系在一起的,资本主义好的东西可以学习,学习其经营管理方法,利用这种方法来发展社会生产力,而这不等于实行资本主义,不会回到资本主义,也不影响整个社会主义,这些观点和思想已经很明确地打破传统的僵化观念。

1980年1月,邓小平在《目前形势和任务》的讲话中,肯定了"调整、改革、整顿、提高"八字方针的积极作用,"完全必要,完全正确"②,指出在农村工作方面,全国绝大部分农村面貌焕然一新,农民心情相当舒畅。而在发展经济方面,指出除了利用外国资金、技术,还需要扩大企业管理自主权。

1981年6月,党的十一届六中全会正式提出"必须在公有制基础上实行计划经济,同时发挥市场调节的辅助作用"的思想。1982年9月,党的十二大报告进一步明确,"计划经济为主、市场调节为辅"的原则,还提出"公有制基础上的有计划的商品经济"。从理论上开始确认价值规律和市场对生产、流通的调节作用,为建立社会主义市场经济体制扫清了思想

---

① 《邓小平文选(2)》,人民出版社1994年版,第236页。
② 《邓小平文选(2)》,人民出版社1994年版,第246页。

障碍。同年12月,这条思想和原则载入了新宪法。

1984年10月20日,党的十二届三中全会通过《关于经济体制改革的决定》,提出"公有制基础上有计划的商品经济",并作为经济体制改革的目标。这表明对计划与市场关系,思想上进一步突破,认识上进一步提高。

1985年10月,邓小平在会见国外友人提问时指出:"吸引外资也好,允许个体经济的存在和发展也好,归根到底,是要更有力地发展生产力,加强公有制经济。"①这里已经认识到两者不仅不存在根本矛盾,而且两者结合,更能解放生产力,加速经济发展,它们只是发展社会生产力的方法。

1987年2月,邓小平与几位中央负责同志谈话时,更为明确地指出:"为社会主义服务,就是社会主义的;为资本主义服务,就是资本主义的。"②这次谈话发生在党的十三大召开前夕,希望十三大报告要在理论上把"什么是社会主义""市场经济的改革到底是不是社会主义"阐述清楚,明确计划和市场都是发展生产力的方法,与社会性质无关。

1987年11月,党的十三大报告强调了社会主义经济是"公有制基础上有计划的商品经济"的理论判断,进一步提出,社会主义有计划的商品经济体制应该是计划与市场内在统一的体制。但是,20世纪80年代以后,国际上出现了东欧剧变和苏联解体,我国国内经济上发生了一些困难。搞市场经济是姓"社"还是姓"资"成了争论的焦点。

1990年12月,邓小平在同中央几位负责同志的谈话中指出,"不要以为搞点市场经济就是资本主义道路,没有那么回事。"③1991年初到

---

① 《邓小平文选(3)》,人民出版社1993年版,第149页。
② 《邓小平文选(3)》,人民出版社1993年版,第203页。
③ 《邓小平文选(3)》,人民出版社1993年版,第364页。

1992年初,邓小平在视察上海、武昌、深圳、珠海等地谈话时,结合改革开放系统地表达了对计划经济和市场经济的看法:"计划经济不等于社会主义,资本主义也有计划;市场经济不等于资本主义,社会主义也有市场。计划和市场都是经济手段。"①

这些论断简洁明快,却掷地有声,透彻、精辟清楚地对当时重要的争论问题作了总回答。指出改革开放胆子太小、步子太慢的要害是搞计划经济还是市场经济,是姓"资"还是姓"社"的问题,明确了它们不是社会主义与资本主义的本质区别,市场经济是经济手段和方法。这就把大家的思想从长期困扰中解放出来,彻底打破了思想束缚。

1992年10月,党的十四大报告正式提出:"我们要建立的社会主义市场经济体制,就是要使市场在社会主义国家宏观调控下在对资源配置起基础性作用。"②"社会主义市场经济体制是同社会主义基本制度结合在一起的。"③这标志着邓小平社会主义市场经济理论正式形成。党的十四届三中全会将以前探索中遇到的实践和理论问题进一步总结提炼,形成社会主义市场经济体制改革的重要行动纲领,中国特色社会主义市场经济建设实现了理论丰富和实践发展。

1997年9月,党的十五大提出了坚持公有制为主体、多种所有制形式共同发展的科学论断,强调公有制实现形式可以多样化。

2002年11月,党的十六大重申"坚持社会主义市场经济的改革方向,使市场在国家宏观调控下对资源配置起基础性作用"④,提出了全面建设小康社会的战略目标,为此必须巩固已经初步建成的社会主义市场

---

① 《邓小平文选(3)》,人民出版社1993年版,第373页。
② 《江泽民文选(1)》,人民出版社2006年版,第226页。
③ 《江泽民文选(1)》,人民出版社2006年版,第227页。
④ 江泽民:《在中国共产党第十六次全国代表大会上的报告》,人民出版社2002年版,第13页。

经济体制。党的十六届三中全会提出了坚定社会主义市场经济改革的立场和总体方向，重点突出了以人为本的价值取向。

2007年10月，党的十七大报告中提出："要深化对社会主义市场经济规律的认识，从制度上更好发挥市场在资源配置中的基础性作用。"[①]强调从制度创新上为发挥市场在资源配置中的基础性作用创造条件。

2012年11月，党的十八大报告进一步提出"更大程度更广范围发挥市场在资源配置中的基础性作用"。党的十八届三中全会第一次提出"市场在资源配置中起决定性作用"的论断。创新性地认为市场在资源配置中核心问题是处理好政府和市场的关系，把"基础性"作用改为"决定性"作用。

2017年10月，党的十九大报告中系统提出了完善社会主义市场经济体制的内容，这些内容十分丰富，为未来经济模式指明了发展方向和具体改革内容。党的十九届四中全会把社会主义市场经济体制上升为基本经济制度层面，三者一起相互联系、相互支撑、相互促进构成社会主义基本经济制度，并对其作用发挥用了"两个毫不动摇"。党的十九届四中全会提出建设高标准市场体系，党的十九届五中全会提出：要实施高标准市场体系建设行动，"推动有效市场和有为政府更好结合"。

2022年10月，党的二十大报告提出加快构建新发展格局，着力推动高质量发展，构建高水平社会主义市场经济体制，突出强调要"充分发挥市场在资源配资中的决定性作用，更好发挥政府作用"[②]。要紧紧围绕高质量发展的主题，通过有效市场和有为政府更好结合，彰显社会主义制度优越性，以中国式现代化全面推进中华民族伟大复兴。

"有效市场""成熟定型""高标准""高水平"这些对于推动有效市场和

---

① 胡锦涛：《在中国共产党第十七次全国代表大会上的报告》，人民出版社2007年版，第17页。
② 《高举中国特色社会主义伟大旗帜　为全面建设社会主义现代化国家而团结奋斗——在中国共产党第二十次全国代表大会上的报告》，人民出版社2022年版，第29页。

有为政府更好结合,利用和处理好计划、市场、政府三者关系,突破姓"资"姓"社"问题在思想上的长期束缚,完善中国特色社会主义市场经济理论,促进市场经济与社会主义深度结合,推动经济高质量发展有着重要理论和实践意义。

二、突破了市场经济和社会主义相互对立的传统观念

计划和市场只是两种经济运行机制,不属于社会基本制度属性,两者之间不存在根本矛盾。问题是用什么方法才能有效地发展生产力。计划和市场两者"都是方法""都是手段",社会主义阶段的最根本任务就是发展生产力,各种方法和手段都可以利用。

社会主义市场经济理论在对价值规律的把握上,应积极探索利用价值规律为中国特色社会主义市场经济所用,并致力构建、完善中国特色社会主义市场经济理论。立足我国社会主义初级阶段基本国情,把握马克思主义关于生产力与生产关系基本原理,处理好计划经济与市场经济手段和目的关系,一切从实际出发,坚持有利于提高"生产力""综合国力""生活水平"标准即"三个有利于"标准,处理好计划和市场姓"资"还是姓"社"问题。

在处理好政府和市场关系上,使市场在资源配置中起决定作用和更好发挥政府作用,既充分发挥市场机制作用,又要加强宏观调控,两者相互补充,缺一不可,共同形成社会主义市场经济机制的特色和优势。

实行社会主义市场经济,要发挥市场作用的长处,着力解决市场体系不完善、政府干预过多和监管不到位问题,但决不能把市场作用和政府作用割裂开来,甚至对立起来,而应该准确定位政府的职责和作用,推动资源配置实现效益最大化和效率最优化,同时加强市场监管,优化公共服务,保障公平竞争,弥补市场失灵,保持宏观经济稳定,推动可持续发展,

促进共同富裕,体现社会主义优越性。

在市场经济与社会主义制度结合上。"在世界社会主义范围内,主流观点把计划经济、市场经济等同于社会基本制度范畴。"①计划经济和市场经济本身不具有社会制度属性,但它们并不是脱离社会制度而存在的,一旦与不同的制度结合,其性质是与该社会的基本制度结合在一起的。

可以说,不同社会制度下的市场经济具有不同的性质。资本主义市场经济是与资本主义制度结合的,体现的是资本主义本质。社会主义市场经济与社会主义制度结合在一起,必然受社会主义制度制约,体现社会主义基本原则,巩固社会主义基本制度,实现社会主义共同富裕的本质,市场经济与社会主义制度结合关系到是否促进生产力发展,也关系到我国经济体制改革的成败。

在社会主义市场经济体制与基本经济制度上,首先,要坚持"两个毫不动摇",即毫不动摇巩固和发展公有制经济,毫不动摇鼓励、支持、引导非公有制经济发展,它们是建立在改革开放过程中的经验和教训基础上的,来之不易更要珍惜,必须提高思想认识,不容许开倒车,走回头路。通过市场竞争增强公有制经济的影响力、竞争力、控制力,从而提高社会生产力水平。"我国基本经济制度写入了宪法、党章,这是不会变的,也是不能变的。"②

其次,要坚持按劳分配为主体、多种分配方式并存。既要不断做大蛋糕,又要分好蛋糕。健全再分配调节机制,规范收入分配秩序,促进资源合理配置,形成公平公正的收入分配结构,调动各生产要素积极性。

---

① 徐寅生:《加快完善社会主义市场经济体制的理论认知与现实路径》,《行政与法》2020年第4期,第51—61页。
② 《习近平新时代中国特色社会主义思想学习纲要》,学习出版社、人民出版社2019年版,第116页。

最后,要加快完善社会主义市场经济体制,推动有效市场和有为政府更好结合,让"看得见的手"和"看不见的手"相得益彰,改善提升市场环境和质量,实施高水平市场开放,完善现代化市场监管机制,建设高标准市场体系,构建更加系统完备、更加成熟定型的高水平社会主义市场经济体制。

三、社会主义市场经济理论引发了"中国经济奇迹"

邓小平关于社会主义市场经济的理论是对马克思主义基本原理的丰富和发展,极具创新意义。党的十九届四中全会指出社会主义市场经济体制等基本经济制度是"党和人民的伟大创造"。这就是说计划经济和市场经济关系的认识,突破不仅艰难,意义更是非凡。"不仅仅是经济体制改革目标理论的突破和确立,而且带来了经济学领域的革命。"[1]

首先,创新了社会主义市场经济理论。社会主义市场经济理论不再拘泥于马克思主义经典作家关于未来社会经济制度的某些具体结论,而是大胆突破了传统计划经济理论教条和苏联范式的桎梏和束缚。原本片面追求的"一大二公三纯",越大越公越好的陈旧看法,不仅束缚了生产力发展,更挫伤了各方面积极性,走入了僵化、教条的死胡同,最后不得不正视社会主义初级阶段的基本国情,回到生产力与生产关系这一基本原理来思考社会主义基本制度和经济发展体制问题。正因为探索了市场机制在配置资源中的基础性作用,才能引导市场健康发展,发展社会主义生产力,为体现社会主义制度优越性提供了理论指南。"既坚持了马克思主义基本原理,又结合了我国的具体国情和时代特征,与马克思主义经典作家的思想既一脉相承又与时俱进,是中国化的马克思主义,开辟了马克思主

---

[1] 李铁映:《社会主义市场经济理论的形成和重大突破——纪念中国共产党第十一届三中全会20周年》,《经济研究》1999年第3期,第5—17页。

义发展的新境界"①。

其次,确立了社会主义市场经济体制。社会主义市场经济理论主要是认识计划经济与市场经济的关系,只有科学认识处理好两者关系,才能建立和完善社会主义市场经济体制,处理好政府和市场的关系。"无论是马克思主义政治经济学的发展,还是西方主流经济思想的演变,其重要标志之一就是对政府与市场关系的重新认识以及对政府与市场角色的重新定位。"②这方面突破主要集中在党的十八大以后,从更大程度更大范围发挥市场在资源配置中的"基础作用"到"决定性作用",大力推进经济体制各项改革,使重点领域和关键环节改革取得新进展、新突破,社会主义市场经济体制不断完善,有力促进了经济持续健康发展和社会和谐稳定。经济体制改革全面发力、多点突破,持续深化"放管服"改革,大力推进行政审批制度改革,也有力地推动了国企国资改革、财税体制改革、金融体制改革、新型城镇化体制改革、开放型经济新体制改革、外商投资管理体制改革、科技管理体制改革、医药卫生体制改革等各方面体制改革纵深推进。

再次,形成了社会主义基本经济制度。党的十九届四中全会对社会主义基本经济制度作出了一个新概括,标志着中国特色社会主义理论发展到一个新的阶段。把政府和市场关系作为市场经济体制的基本关系,体现了马克思主义与时俱进的理论品质,有利于形成从体制到基本经济制度有机统一的完整体系。而中国优化公共服务,弥补市场失灵,实现社会长期稳定的奇迹,很大原因就是社会主义市场经济机制的确立以及坚

---

① 胡亚莲:《中国特色社会主义基本经济制度的发展与创新》,《党政干部学刊》2020年第2期,第4—13页。
② 胡家勇:《试论社会主义市场经济理论的创新和发展》,《经济研究》2016年第7期,第4—12页。

持和完善社会主义基本经济制度。

最后,推动了社会主义现代化进程。社会主义市场经济理论是一个不断突破、不断创新、不断丰富、不断完善的过程,我国经济的快速发展与市场经济理论上的突破是分不开的。伴随着波澜壮阔的改革开放实践,社会主义市场经济理论也日益深化、不断突破。从"一大二公三纯"到"补充"到"有益的补充"到"重要组成部分";从"多一点""少一点",到"主体""并存";从"天然对立""制度等同",到"都是手段""都是方法";从"基础性作用"到"决定性作用";从"有效市场""有为政府"到"成熟定型""高标准""高水平"……每一次突破和创新都充满艰辛。这些伟大创造避免了无休止的争论,找到了经济文化落后的国家如何建设社会主义的发展道路,实现了中国经济持续增长的世界奇迹。

中国社会主义市场经济体制的创立,从根本上解决了经济发展落后的社会主义国家如何建设社会主义的世纪难题,具有划时代革命性的多重突破意义。中国拓展了非资本主义国家走向现代化的新路,为解决人类发展问题贡献了中国智慧和中国方案。

党的二十大报告全面回顾总结新时代十年伟大成就、伟大变革,"国内生产总值从五十四万亿元增长到一百一十四万亿元,我国经济总量占世界经济的比重达百分之十八点五,提高七点二个百分点,稳居世界第二位;人均国内生产总值从三万九千八百元增加到八万一千元。谷物总产量稳居世界首位,十四亿多人的粮食安全、能源安全得到有效保障。城镇化率提高十一点六个百分点,达到百分之六十四点七。制造业规模、外汇储备稳居世界第一。"[①]这些突破性进展和成绩,使我国经济实力实现历史性跃升,无论是提出并贯彻新发展理念,构建新发展格局,还是推动高

[①]《高举中国特色社会主义伟大旗帜 为全面建设社会主义现代化国家而团结奋斗——在中国共产党第二十次全国代表大会上的报告》,人民出版社 2022 年版,第 8 页。

质量发展,都离不开社会主义市场经济体制这个根本性制度的创新和突破。

实践已经证明,社会主义市场经济理论并没有动摇社会主义基本制度。社会主义市场经济理论无论在思想层面,还是实践方面都对固有的观念"松了绑",是整个改革开放破题的"撬字诀""牛鼻子",更有"牵一发动全身"的标志性、关联性、引领性作用。正是社会主义市场经济理论这个难题的破解,最终实现了传统社会主义的转型和突破,不仅使世界社会主义彻底走出低谷,也找到了赢得社会主义制度优越性的实践路径,使社会主义"柳暗花明",重新获得生机活力,得以"源远流长"。

本章结语

中国特色社会主义起始于改革开放的伟大实践,需要对其阶段性与连续性作整体把握。中国特色社会主义只有明确其与科学社会主义一脉相承的理论逻辑进路,才能更好地引领和支撑中国特色社会主义伟大实践。了解中国特色社会主义理论体系之间一脉相承的时代背景、实践基础,了解每一个理论创新在整个理论体系中所处的地位及其相互关系,更有利于加强对中国特色社会主义整体性认识,从而避免随着时间的推移,内外部环境的改变,对其产生误读、误解。

只有把中国特色社会主义置于马克思世界历史观视野中,把握其科学体系,梳理其整体轮廓,抓住其发展脉络,同时掌握其重要理论源流关系,才能进一步全面理解整个中国特色社会主义理论的丰富内涵和精神实质。进而思考如何与世界社会主义总体进程对接,如何与科学社会主义基本理论贯通,揭示其理论、道路、制度及价值形态一般性、普遍性的世界意义。

  时代是思想之母,实践是理论之源。中国特色社会主义的理论逻辑告诉我们,要坚持和发展中国特色社会主义,必须高度重视理论的作用。要发扬马克思主义与时俱进的品格,勇于推进实践基础上的理论创新;以更宽广的视野、更长远的眼光来思考和把握国家未来发展面临的一系列重大战略问题,在理论上不断拓展新视野、作出新概括,在新的历史条件下继续推进马克思主义中国化时代化,开辟马克思主义中国化新境界。

第四章
中国特色社会主义的实践逻辑

马克思说,"全部社会生活在本质上是实践的"[①],"实践是检验真理的唯一标准",无论是革命还是建设,都必须通过人民群众的实践活动才能得以实现。在党的十九大报告中,强调中国特色社会主义是"近代以来中国人民长期奋斗历史逻辑、理论逻辑、实践逻辑的必然结果"[②]。对中国特色社会主义历史逻辑、理论逻辑、实践逻辑的论述,有利于进一步从整体上认识和把握中国特色社会主义,拓展其科学内涵与精神实质。具体来说,实践逻辑是对过去的实践活动的必然性和规律性的概括,是从历史逻辑中剥离出来的,理论逻辑和历史逻辑又统一于实践逻辑。

先进的思想、科学的理论必定与伟大的事业和实践彼此辉映、相互促进。从党的十二大到党的十八大,逐步形成了党的基本理论、基本路线、基本纲领、基本经验、基本要求"五个基本"。党的十九大报告把"五个基本"简化整合为基本理论、基本路线、基本方略"三个基本"最新概括。其中,基本路线是制定各项具体工作路线及各项政策的总依据,是党的指导思想和基本理论的集中体现。基本方略"十四条坚持"是对基本纲领、基本经验、基本要求的高度概括和整合凝练。

---

① 《马克思恩格斯文集(1)》,人民出版社2009年版,第501页。
② 《习近平谈治国理政(3)》,外文出版社2020年版,第28页。

"三个基本"是一个内在联系紧密的有机统一体,是一个动态的不断变化的过程,是一个交融发展互为构建的过程。"改革开放和社会主义现代化建设历史新时期,党的基本路线、基本纲领,也同党在新时期的基本理论相伴而生。"[①]三者之间有着深刻的实践逻辑的统一,可以看出中国特色社会主义理论的成熟,这不仅是坚持和发展中国特色社会主义的理论贡献和实践探索,还是为坚持和发展中国特色社会主义提供基本遵循的"行动指向""路线图"和"方法论"。

第一节 党的基本路线不断开创中国特色 社会主义新局面

任何理论都有其思想源头,也有其实践源头。在推进革命、建设、改革进程中,中国特色社会主义是在艰辛探索和勇于实践中进行的。而党的基本路线是基于对中国社会主义建设的基本国情科学把握而提出的总路线,是制定各项具体工作路线及各项政策的总依据。这意味着基本的国情没有改变,社会主义初级阶段没有结束,党的基本路线就不能变。"基本"反映的是基本规律,规定的是基本方向,"不动摇"指的就是基本的方向不能变,基本的目标不能变,基本的内容不能变,政治和战略定力不能变。党的基本路线是改革开放和现代化建设取得成功的根本原因之一,反映了中国特色社会主义形成和发展的实践逻辑。

---

① 施芝鸿:《坚持和发展新时代中国特色社会主义的基本方略》,《求是》2017年第22期,第12—15页。

一、改革开放开启了中国特色社会主义的实践源泉

习近平曾以"五个得来"[1]深刻指出找到中国特色社会主义这条道路来之不易,走好这条道路更不容易。前文论述了中国特色社会主义历史逻辑中的"五个得来",我们可以看到其中关键词是"40年""70年""97年""170年""5000年",当然还包括科学社会主义"500年"。此外,"五个得来"中另一部分关键词就是"改革开放""道路""伟大实践""持续探索""社会革命"等。不难看出,这些关键词中最核心最基本的就是"改革开放",无论是"道路""社会革命""持续探索"都是从改革开放这个"伟大实践"逻辑起点开启的。

改革开放是一场新的伟大革命,这场新的伟大革命推动党和人民大踏步赶上时代,彰显了中国特色社会主义伟大实践对于百年中国道路的意义与价值。我国40多年的改革开放既取得了辉煌成就和宝贵经验,同时也在失误和挫折中汲取了深刻教训。自20世纪50年代中期建立社会主义制度后,我国社会主义建设取得重大成就,但是由于中国的特殊国情,加上党的工作在指导方针上的失误,相对于其他国家和地区迅速发展,中国与发达国家、发达地区的差距被明显拉大。

邓小平认识到只有搞清楚什么是社会主义,搞明白社会主义的本质,才能告别老路,脱离教条。从"摸着石头过河",到敢干、敢闯、敢试,中国特色社会主义发展史,就是中国共产党领导和团结人民理论联系实际,不断进行改革开放,推进马克思主义中国化的壮阔历程。中国特色社会主义在不同阶段都紧跟时代步伐,围绕时代主题继往开来,既反映了实践的逻辑,又顺应了时代的发展。正如习近平指出的:"社会主义从来都是在开拓中前进的。"[2]他同时强调要"用鲜活丰富的当代中国实践来推动马

---

[1] 《习近平新时代中国特色社会主义思想三十讲》,学习出版社2018年版,第37页。
[2] 《习近平谈治国理政》,外文出版社2014年版,第23页。

克思主义发展"①,在实践中不断保持与时俱进的理论品质,使其成为生长的活着的理论,不断焕发其生机活力。

邓小平认为,社会主义吹不起牛皮,社会主义制度要用大量的事实证明其优于资本主义制度。要解放和发展生产力、并实现社会的全面进步,就必须坚持以经济建设为中心,"不改革就没有出路"。改革开放的实质是要从根本上改变束缚生产力发展和社会进步的各种具体制度,以适应社会主义现代化建设的需要。

1978年的"实践是检验真理的唯一标准"大讨论,是一场马克思主义的思想解放运动,成了改革开放的思想先导。党的十八大以后,中国特色社会主义出现了一系列新的变化,原有社会主要矛盾中"人民日益增长的物质文化需要"和"落后的社会生产"两个方面及其关系都发生了深刻变化。党的十九大作出我国社会主要矛盾新判断,把中国特色社会主义不断推向前进。

改革开放与中国特色社会主义相伴而生、相互契合、同向共进。中国特色社会主义命题,是在改革开放的伟大实践中提出来的,改革开放为中国特色社会主义开创、发展和完善提供了实践基础,在发展面临的每一个重大历史关头,都是依靠深化改革开放冲破困局,成功突围,不断为中国特色社会主义注入强大生机活力。

当今世界面临百年未有之大变局,国内外矛盾交织叠加。随着改革开放的逐步展开和不断深化,中国改革进入"攻坚期",进入"深水区"和"无人区",改革的复杂程度、敏感程度、艰巨程度面临更为关键的紧要关头,"剩下的都是难啃的硬骨头。这就要求我们胆子要大、步子要稳"②。

---

① 《习近平谈治国理政(3)》,外文出版社2020年版,第76页。
② 《习近平谈治国理政》,外文出版社2014年版,第101页。

中国要抓住机遇,实现更大的发展,从根本上还要靠改革开放。

在中国特色社会主义时代,要将改革进行到底。习近平不断强调:"实践发展永无止境,解放思想永无止境,改革开放也永无止境""改革开放只有进行时没有完成时"[1]"改革开放是决定当代中国命运的关键一招"[2]"改革开放是中国共产党的一次伟大觉醒""是中国人民和中华民族发展史上一次伟大革命"[3]等。党的十八届三中全会作出全面深化改革的决定,进一步增强改革开放的信心和勇气。党的十九大围绕党和国家事业发展新形势,对全面深化改革提出了新任务,为全面把握新时代中国特色社会主义新要求,再次吹响谱写新时代中国特色社会主义新征程的号角。

中国特色社会主义走的是前人没有走过的路。要超越历史发展的一般进程,一定会碰到以前所没有碰到过的新问题、新阻力、新困难。改革开放是中国特色社会主义形成和发展的逻辑起点和不竭动力源泉。中国特色社会主义事业蒸蒸日上,无一不与改革开放存在内在的、不可分割的紧密联系。改革开放必须沿着正确道路前进,必须坚持正确方向,注重其系统性、整体性和协同性,而不是对社会主义制度改弦易张,要确保方向不变、道路不偏、力度不减,确保改革开放行稳致远。

二、党的基本路线奠定了中国特色社会主义的现实基础

党的基本路线是我们党在一定历史时期内指导各方面工作的根本方针和基本准则,规定着党的奋斗目标,指明了党的前进方向。从其形成和发展的演变看,既继承前人思想又突破陈规,包含了许多原创思想,是中

---

[1] 《习近平谈治国理政》,外文出版社 2014 年版,第 69 页。
[2] 习近平:《在党的十九届一中全会上的讲话》,《求是》2018 年第 1 期,第 3—8 页。
[3] 习近平:《在庆祝改革开放 40 周年大会上的讲话》,《求是》2018 年第 24 期,第 3—12 页。

国特色社会主义实践逻辑的展开。

1978年12月党的十一届三中全会,将党的思想路线从"两个凡是"转向实事求是,结束了以"阶级斗争为纲"的错误路线,开启了改革开放的新时期,实现了把党和国家的工作重心转移到社会主义建设上来的战略决策,逐渐形成了"一个中心、两个基本点"的思想轮廓。

1982年9月,党的十二大对社会主义初级阶段"以经济建设为中心"作出了深刻理论阐释。牢牢坚持"一个中心",就是以经济建设为中心,"中心"意味着其在基本路线中最为重要,中心只有一个,不能有两个中心,这是我们党经过长期探索和思考而得出的最重要的结论,也是一切从实际出发,符合中国国情,扭转工作局势,调整工作重心、实现战略目标的根本手段。

这个中心决不能被干扰、被冲击,一切任务都要服从这个中心,围绕这个中心,一步一步地实现我们的战略目标。除了爆发大规模战争外,必须始终集中力量进行经济建设。"现在就是要硬着头皮把经济搞上去,就这么一个大局,一切都要服从这个大局。"①从此,聚焦以经济建设为中心,在理论认识上也取得全党共识。1986年9月党的十二届六中全会第一次明确提出了"总体布局"这一概念,大会决议指出我国社会主义现代化建设的总体布局为"一个中心,三个坚定不移"②。

1987年10月召开的党的十三大明确提出了建设有中国特色的社会主义的基本路线。这个基本路线核心内容极为丰富,是一个结构完整的体系,既体现了社会主义的本质要求,又反映了社会主义发展规律,把原则性和灵活性、普遍性与特殊性有机统一起来。

可见,基本路线就是基于社会主义初级阶段,在准确把握我国基本国

---

① 《邓小平文选(3)》,人民出版社1993年版,第129页。
② 《十一届三中全会以来重要文献选编(下)》,人民出版社1987年版,第1152页。

情、正确判断当前社会发展所处的历史阶段基础上形成和发展的,成为统一全党思想的政治基础,标志着我们党开始走出一条建设中国特色社会主义的正确道路。

1989年11月23日,邓小平在会见外国友人时明确指出:"十三大确定了'一个中心,两个基本点'的战略布局,我们十年前就是这样提出的,十三大用这个语言把它概括起来。这个战略布局我们一定要坚持下去,永远不改变。"[①]随着党对新实践经验的总结和认识的深入,后来在表述基本路线时,对目标和内涵不断拓展和丰富,目标方面主要体现为基本纲领内容上的拓展。

党的十三大在提出党的基本路线的同时,又提出"三步走"[②]发展战略,经济建设、经济体制改革、政治体制改革、党的建设的基本方针等都是根据党的基本路线提出的。"三步走"分别用"温饱问题""小康水平""基本实现现代化"具体目标体现,主要为了更好坚持党的基本路线,看似"变"的具体目标其实依然围绕"不变"的党的基本路线。

1992年10月,党的十四大将这一党的基本路线首次写入党章。"三步走"战略中第二步战略目标在党的十四大得以重申,同时,还对实现第三步战略目标提出了初步的设想。

1997年9月,党的十五大进一步指出,要保持清醒头脑,克服各种干扰,党的基本路线是"近二十年来我们党最可宝贵的经验,是我们事业胜利前进最可靠的保证"[③],同时,党的十五大全面阐述了经济纲领、政治纲领和文化纲领,三大纲领是党的基本路线在经济、政治、文化等方面的展开,是多年来党的基本经验的总结,也是中国特色社会主义事业的基本目

---

① 《邓小平文选(3)》,人民出版社1993年版,第345页。
② 《十三大以来重要文献选编(上)》,人民出版社2011年版,第14页。
③ 《江泽民文选(2)》,人民出版社2006年版,第17页。

标和基本政策的有机统一。

在经济发展战略方面,党的十五大报告对我国现代化建设"三步走"发展战略进行了调整,针对"第一个十年""建党一百年""建国一百年"①三个时间节点具体目标作了新的展望和表述。这一目标被称为"新三步走"发展战略,已经有"两个一百年"奋斗目标的影子。

2002年11月,党的十六大报告作出了全面建设小康社会的战略决策,并强调"党的基本路线和基本纲领是各项工作的根本指针。无论遇到什么困难和风险,都必须坚持党的基本理论、基本路线和基本纲领不动摇"②。党的十六大报告对"新三步走"发展战略的目标和时间节点进一步加以完善和丰富,更加突出了"两个一百年"③的问题。

党的十六大前,从"三步走"发展战略的表述看,主要突出强调经济发展和经济改革问题。党的十六大结束后,党中央提出了构建社会主义和谐社会的战略任务,社会主义现代化国家的特征由原来的"富强、民主、文明"拓展为"富强、民主、文明、和谐"。

2007年10月,党的十七大提出了实现全面建设小康社会奋斗目标的新要求,强调指出"党的基本路线是党和国家的生命线,是实现科学发展的政治保证"④。同时,对建党100年奋斗目标也作了细化。此外,党的十七大修改党章,"为把我国建设成为富强民主文明和谐的社会主义现代化国家而奋斗"⑤。这样,"和谐"与"富强民主文明"并列,丰富和发展了党的基本路线的内涵,写进党的基本纲领并载入《中国共产党章程》,这一表述符合我国的历史发展和现实状况,符合时代要求,体现了继承与创新的统一。

---

① 《十五大以来重要文献选编(上)》,人民出版社2011年版,第4页。
② 《十六大以来重要文献选编(上)》,中央文献出版社2011年版,第6页。
③ 《十六大以来重要文献选编(下)》,中央文献出版社2011年版,第14—15页。
④ 《十七大以来重要文献选编(上)》,中央文献出版社2009年版,第13页。
⑤ 《改革开放三十年重要文献选编(下)》,中央文献出版社2008年版,第745页。

2012年10月,党的十八大报告重申了"党的基本路线是党和国家的生命线"①的思想,进一步提出把生态文明建设放在突出地位,"努力建设美丽中国"②。不过,党的十八大在党章中对党的基本路线的表述与党的十七大完全相同,一个字都没有改。党的十八大重申到2020年全面建成小康社会的奋斗目标,只是一字之差,提高了奋斗目标质量,将"全面建设小康社会"提升为"全面建成小康社会",更多使用"两个一百年"的奋斗目标,较少使用"三步走"发展战略。

2016年7月,习近平在庆祝建党95周年讲话中指出:"党的基本路线是国家的生命线、人民的幸福线。"③从"党和国家生命线"提高到"国家的生命线、人民的幸福线"认识,进一步丰富和发展了党的基本路线的内涵。习近平还引用了邓小平1992年一句原话,"重申基本路线动摇不得,要管一百年,坚持了,人民拥护,动摇了,老百姓不答应。"

2017年,党的十九大报告指出,中国特色社会主义进入新时代,历史方位和主要矛盾发生了变化,但同时不忘重申我国社会主义所处历史阶段的基本国情和世界最大发展中国家的国际地位没有变。强调"两个没有变"情况下坚持党的基本路线必须毫不动摇,不过,目标内容有所拓展,"为把我国建设成为富强民主文明和谐美丽的社会主义现代化强国而奋斗"④这个表述,实际上是和"五位一体"建设总体布局相对应,正式把"美丽"写进党的基本路线,与"富强民主文明和谐"并列。同时,用"强国"这一词代替了原先的"国家"一词,是与习近平新时代中国特色社会主义思想相统一的,是对党的基本路线内涵的丰富和发展。

---

① 《十八大以来重要文献选编:(上)》,中央文献出版社2014年版,第13页。
② 《胡锦涛文选(3)》,人民出版社2016年版,第644页。
③ 《习近平谈治国理政(2)》,外文出版社2017年版,第37页。
④ 《习近平谈治国理政(3)》,外文出版社2020年版,第10页。

党的十九大还指出,从奋斗目标看,从党的十九大到二十大,是"两个一百年"奋斗目标的历史交汇期;从国际地位看,中国正处在从大国走向强国的关键时期,提出从2020年到21世纪中叶,分"两个阶段"①全面建成富强民主文明和谐美丽的社会主义现代化强国。

2020年10月,党的十九届五中全会按照党的十九大对实现第二个百年奋斗目标作出的分两个阶段推进的战略安排,将"十四五"规划与2035年远景目标统筹考虑,提出我国即将迈入全面建设社会主义现代化国家的新发展阶段。这是个重大节点,也是一个历史性的起点,全面小康建设任务完成,中国开始进入全面建设现代化的新阶段,进一步深化和拓展了社会主义初级阶段党的基本路线的内涵。

2022年10月,党的二十大报告明确提出,"从现在起,中国共产党的中心任务就是团结带领全国各族人民全面建成社会主义现代化强国、实现第二个百年奋斗目标,以中国式现代化全面推进中华民族伟大复兴"②。明确了全面建成社会主义现代化强国,总的战略安排是分两步走:从2020年到2035年基本实现社会主义现代化;从2035年到21世纪中叶把我国建成富强民主文明和谐美丽的社会主义现代化强国。并指出未来5年是全面建设社会主义现代化国家开局起步的关键时期,进一步擘画了中国特色社会主义事业更加华丽的篇章。

三、一个中心、两个基本点三者统一于中国特色社会主义伟大实践

党的基本路线强调以经济建设为中心,必须把坚持改革开放和坚持

---

① 《习近平谈治国理政(3)》,外文出版社2020年版,第22—23页。
② 《高举中国特色社会主义伟大旗帜　为全面建设社会主义现代化国家而团结奋斗——在中国共产党第二十次全国代表大会上的报告》,人民出版社2022年版,第21页。

四项基本原则统一起来。

首先,坚持四项基本原则、坚持改革开放这"两个基本点",相互依存、缺一不可,是"立国之本""强国之路",虽然都很重要但不能取代一个中心,它们从不同方面服从和服务于经济建设这个中心。坚持改革开放是决定中国命运的关键一招,坚持四项基本原则是实现现代化的根本前提,是保持党和国家团结、稳定、发展、进步的最重要政治基础,但是任何一个都不能取代经济建设这个中心,没有经济建设中心,就丢了物质基础。

其次,"一个中心"不能离开这"两个基本点",要靠"两个基本点"来保驾护航,没有四项基本原则和改革开放这"两个基本点"支撑,经济建设这个中心就会走偏方向、丧失动力、失去意义。当然,"两个基本点"既不能相互取代,又不可能离开经济建设而另搞什么中心。

最后,三者都统一于建设中国特色社会主义的伟大实践。正如习近平指出的:"基本路线是党和国家的生命线。我们在实践中要始终坚持'一个中心、两个基本点'不动摇,既不偏离'一个中心',也不偏离'两个基本点'。"[1]

党的基本路线包含着丰富的内容,其结构是一个"变"与"不变"完整的体系,体现了全党的智慧和意志。这个结构体系可以用数字表达,即"1+2+3+X"。"1+2"即基本路线的主体,这是现代化建设的"领导力量",而这个主体需要"依靠力量",需要团结全国各族人民,坚定不移地依靠广大人民群众的创造,并把各方面的力量都动员起来、组织起来,最广泛最充分地调动一切积极因素,才能实现社会主义现代化的伟大目标。领导力量和依靠力量的主体不能变。

"3"代表基本路线必须坚持的原则。原则规定了我们的现代化建设

---

[1] 《习近平谈治国理政(1)》,外文出版社2020年版,第10—11页。

特点要放在自己力量的基点上,发扬艰苦奋斗的精神。中国经济文化相对落后的基本国情决定了现代化建设只能"走自己的道路","必须从中国的实际出发",必须分阶段实现战略目标。

"X"是基本路线的目标。社会主义社会是一个全面发展的社会,是需要在各方面证明比资本主义更有优越性的社会,这就决定了基本路线的目标是需要根据实践不断变化的。1987年10月党的十三大明确的基本路线强调把我国建设成为社会主义现代化国家应包含富强、民主、文明三个方面的要求。党的十七大修改党章,把"和谐"写进党的基本路线。党的十九大报告正式把"美丽"写进基本路线,与"富强民主文明和谐"并列,不断丰富和发展了党的基本路线的内涵。目标随着经济社会的发展而发展,党的基本路线的战略目标在"变"中,不断得到拓展,这既是坚持基本路线"不变"的原因,也是坚持基本路线"不变"的结果。

党的基本路线是决定党和国家前途命运的生命线、人民的幸福线。实践已经证明,党的基本路线深入人心,受到全党和全国人民的赞成和拥护。

第一,全面坚持党的基本路线,不动摇、不偏离、不偏废。

首先,党的基本路线是社会主义本质的体现,是科学把握我国基本国情,经过千辛万苦总结历史经验和教训而取得的实践经验和理论成果。从党的基本路线的形成和发展历程来看,基本路线之所以能够为发展战略的制定提供现实依据,是因为坚持了党的领导,坚持了党与时俱进的指导思想,党的领导是毫不动摇坚持基本路线的领导力量。"从历史的角度来说,党在革命、建设和改革过程中,提出了不少有针对性的路线、方针和政策,有些依然在继续坚持,而有些则因为不符合时代特点而作了相应改变。党的基本路线自1987年提出来以后,近30年来在中国话语体系中的重要性不断加重。"①

其次,社会主义现代化强国目标不能动摇。这样有了领导力量、依靠力量和明确目标,在建设中国特色社会主义的伟大实践中,"一个中心,两个基本点"才得以内在统一,"在坚持四项原则的基础上选择好的政策"②,为中国特色社会主义发展战略制定提供现实依据,才能做到长期坚持、绝不动摇。

最后,处理好经济发展"一个中心"与改革开放、四项基本原则"两个基本点"三者关系的同时,不可偏废基本路线结构中"1+2+3+X"其他几个要素的作用。坚持中国共产党的"领导力量",全国各族人民的"依靠力量",这样经济发展中心才有主心骨、定心丸、基本盘,改革开放和四项基本原则才有根本保障和价值导向,经济中心才不会唯GDP论,才能有依靠人民、服务人民的落脚点,才能有科学发展观、新发展理念以及"五位一体"总体布局和"四个全面"战略布局的不断拓展。不论过去、现在和将来,"自力更生"不仅是现代化建设的基点,也是国家和民族发展的基点。

第二,党的基本路线一以贯之,克服超越阶段发展等各种干扰。

党的基本路线是党深刻总结历史的经验教训的产物,体现了既反"左"又反右,始终坚持历史唯物主义的态度。毫不动摇地坚持"一个中心,两个基本点"的党的基本路线,既克服了那些超越阶段的错误观念和政策措施,又可以排除"左"和右的各种干扰,坚决抵制偏离社会主义基本制度的各种错误主张,提高贯彻执行党的基本路线的自觉性和坚定性。

坚持党的基本路线,一方面,必须批判和反对脱离国情和正确的时代判断的观念和想法,不管如何,经济建设的中心不能够被干扰,特别是警

---

① 储著武:《党的基本路线话语的形成与发展》,《中国浦东干部学院学报》,2017年第4期,第91—96页。
② 《邓小平文选(3)》,人民出版社1993年版,第135页。

惕"左"的思潮的干扰,那种认为改革开放就是走资本主义道路的观点不可信、不可取。另一方面,坚持党的基本路线也要防止右的干扰,要坚持党的领导,解放思想,同心同德。

必须在处理好生产力与生产关系、社会基本矛盾与社会主要矛盾的辩证关系中,准确地理解和把握基本路线。在以经济建设为中心,大力发展生产力的同时,要注意贫富差距问题,注意青山绿水生态问题,要随着社会主要矛盾的变化,不断为党的基本路线注入新的内涵,体现社会主义制度优越性,增强人民美好生活体验度和获得感。只有赢得人民拥护、赞成和支持,才能处理好改革、发展、稳定三者之间关系,处理好民族矛盾、区域矛盾;只有统筹好国内国际两个大局,才会有经济快速发展奇迹和社会长期稳定奇迹,也就自然会克服坚持和执行党的基本路线中方方面面的干扰。

第三,处理好党的基本路线"变"与"不变"的辩证关系。

党的基本路线是社会主义初级阶段的基本路线,只要基本国情没有变,就应该长期坚持,不可动摇。党的十三大指出"至少需要上百年时间,都属于社会主义初级阶段"[1]。邓小平在南方谈话中强调指出:"基本路线要管一百年,动摇不得。"[2]这里"至少上百年""要管一百年"不能片面理解为基本路线时间期限就是一百年,"一百年"是个虚数,更多的含义是用来修饰长期坚持,动摇不得。

对于党的基本路线"不能变""不会变"问题,要从多种角度认识和理解。一是内容上强调不变,邓小平明确指出"我们有四个不变",即"四项基本原则不变,一心一意搞四个现代化建设不变,对外开放政策不变,进

---

[1] 《十三大以来重要文献选编(上)》,中央文献出版社1991年版,第12页。
[2] 《邓小平文选(3)》,人民出版社1993年版,第370—371页。

行经济体制改革和政治体制改革的方针不变"[1];二是任何人不能变,"我们现在制定的这些方针、政策、战略,谁也变不了"。"不但我们这一代不能变,下一代,下几代,都不能变,变不了。"[2]三是时间上不变,他还说:"不但这一届领导人要坚持,下一届、再下一届都要坚持,一直坚持下去。"[3];四是战略定力上不变,"扭着不放,'顽固'一点,毫不动摇"[4],"十三大指定的路线不能改变,谁改变谁垮台"[5]。

"谓之'基本',就是因为它反映的是基本规律,规定的是基本方向,涉及的是基本方略,不仅事关重大,而且'内容'基本。我们说基本路线不能变,所指的就是基本的东西不能变。"[6]基本路线需要在"变"中完善和发展。

邓小平在强调基本路线长期不变、不动摇的同时也指出,"当然,随着实践的发展,该完善的完善,该修补的修补"[7],完善和发展就是要尊重经济发展规律,同时,也明确了"变"的条件,"除了爆发大规模战争外,就要始终如一"[8],"即使是变,也只能变得更加开放"[9]。当然要在各项工作中更好落实,社会在发展,时代在进步,国际国内大局在不断地发生变动,可以适当地进行调整,改变手段、方法,调整阶段性目标。

中国特色社会主义从创立、形成到发展,全面贯彻了党的基本路线、基本方略,在处理"一个中心"与改革开放、四项基本原则"两个基本点"三

---

[1] 《邓小平文选(3)》,人民出版社 1993 年版,第 211 页。
[2] 《邓小平文选(3)》,人民出版社 1993 年版,第 84 页。
[3] 《邓小平文选(3)》,人民出版社 1993 年版,第 347 页。
[4] 《邓小平文选(2)》,人民出版社 1993 年版,第 213 页。
[5] 《邓小平文选(3)》,人民出版社 1994 年版,第 324 页。
[6] 李忠杰:《邓小平与社会主义初级阶段的基本路线》,《中共党史研究》2004 年第 5 期,第 12—20 页。
[7] 《邓小平文选(3)》,人民出版社 1994 年版,第 371 页。
[8] 《邓小平文选(2)》,人民出版社 1994 年版,第 249 页。
[9] 《邓小平文选(3)》,人民出版社 1993 年版,第 79 页。

者关系上始终做到了毫不动摇，始终如一。这是我国经济实力之所以实现历史性跃升的重要原因。中国特色社会主义进入新时代，提出新发展理念，构建新发展格局，强调高质量发展是全面建设社会主义现代化国家的首要任务，也始终坚持党的基本路线，坚持"发展是党执政兴国的第一要务"[①]。

这是因为没有坚实的物质技术基础，就不可能全面建成社会主义现代化强国。可以说，坚持党的基本路线不动摇，不断开创了中国特色社会主义新局面，也是中国特色社会主义实践逻辑的重要体现。

第二节 党的基本方略是坚持和发展中国特色社会主义的行动纲领

中国共产党的基本方略是新时代坚持和发展中国特色社会主义的行动纲领，体现了我们党对中国特色社会主义既始终坚持又与时俱进的有机统一。党的基本方略所包含的具体内容有着鲜明的时代感和创新性，具有很强的现实针对性和指导性，既是世界观，又是方法论，体现了鲜明的问题导向和求真务实的科学态度，为新时代中国特色社会主义实践提供了根本遵循。

一、党的基本方略是对社会主义建设发展的不断实践和探索

"新时代坚持和发展中国特色社会主义的基本方略"虽然是党的十九

[①] 《高举中国特色社会主义伟大旗帜 为全面建设社会主义现代化国家而团结奋斗——在中国共产党第二十次全国代表大会上的报告》，人民出版社2022年版，第28页。

大报告最早提出,后来简略为"中国特色社会主义的基本方略",但党的十九大之前,"基本方略"在中央文献中已有使用,党的十五大报告中,就使用"基本方略"阐述依法治国,"依法治国,是党领导人民治理国家的基本方略",只是"基本方略"特指"依法治国",其内涵比较单一,没有整体使用"依法治国基本方略"这样的思想。党的十六大明确提出依法治国基本方略,"依法治国基本方略得到全面落实"。

党的十七大、十八大报告基本沿用了"依法治国基本方略"概念,且使用得更为频繁,功能更为明确。从党的十七大报告"依法治国基本方略切实贯彻",到十八大报告"依法治国基本方略全面落实"。

党的十九大报告扩大了"基本方略"的外延和内涵,把"基本方略"的外延从原来的依法治国层面的"党领导人民治理国家的基本方略"这一条扩展为"十四条坚持"。把依法治国涵盖在里,内涵更加丰富,"十四条坚持"成为高度概括、高度凝练的有机整体。

关于基本方略。基本方略最早是由"五个基本"到"三个基本"发展而来的。党的十三大报告提出了"一个中心,两个基本点"的基本路线,党的十四大将基本路线写进党章;基本理论在党的十四大提出,十四大党章将基本理论表述为"建设有中国特色社会主义的理论",党的十五大概括为"邓小平理论",从而形成了基本路线和基本理论"两个基本";党的十五大报告提出"基本纲领",这就构成了"三个基本",但是,党的十六大党章并没有将"三个基本"并列使用;党的十六大报告提出"十个坚持"为内容的"基本经验",形成"四个基本";党的十七大报告明确"四个基本"并列使用,并写进党章。

2012年11月,党的十八大报告回首了90多年来党的奋斗历程,指出党的第一代中央领导集体"确立了社会主义基本制度";第二代中央领导集体"确立社会主义初级阶段基本路线";党的第三代中央领导集体"坚持党的基本理论、基本路线","确立了党的基本纲领、基本经验"。这就形成了基本理论、基本路线、基本纲领、基本经验"四个基本",同时高度评价"四个基本"的历史地位和历史贡献,并提出需要把握"八条基本要求"[1]。这样在"四个基本"基础上,与"基本要求"一起形成了"五个基本"。

但是,党的十八大报告和党章并没有把"五个基本"并列使用,直到党的十八届一中全会上才将"五个基本"并列使用。2017年10月,党的十九大报告将"五个基本"简化整合、精炼规范为基本理论、基本路线、基本方略"三个基本",同时载入党章。把"五个基本"简化整合为基本理论、基本路线、基本方略这"三个基本",是新的历史条件下推进中国特色社会主义事业继往与开来、承前与启后夺取更大胜利的需要。

关于党的基本纲领。在基本路线源流章节阐述中可以看到,一定时期内党的基本路线与基本纲领其实是等同的,甚至基本路线是作为最主要的基本经验、最宝贵的基本经验。马克思、恩格斯和列宁对党的纲领的重要性作过许多论述和阐发。"制定一个原则性纲领,这就是在全世界面前树立起可供人们用来衡量党的运动水平的里程碑。"[2]"纲领,就是阶级的立场。"[3]

党的纲领包括最低纲领和最高纲领。列宁明确提出了"最高纲领"和"最低纲领"两个概念,但是列宁的继任者一直未处理好最低纲领和最高纲领的关系,对社会发展过于乐观,犯了超越历史阶段的错误。

这里的党的基本纲领,某种层面上类似于党的总路线(基本路线)。在我们党的正式文献中,曾经提出总体布局(或总布局)和战略布局的概念,这些战略布局是党的路线方针的具体化、可操作的蓝图,也是特定时

---

[1] 《十八大以来重要文献选编(上)》,中央文献出版社2014年版,第11—12页。
[2] 《马克思恩格斯文集(3)》,人民出版社2009年版,第426页。
[3] 《列宁全集(10)》,人民出版社1987年版,第344页。

期党的政策和策略的总纲领。

邓小平在 1989 年 11 月明确指出:"十三大确定了'一个中心,两个基本点'的战略布局。"①党的十四大把基本路线写进党章,党的十五大全面阐述基本纲领是经济、政治、文化建设"三位一体",党的十六大报告提出"党的基本路线和基本纲领是各项工作的根本指针"。党的十七大党章把基本路线最后一句表述为"富强民主文明和谐",这样"三位一体"扩展为包括社会建设在内的"四位一体"。党的十八大报告在"四位一体"基础上增加"生态文明建设"为"五位一体",党的十九大报告和党章把基本路线表述为"富强民主文明和谐美丽",使基本纲领由"三位一体"变为了"五位一体",进一步丰富和拓展了党在社会主义初级阶段的基本纲领。

党的十六大在提出全面建设小康社会奋斗目标基础上,逐步形成了"四个全面"的战略布局,也有和基本路线内容一样丰富扩展的过程。党的十六大报告提出"全面建设惠及十几亿人口的更高水平的小康社会",即"一个全面"。党的十七大报告在表述上改了一个字,将"全面建设"改成"全面建成",党的十八大报告从"一个全面"扩展为"两个全面",即"全面建成小康社会"和"全面深化改革开放"。2014 年党的十八届四中全会在"两个全面"基础上增加了"全面依法治国","两个全面"进一步扩展为"三个全面"。2014 年 12 月,习近平在江苏考察调研时在"三个全面"基础上,增加"全面从严治党",至此,"三个全面"最终扩展为"四个全面"。

2020 年 10 月,党的十九届五中全会把"全面建设社会主义现代化国家"作为新的战略布局,这样"四个全面"发生了变化,标志着中华民族伟大复兴向前迈出了新的一大步。这次会议同时提出"新发展阶段""新发展理念"和"新发展格局",它们一起构成党对经济发展客观规律的正确把

---

① 《邓小平文选(3)》,人民出版社 1993 年版,第 345 页。

握和发展趋势的战略谋划。

关于基本经验。百年来,中国共产党以"不忘初心、牢记使命"为永恒课题,党的每次全国代表大会,以及重要时间节点,重大事件纪念活动、主题活动都会回顾和总结工作经验和教训。如党的十一届六中全会对中华人民共和国成立以来32年历史经验作了总结;党的十三大报告对党的十二大以来5年工作作了总结回顾的同时,还对党的十一届三中全会以来9年历史作了回顾;党的十四大报告除了总结党的十三大到党的十四大之间5年工作外,还对从党的十一届三中全会到党的十四大近14年工作经验进行了总结;党的十五大报告对党的十四大以来5年工作的总结,摆在了百年回顾的更长的历史背景之下。

党的十六大对党的十三届四中全会以来13年的基本经验进行了系统总结,归纳提炼了"十条基本经验";党的十八大系统总结了我们党自成立90多年来的奋斗历程,提出了"八条基本要求"。

党的十九届六中全会通过的《中共中央关于党的百年奋斗重大成就和历史经验的决议》指出,100年来,党领导人民进行伟大奋斗,积累了宝贵的"十个坚持"[①]历史经验。(具体内容见"十四条坚持、八条基本要求、十条基本经验、十个坚持源流关系表")

十四条坚持、八条基本要求、十条基本经验、十个坚持源流关系表

	十四条坚持	八条基本要求	十条基本经验	十个坚持
一	坚持党对一切工作的领导	必须坚持人民主体地位	坚持以邓小平理论为指导,不断推进理论创新	坚持党的领导
二	坚持以人民为中心	必须坚持解放和发展生产力	坚持以经济建设为中心,用发展的办法解决前进中的问题	坚持人民至上

---

① 《中共中央关于党的百年奋斗重大成就和历史经验的决议》,《人民日报》2021年11月17日。

续　表

	十四条坚持	八条基本要求	十条基本经验	十个坚持
三	坚持全面深化改革	必须坚持推进改革开放	坚持改革开放,不断完善社会主义市场经济体制	坚持理论创新
四	坚持新发展理念	必须坚持维护社会公平正义	坚持四项基本原则,发展社会主义民主政治	坚持独立自主
五	坚持人民当家作主	必须坚持走共同富裕的道路	坚持物质文明和精神文明两手抓,实行依法治国和以德治国	坚持中国道路
六	坚持全面依法治国	必须坚持促进社会和谐	坚持稳定压倒一切的方针,正确处理改革发展稳定的关系	坚持胸怀天下
七	坚持社会主义核心价值体系	必须坚持和平发展	坚持党对军队的绝对领导,走中国特色的精兵之路	坚持开拓创新
八	坚持在发展中保障和改善民生	必须坚持党的领导	坚持团结一切可以团结的力量,不断增强中华民族的凝聚力	坚持敢于斗争
九	坚持人与自然和谐共生		坚持独立自主的和平外交政策,维护世界和平与促进共同发展	坚持统一战线
十	坚持总体国家安全观		坚持加强和改善党的领导,全面推进党的建设新的伟大工程	坚持自我革命
十一	坚持党对人民军队的绝对领导			
十二	坚持"一国两制"和推进祖国统一			
十三	坚持推动构建人类命运共同体			
十四	坚持全面从严治党			

表格来源:作者自制。

由上面源流关系表可以清晰看出：基本方略"十四条坚持"主要内容与"四个全面"战略布局、"五位一体"总体布局有交叉、重合关系。基本方略的第三条、第六条、第十四条分别与"四个全面"战略布局中"全面深化改革""全面依法治国""全面从严治党"战略举措相对应；基本方略的第四条、第五条、第七条、第八条、第九条"坚持新发展理念"等内容作为指导方针与"五位一体"总体布局的内容相对应。可见，"四个全面"战略布局与作为推进中国特色社会主义总体布局的"五位一体"，相互促进、统筹联动，都体现在新时代党的基本方略中。

再看基本方略"十四条坚持"与"十条基本经验"源流关系。"十四条坚持"基本吸收整合了"十条基本经验"，它们存在明显的源流关系。基本方略第一条、第十四条是对基本经验第十条的继承和发展；基本方略第二条、第八条、第九条和第十二条均与基本经验第八条有一定的渊源关系；基本方略第三条是对基本经验第三条的继承和发展；基本方略第四条是对基本经验第二条的继承和发展；基本方略第五条与基本经验第四条密切相关；基本方略第六条与基本经验第五条密切相关；基本方略第七条与基本经验第一条密切相关；基本方略第十条与基本经验第六条密切相关；基本方略第十一条与基本经验第七条密切相关；基本方略第十三条与基本经验第九条密切相关。

同样，"八条基本要求"与"十四条坚持"的源流关系也很明确。基本方略第一条是对基本要求第八条的继承和发展；基本方略第二条、第五条是对基本要求第一条的继承和发展；基本方略第三条是对基本要求第三条的继承和发展；基本方略第四条与基本要求第二条密切相关；基本方略第六条与基本要求第四条密切相关；基本方略第七条、第十条、第十一条和第十四条与基本要求第八条密切相关；基本方略第八条与基本要求第五条密切相关；基本方略第九条、第十二条与基本要求第六条密切相关；

基本方略第十三条与基本要求第七条密切相关。

最后,"十个坚持"与"十四条坚持""八条基本要求""十条基本经验"的内在关联与演变的逻辑更为清晰、更为简洁、更为凝练。"十四条坚持"中第一条"坚持党对一切工作的领导"和第十四条"坚持全面从严治党"融合成"十个坚持"第一条"坚持党的领导";再如,把"十四条坚持"第二条"坚持以人民为中心"和第五条"坚持人民当家作主",在"十个坚持"中归并为第二条"坚持人民至上"的理念。"十个坚持"虽然与"十条基本经验"内容上都是十条,比"十四条坚持"内容数目上少,但是表述更为宏观,内涵更为丰富。如"十个坚持"第三条"坚持理论创新",对应的"十条基本经验"第一条"坚持邓小平理论为指导,不断推进理论创新",在"十四条坚持""八条基本要求"中则具体表述为"坚持全面深化改革""坚持新发展理念""坚持改革开放,不断完善社会主义市场经济体制"等。

"十个坚持"虽然只有十条,但系统完整、相互贯通、逻辑紧密,具有更为鲜明的实践性、针对性,不仅涵盖了"十四条坚持""八条基本要求""十条基本经验",还有新的提法,如"坚持胸怀天下""坚持敢于斗争"等。这对于在新的历史方位坚持和发展中国特色社会主义,开启实现第二个百年奋斗目标新征程,实现中华民族伟大复兴的宏伟目标具有根本性和长远指导意义。

二、党的基本方略在实践中不断深入、丰富和完善

党的十八大以来,我们党提出了一系列新理念新思想新战略,需要把这些新的认识和经验及时补充、完善到"十条基本经验"和"八条基本要求"中。"新时代坚持和发展中国特色社会主义的基本方略,既是习近平新时代中国特色社会主义思想的重要组成部分,也是落实习近平新时代

中国特色社会主义思想的实践要求。"①

第一,基本方略是对基本理论、基本路线的补充和完善。

"五个基本"当中,"基本理论和基本路线是最具指导性、全局性、长期性的,是管长远的"②。基本理论可说是"基本"中的"基本","基本"中的"根本"。"基本方略是基本理论在各个具体领域的深入展开,而基本路线则在全面、整体、系统的高度对各个不同的具体领域的发展在社会整体发展中的地位进行了设计和安排,并根据我国在不同历史时期的阶段性特征确立哪些方面、领域需要优先发展和重点发展。"③

基本路线规定了领导力量、依靠力量、立国之本、强国之路、优良传统和奋斗目标等内容。在基本理论和基本路线指导下,基本方略体现了上述规定性内容,只是基本纲领、基本经验、基本要求是不同时期形成的,其阶段性特征更明显,需要不断创新发展并加以调整。如基本路线在经济、政治、文化、社会、生态文明等方面的展开,从"三位一体"到"四位一体",再到"五位一体",基本纲领也根据它们展开,并形成这些方面的基本目标和基本政策。

基本理论、基本路线是管全局、管方向的,具有稳定性;而基本方略则具有一定的灵活性,需要随着实践和理论的发展及时作出调整,理论和路线都要通过基本方略的实施效果来检验。基本方略的每一项内容、所涉及的每一个方面,都是在进行社会主义建设伟大实践中,党自身不断发展壮大以及带领全国人民不断探索总结,继而对开启中华民族伟大复兴新征程指导性的方法和策略,具有举旗定向、谋篇布局作用。

---

① 姚眉平:《深入把握党的基本方略》,《世界社会主义研究》2018 年第 7 期,第 47—50、94 页。
② 寄言:《新时代坚持和发展中国特色社会主义的基本方略》,《中国纪检监察报》2017 年 12 月 8 日。
③ 杜玉华:《论新时代党的基本理论、基本路线、基本方略的内在统一》,《探索》2019 年第 1 期,第 5—11 页。

第二，基本方略是对基本纲领、基本经验、基本要求的提炼和发展。

新时代中国特色社会主义的十四条基本方略，是对党的十五大提出的"基本纲领"、党的十六大提出的"基本经验"、党的十八大提出的"基本要求"和实践经验的深度融合、高度概括和提炼升华，与基本理论、基本路线构成一个渐次展开、逻辑严密的体系。

基本方略是中国共产党理论创新的重大成果，是对社会主义建设规律的把握更加准确以及执政能力、执政理念更加自觉自信的体现，全方位、多维度彰显了党的十八大以来治国理政的新理念新思想新战略。"基本方略中的部分内容直接来源于基本纲领、基本经验、基本要求；部分内容发展了基本纲领、基本经验、基本要求；部分内容完全是创新，是吸收了十八大以来党中央治国理政的新理念新思想新战略而形成的。"[①]

如"坚持推动构建人类命运共同体"就属于原创性的理论贡献。当今世界的变局百年未有，国际格局加速演变，全球治理体系深刻重塑，深层次矛盾突出，中国始终不渝走和平发展道路，统筹国内国际两个大局，做世界和平的建设者、全球发展的贡献者、国际秩序的维护者，这种自信和自觉是对和平发展大势不可逆转的判断，也来源于中华文明的深厚底蕴。"没有哪一个国家能够退回到自我封闭的孤岛"，是因为没有哪一个国家能够独自应对全球挑战。每个民族、每个国家的前途命运都紧紧联系在一起，需要开展全球性协作，构建人类命运共同体，显然这是一个为人类文明交往互鉴、携手共建美好世界描绘的蓝图方略，这一倡议已经被写入联合国文件，成为引领人类文明进步的先进理念。

第三，基本方略体现了坚持和加强党的全面领导这一最高政治原则。

从各个方略之间的逻辑上看，"十四个坚持"从"坚持党对一切工作的

[①] 刘新伟：《党的基本理论、基本路线、基本方略关系探析》，《宁夏党校学报》2019年第1期，第82—86页。

领导"开始,以"坚持全面从严治党"结束,体现了党总揽全局、协调各方的领导核心地位,意味着我们党对共产党执政规律的认识进一步深化。其他方面的坚持又是"坚持全面从严治党"总体布局、"四个全面"战略布局依次展开逻辑线索。

从各个方略之间的结构来看,各个方略之间相互融合、紧密联系、有机统一,共同组成了逻辑严密、内容完备的理论整体。基本方略体现了新时代中国特色社会主义总体规律和各方面具体规律。"十四个坚持"围绕着新时代更好坚持和发展中国特色社会主义这个重大时代课题,既有理论分析,又有政策指导,解答的问题都是新时代如何坚持和发展社会主义最基本、最核心、最关键的问题,是对发展规律认识的深化、拓展和升华。

各个方略之间逻辑严谨、结构完整,而且"八条基本要求"与"十四个坚持"有机融合、有机统一。如"八条基本要求"最后一条明确指出,中国共产党领导是中国特色社会主义最本质的特征,是最大优势。而"十四个坚持"第一条坚持和最后一条坚持围绕如何体现"最本质的特征"和"最大优势"具体展开,从"坚持党对一切工作的领导"到"坚持全面从严治党","一切"和"全面"逻辑上一以贯之,结构上一气呵成,体现了坚持和加强党的全面领导这一最高政治原则。

三、党的基本方略彰显了理论创新和实践创新的统一

新时代新发展阶段要倍加珍惜这些来之不易的宝贵经验,在各项具体工作中提高思想认识,既知其然,又知其所以然,在坚持和发展新时代中国特色社会主义中不折不扣贯彻好、落实好党的基本方略。

第一,党的基本方略体现了理论与实际相结合、战略和战术相一致、认识论和方法论相统一。

从"五个基本"到"三个基本"是对党的基本纲领、基本经验、基本要求

的继承发展、深入整合和高度凝练,是对党治国理政重大方针、原则的最新理论和实践概括,是根据新时代的发展要求,更好地深刻领会、贯彻落实习近平新时代中国特色社会主义思想的精神实质和丰富内涵的必然要求。

基本方略本身作为习近平新时代中国特色社会主义思想的核心内容,无论是从"十条基本经验""八条基本经验"与"十四条坚持"的源流关系看,还是从基本原理、基本路线与基本方略的补充和完善的辩证关系看,都体现了马克思主义在坚持中发展、在继承中创新的理论品质。

"八条基本要求"偏重理论层面,每个明确都具有原创性的新思想新观点,从理论上回答了"是什么"的问题,即我们要坚持和发展什么样的社会主义;"十四个坚持"偏重于实践层面,从实践层面上回答了"怎么办"的问题,"体现了理论与实际相结合、战略和战术相一致、认识论和方法论相统一的理论特色"[①]。

第二,党的基本方略体现了目标和路径、任务和方法、科学性和可操作性的统一。

"十四个坚持"是对新时代怎样坚持和发展中国特色社会主义作出的理论概括和战略部署。同时"十四个坚持"的战略部署和具体举措体现了目标、任务和方法的统一,反过来又是对中国特色社会主义理论在实践上的阐释和探索。

基本方略是一个政党为了确保自己的行动切实可行而制定并实施的方法和策略,是政党的基本理论和基本路线相结合的产物。既有思想或理念层面的,也有实践层面的,但总体上更加侧重于操作和执行层面,体现出奋斗目标鲜明的"行动指向",既是基本理论、基本路线的补充又是对

[①] 《习近平新时代中国特色社会主义思想三十讲》,学习出版社2018年版,第7页。

理论和路线的展开、丰富和发展。

基本方略规划新时代中国特色社会主义实践的全新格局,同时明确实现这一战略总目标的前提条件、"分两步走"时间节点以及总体布局、战略布局、实践路径、实践要求和根本保证。

第三,党的基本方略体现坚持党的领导、人民当家作主、依法治国的有机统一。

基本方略"十四个坚持"第一条、最后一条首尾照应,体现了党的建设新的伟大工程在"四个伟大"中的决定性作用,贯穿了党的自我革命引领社会革命的内在逻辑,体现着坚持党的领导和全面从严治党的逻辑线索。

基本方略贯穿着以人民为中心、人民当家作主的政治立场,这是我们党区别于其他政党的显著标志。"十四个坚持"第二条"坚持以人民为中心",第五条"坚持人民当家做主",第八条"坚持在发展中改善民生"都体现了党的初心和使命,体现了以人民为中心的思想,是新时代坚持和发展中国特色社会主义的价值导向。坚持以人民为中心的新发展理念,围绕社会主要矛盾变化,坚持全面深化改革,坚持社会主义核心价值观体系,体现了立党为公、执政为民的执政理念,以及坚持了人民利益至上的价值导向。

"十四个坚持"第六条"坚持全面依法治国"指出,必须把党的领导贯彻到依法治国全过程各方面。在我国,法是党的主张和人民意愿的统一体现,党和法、党的领导和依法治国是高度统一的。坚持党对一切工作的领导,全面从严治党,维护党中央权威和集中统一领导,避免了任何人以任何借口分割中国共产党领导和我国社会主义制度,也保证了把人民当家作主落实到国家政治生活和社会生活中。实现三者的有机统一,某种程度上就是实现社会主义制度优越性在基本方略方方面面的完全统一协调,保证基本方略有序实施,高效落实。

此外，党的十九届六中全会从坚持党的全面领导等 13 个方面分领域总结了新时代党和国家事业取得的成就。党的二十大进一步从创立习近平新时代中国特色社会主义思想等 16 个方面总结了自党的十八大以来党和国家事业取得的历史性成就和历史性变革。这是全面贯彻党的基本路线、基本方略，采取的一系列战略性举措，推进的一系列变革性实践，这些突破性进展和标志性成果，"是党和人民一道拼出来的、干出来的、奋斗出来的"①。

第三节　中国特色社会主义从长期探索艰苦实践中来

作为前无古人的伟大而艰巨的全新事业，中国特色社会主义开创于改革开放时期，建立在中国共产党对马克思主义的信仰及近百年长期奋斗基础上。独立自主是我们立党立国的根本重要原则，面对新的时代特点和实践要求，共产主义远大理想激励了一代又一代共产党人英勇奋斗，唯有靠奋斗才能在中华民族伟大复兴的"新长征之路"上不断创造社会主义伟大实践奇迹，才能使中国特色社会主义事业的内容不断丰富，内涵不断深化，外延不断拓展。

一、独立自主构成伟大实践立足点

近代以来，中华民族历经磨难，因封闭而落后，因落后被挨打、被孤立。中国的革命道路是"走俄国人的路"，按照苏联模式为蓝本的，从"以

---

① 《高举中国特色社会主义伟大旗帜　为全面建设社会主义现代化国家而团结奋斗——在中国共产党第二十次全国代表大会上的报告》，人民出版社 2022 年版，第 15 页。

苏为师"到"以苏为鉴",中国共产党开始"另起炉灶"独立自主走自己的道路。在探索中国革命、建设、改革的实践中,中国共产党认识到独立自主"是中国共产党从中国实际出发,依靠党和人民力量进行革命、建设、改革的必然结论","是中国共产党、中华人民共和国立党立国的重要原则"[①]。

独立自主、实事求是、群众路线是毛泽东思想活的灵魂,独立自主的主要含义就是一个国家有权走适合本国国情的道路,中国要从实际出发,在革命和建设中,主要依靠自己的力量,把国家和民族发展放在自己力量的基点上,自己作主张、自己来处理,坚定不移走自己的路。十一届三中全会以后,我们党在汲取社会主义建设正反两方面经验教训、准确判断和把握和平与发展世界大势的基础上,果断实现了工作重心转移,作出了改革开放的伟大抉择,明确提出改革和发展走自己的路,开始建设有中国特色的社会主义。

独立自主不仅是中国革命和建设的立足点,也是改革开放、现代化、民族复兴之本,促进中国人民、社会主义中国、中国共产党的面貌发生了历史性变化,对于中国特色社会主义的形成、发展、建设意义重大。习近平在纪念毛泽东诞辰120周年座谈会上的讲话中指出:"这种独立自主的探索和实践精神,这种坚定走自己的路的坚定信心和决心,是我们党全部理论和实践的立足点,也是党和人民事业不断从胜利走向胜利的根本保证。"[②]

"资本主义体系内既不能保证自主发展也不可能实现开放发展,即使发达国家也是如此。只有社会主义才能实现自主发展与开放发展的统

[①] 《十八大以来重要文献选编(上)》,中央文献出版社2014年版,第699页。
[②] 《在纪念毛泽东同志诞辰120周年座谈会上的讲话》,《人民日报》2013年12月27日。

一。"①今天看来,牢牢把握独立自主这一兴党兴国之本,最重要的,就是要坚定不移地走中国特色社会主义道路。另一方面,中国特色社会主义源远流长,主要是坚持了独立自主,只是其内涵和外延发生了变化,既成了中华民族精神不可或缺的重要组成部分,更贯通了当代中国从站起来、富起来,到强起来的伟大历程。

100 多年来,中国共产党紧紧依靠人民,坚持独立自主走自己的路,坚持改革开放,坚持和平发展,为人民谋幸福、为民族谋复兴,取得革命、建设、改革的伟大胜利。近代以来在中华民族积贫积弱、任人宰割的时期,自强不息的中华民族从未放弃对美好梦想的向往和追求,在内忧外患、社会危机空前深重背景下,中国共产党开天辟地,应运而生。

中国共产党正是在深入了解中国国情,为中国人民谋求民族独立、人民解放和国家富强、人民幸福的斗争中,在独立自主这个与生俱来的品质中逐渐成熟并成为中国革命和建设的主心骨,中国共产党让中国人民精神上由被动转为主动。毛泽东认为,"中国革命斗争的胜利要靠中国革命同志了解中国情况"②,中国的问题只有中国人才能解决,中国人的道路只能靠中国人独立奋斗来寻找。毛泽东在中华人民共和国成立之际郑重宣告:"占人类总数四分之一的中国人从此站立起来了。"

自立于世界民族之林,依靠全体人民的团结和奋斗,独立自主走自己的路,这是奠定当代中国一切发展进步的根本政治前提和精神根基。同样,离开自己国家的实际谈马克思主义没有意义。正如邓小平所说,"独立自主才真正体现了马克思主义"③。一个有着 14 亿人口的大国实现现

---

① 曹泳鑫:《中国坚持自主发展与开放发展的历史经验启示》,《理论与评论》2020 年第 2 期,第 44—50 页。
② 《毛泽东选集(1)》,人民出版社 1991 年版,第 115 页。
③ 《邓小平文选(3)》,人民出版社 1993 年版,第 191 页。

代化,在人类历史上没有先例可循,中国必须走一条属于自己的道路。

"像中国这样大的国家搞建设,不靠自己不行,主要靠自己。"①只有这样,才能够引领中国进步、增进人民福祉、实现民族复兴。找到一条好的道路不容易,走好这条道路更不容易,"自立自主是兴党兴国之本,强党强国之路,不断开辟马克思主义中国化新境界,不仅成为21世纪科学社会主义一枝独秀的'中国版本',也成为振兴世界社会主义的'中流砥柱'"②。

中国在现代化进程中一路艰难行走,摸索从器物学习再到自立自强。自立是前提,自强是基础,实现工业化和国家独立富强成为中国人追求的目标。1956年在党的八大预备会议上,党号召团结一切可以团结的力量搞好建设,防止"从地球上开除你的球籍"③。邓小平当年谈到改革开放动因时,斩钉截铁地讲,贫穷不是社会主义。时至今日,中华民族由衰到盛,命运被深刻改写。中国从一穷二白到世界第二大经济体,"彻底摆脱被开除球籍的危险"④,靠的是中国共产党带领团结全国人民勇于实践和不懈奋斗。

独立自主的探索实践成就了中华民族伟大复兴的独特自信。习近平说,"中华民族是最有理由自信的"⑤。就是因为中华民族历经磨难而始终自强不息,靠的就是坚持国家和民族利益至上、誓死不当亡国奴的民族自尊品格。一个国家、一个民族、一个政党,只有足够自信,才能真正安身立命,坚定走向未来。我们党与世界上其他政党相比,最大的优势就是重

---

① 《邓小平文选(3)》,人民出版社1993年版,第78页。
② 胡静波:《独立自主践行党的初心》,《社会科学报》2020年7月9日。
③ 《毛泽东文集(7)》,人民出版社1999年版,第89页。
④ 习近平:《在庆祝中国共产党成立九十五周年大会上的讲话》,《中共党史研究》2016年第7期,第5—12页。
⑤ 《习近平谈治国理政(2)》,外文出版社2017年版,第36页。

视实践,始终坚持实践第一观点,把实践作为检验真理的唯一标准。

实现中华民族伟大复兴,是中华民族近代以来最伟大的梦想。"伟大梦想不是等得来、喊得来的,而是拼出来、干出来的。"[①]坚定"四个自信",就是要增强政治定力,不为任何风险所惧,不为任何干扰所惑,对美好社会、美好制度、美好世界不断追求与探索。从独立自主到人类命运共同体,从自立到历史担当与自觉。既要对外开放,又要保持自身特性,独立自主异常重要。习近平指出,"坚定不移走和平发展道路,是中国人民对实现自身发展目标的自信和自觉,这种自信和自觉,来源于中华文明的深厚底蕴,来源于对实现中国发展目标条件的认知,来源于对世界发展大势的把握"[②]。

"穷则独善其身,达则兼济天下。"为人民谋幸福、为民族谋复兴、为世界谋大同,饱含对人类发展重大问题的睿智思考和独特创见,用宽广视野吸收人类创造的一切优秀文明成果,中国推动构建人类命运共同体,坚持走和平发展道路,紧紧把握和顺应世界发展大势,打破了国强必霸的陈旧逻辑。

我国发展站在了新的历史起点上,相比过去具备了难以想象的良好发展条件,为赢得比较优势到绝对优势打开了广阔战略空间。从被动复兴到主动作为的渴望更为深切,意义更为独特,样本更有价值,彰显了我们党对人类前途命运的独立思考,也是对世界和平与发展事业的自觉担当。从自立到自强,从自信到自觉,中国共产党人坚守自己的初心和使命,中国特色社会主义在实践探索中也越来越具有独特的生机和活力。"70 年来,中国人民白手起家、自力更生、艰苦奋斗,干出了一片新天地。经济实力显著增强。从 1952 年至 2018 年,中国工业增加值从 120 亿元

---

① 习近平:《在庆祝改革开放 40 周年大会上的讲话》,《求是》2018 年第 24 期,第 3—12 页。
② 《习近平谈治国理政》,外文出版社 2014 年版,第 265 页。

增加到305 160亿元,按不变价格计算增长970倍,年均增长11%;国内生产总值从679亿元增加到90万亿元,按不变价计算增长174倍,年均增长8.1%;人均国内生产总值从119元增加到2018年的64 644元,按不变价计算增长70倍。"①

2021年11月,党的十九届六中全会通过了《中共中央关于党的百年奋斗重大成就和历史经验的决议》,指出中国共产党百年奋斗的十条历史经验,其中第四条就是坚持独立自主。"独立自主是中华民族精神之魂,是我们立党立国的重要原则。走自己的路,是党百年奋斗得出的历史结论。"②

中国人民和中华民族从近代以后的深重苦难走向伟大复兴的光明前景,从来就没有教科书,更没有现成答案。2022年10月,党的二十大报告提出,继续推进实践基础上的理论创新,首先要把握好新时代中国特色社会主义思想的世界观和方法论,坚持好、运用好贯穿其中的立场观点方法,必须做到"六个坚持",其中第二条就是"坚持自信自立"。"党的百年奋斗成功道路是党领导人民独立自主探索开辟出来的,马克思主义的中国篇章是中国共产党人依靠自身力量实践出来的,贯穿其中的一个基本点就是中国的问题必须从中国基本国情出发,由中国人自己来解答。"③我们既要虚心学习借鉴国外有益经验,又要坚信人类历史上任何一个民族、一个国家是不可能照搬外国模式实现强大和振兴的,否则必然成为他人的附庸,注定遭到失败。

---

① 中华人民共和国国务院新闻办公室:《新时代的中国与世界》,人民出版社2019年版,第4页。
② 《中共中央关于党的百年奋斗重大成就和历史经验的决议》,《人民日报》2021年11月17日。
③ 《高举中国特色社会主义伟大旗帜 为全面建设社会主义现代化国家而团结奋斗——在中国共产党第二十次全国代表大会上的报告》,人民出版社2022年版,第19页。

二、伟大事业需要勇于实践和不懈奋斗

党的百年历史,就是一部党领导人民不懈奋斗,不断夺取新的伟大胜利的历史。由于我们这个国家和民族面临的历史课题,不懈奋斗自然成为中国共产党和中国人民最显著的精神标识。近代以来,中国因封闭而落后、因落后而挨打,逐渐陷入半殖民地半封建社会的黑暗深渊,中华民族遭受了山河破碎、生灵涂炭、积贫积弱的深重苦难。摆在中国人面前的,已经不是温饱问题,而是救亡图存"防止被开除球籍"问题。

从人类历史发展进程来看,消除贫困、改善民生始终是人类梦寐以求的理想。儒家经典《礼记·礼运》中同时出现的"大同"和"小康"思想,就是中华民族对安居乐业美好生活的向往。"全面小康"就是马克思主义反贫困理论在中国实践和深化的最新成果,集中体现了社会主义本质和制度优势,饱含着共产党人不变的初心和使命,彰显了党服务人民接续奋斗的不懈追求,更为新时代坚持和发展中国特色社会主义注入了崭新内涵。

人作为社会中的价值主体,所奋斗的一切,都同他们的利益有关。"'思想'一旦离开'利益',就一定会使自己出丑。"[1]中国共产党从一个起初只有50多人,发展为拥有9100多万党员的世界上最大的执政党……无论是弱小还是强大,无论是顺境还是逆境,我们党始终牢记为民宗旨,始终聚焦"小康"目标,始终与人民想在一起、苦在一起、干在一起。这是一个很长的历史阶段,邓小平说:"需要我们几代人、十几代人,甚至几十代人坚持不懈地努力奋斗。"[2]

大道至简,实干为要。从带领全国人民推翻"三座大山"到消灭一切剥削制度、完成社会主义革命、确立社会主义基本制度,中国共产党始终把人民群众最现实的利益问题作为一切工作的出发点、落脚点……一代

---

[1] 《列宁全集(38)》,人民出版社1959年版,第15页。
[2] 《邓小平文选(3)》,人民出版社1993年版,第379—380页。

又一代共产党人一茬接着一茬干,一棒接着一棒跑,把初心使命的信仰信念转化为矢志不渝的奋斗行动,以朝气蓬勃的奋斗姿态,使中国的面貌焕然一新,使具有5000多年文明历史的中华民族重新续写新的辉煌。

空谈误国、实干兴邦。中国共产党顺应经济社会新发展和广大人民群众新期待,不断赋予"小康"更高的标准、更丰富的内涵。从"贫穷不是社会主义""让一部分人先富起来""效率优先,兼顾公平"到"人民生活达到小康水平""全面建设小康社会""全面建成小康社会""全面小康,一个不能少",从"一穷二白"到成为世界第二大经济体,一个个"不可能"逐渐变成现实,中国特色社会主义也正是靠实事求是、一步一个脚印发展起来的。

伟大复兴就是伟大奋斗。中国取得令世人瞩目的发展成就,是全国各族人民同心同德、同心同向努力的结果,更是奋斗的结果。习近平高度评价70年中国辉煌的发展历程:"无论是在中华民族史上,还是世界历史上,这都是一部感天动地的奋斗史诗。"①他还多次深刻阐述"奋斗"对于中国特色社会主义各项事业的时代内涵和重要意义:"天上不会掉馅饼,努力奋斗才能梦想成真""奋斗本身就是一种幸福""社会主义是干出来的,幸福是奋斗出来的""中国人民是具有伟大奋斗精神的人民""中国人民自古就明白,世界上没有坐享其成的好事,要幸福就要奋斗""一代人有一代人的奋斗,一个时代有一个时代的担当""一切伟大成就都是接续奋斗的结果""只有不忘初心、牢记使命、永远奋斗,才能让中国共产党永远年轻""征途漫漫,唯有奋斗"等。

每一种伟大都由平凡书写,每一个奇迹都由奋斗创造。中国的翻天覆地、举世瞩目的辉煌成就是中国人民一代又一代接力奋斗创造的,是全

---

① 《习近平谈治国理政(3)》,外文出版社2020年版,第326页。

国各族人民同心同德、同心同向,"一个汗珠摔八瓣"艰苦奋斗的结果。此外,"中国梦的深厚源泉在于人民,根本归宿也在于人民,只有同中国人民对美好生活的向往结合起来才能取得成功"①。同时,办好中国的事情,关键在党。"党政军民学,东西南北中,党是领导一切的。"没有党的全面领导,没有总揽协调的政治保障,全面建成小康社会肯定无法实现。

全面建成小康社会,其实是对人类脱贫事业的重大贡献,不仅关乎中国的命运,也关系世界的和平发展。但是有些人担心中国的发展是一种"威胁"。其实,他们完全体会不了近代以来中华民族的深重苦难,更不会明白中国人民对靠自己的聪明才智、辛勤汗水换来的成果倍加珍惜的情感。

伟大复兴就是伟大奋斗,这是我们党在长期实践中得出的规律性认识。中华民族伟大复兴,绝不是简简单单"回到过去",更不是轻轻松松继续"辉煌再现"。就如邓小平所言,"中国这样的社会主义大国,不可能走'捷径'"②。"我们要经常记住,我们国家大,人口多,底子薄,只有长期奋斗才能赶上发达国家的水平。"③如果说中华民族伟大复兴是吹响凝心聚力的"集结号",那么共识就是奋进的动力。邓小平早就指出:"我们过去几十年艰苦奋斗,就是靠用坚定的信念把人民团结起来,为人民自己的利益而奋斗。"④共产党人的最高理想是实现共产主义,这也是全国各族人民的共同理想。

伟大成就是不懈奋斗的结果,伟大事业更要在继往开来中接续奋斗。在中国共产党成立100周年时实现第一个奋斗目标、全面建成小康社会,

---

① 《习近平新时代中国特色社会主义思想三十讲》,学习出版社2018年版,第36页。
② 《邓小平文选(2)》,人民出版社1994年版,第257页。
③ 《邓小平文选(2)》,人民出版社1994年版,第260页。
④ 《邓小平文选(3)》,人民出版社1993年版,第190页。

进而到21世纪中叶中华人民共和国成立100周年时实现第二个百年奋斗目标、建成富强民主文明和谐美丽的社会主义现代化强国,这是中国现代化发展的关键节点,也是中国特色社会主义事业于变局中开新局,于改革中蓄新势,将中国特色社会主义理论和实践推向新境界的关键时刻,因此要准确地把握我国社会主义初级阶段不断变化的特点,以新的精神状态和奋斗姿态把中国特色社会主义推向前进。

这一点,从历届中国共产党全国代表大会主题可以清晰看出,大会主题除了明确旗帜、方向、道路、目标等问题,也强调精神状态问题。如党的十八大报告主题强调以"解放思想,改革开放,凝聚力量,攻坚克难""为全面建成小康社会而奋斗"。党的十九大报告主题强调以"不忘初心,牢记使命""为实现中华民族伟大复兴的中国梦不懈奋斗"。而党的二十大报告主题是:高举中国特色社会主义伟大旗帜,全面贯彻新时代中国特色社会主义思想,弘扬伟大建党精神,自信自强、守正创新,踔厉奋发、勇毅前行,为全面建设社会主义现代化国家、全面推进中华民族伟大复兴而团结奋斗。

一方面,从"解放思想,改革开放,凝聚力量,攻坚克难"到"不忘初心,牢记使命",再到"自信自强、守正创新,踔厉奋发、勇毅前行",强调面对不同的奋斗目标要求不一样的精神状态。另一方面,从"奋斗"到"不懈奋斗",再到"团结奋斗"同样指出了新时代新使命具有的重大现实意义和深远历史意义。

此外,为谱写新时代中国特色社会主义更加绚丽的华章,党的二十大报告提出了三个务必:"务必不忘初心、牢记使命;务必谦虚谨慎、艰苦奋斗;务必敢于斗争、善于斗争。"[1]从党的七届二中全会的"两个务必"到"三个务必",意味着在新的历史方位实现中华民族伟大复兴,需要以更加

---

[1] 《高举中国特色社会主义伟大旗帜 为全面建设社会主义现代化国家而团结奋斗——在中国共产党第二十次全国代表大会上的报告》,人民出版社2022年版,第1页。

奋发有为的精神状态,坚定历史自信,增强历史主动,要以新的"赶考精神"创造新的更大奇迹。

三、道路、理论、制度和文化四者统一于伟大实践

"四个自信"来源于实践,是顺应时代发展逐步形成的,整体呈现中国特色社会主义特征,也加深了对中国特色社会主义内涵的认识。中国特色社会主义包含道路、理论、制度、文化"四位一体"不可或缺的内容,中国特色社会主义"特就特在这四者统一于中国特色社会主义伟大实践上"①。

中国特色社会主义道路是实现社会主义现代化、创造人民美好生活的必由之路。"这一道路,既坚持以经济为中心,又全面推进经济、政治、文化、社会、生态文明建设以及其他各方面建设;既坚持四项基本原则,又坚持改革开放;既不断解放和发展生产力,又逐步实现全体人民共同富裕、促进人的全面发展。"②

中国特色社会主义理论体系立足于时代前沿,是与时俱进的科学理论,是指导党和人民实现中华民族伟大复兴的行动指南。这一理论体系是全国各族人民团结奋斗的共同思想基础,扎根于改革开放和社会主义现代化建设的伟大实践之中,符合全体中国人民的根本利益。中国特色社会主义理论体系系列理论成果,是一脉相承、与时俱进的,它们根据实践的需要,生动而具体地坚持了马克思列宁主义、毛泽东思想,开辟了马克思主义中国化新境界。

中国特色社会主义制度是当代中国发展进步的根本制度保障,这一

---

① 《习近平谈治国理政》,外文出版社2014年版,第9页。
② 《习近平新时代中国特色社会主义思想学习纲要》,学习出版社、人民出版社2019年版,第29页。

制度既坚持了社会主义的根本性质，又借鉴了古今中外制度建设的有益成果，是具有强大自我完善能力的先进制度。制度问题关乎党的方向，关系国家建设、民族团结和人民发展，制度需要在发展和改革中不断完善。中华人民共和国成立后，我们党团结带领人民完成社会主义革命，确立社会主义根本政治制度、基本经济制度等，各方面体制机制等具体制度有机结合起来形成制度体系。虽然中国特色社会主义制度特色鲜明，效率显著，但还不是成熟定型、尽善尽美的，需要坚持以实践基础上的理论创新推动制度创新。

中国特色社会主义文化代表着中华民族独特的精神标识，同样根植于中国特色社会主义伟大实践。这一文化源自中华优秀传统文化，又包含革命文化和社会主义先进文化，具有鲜明的时代特点。文化自信是"四个自信"中"更基础、更广泛、更深厚的自信"[1]，也是综合国力的重要标志，是国家和民族发展中更基本、更深沉、更持久的力量。文化自信还要大胆借鉴吸收人类文明成果，更好地构筑中国精神、中国价值、中国力量，不断为中国特色社会主义伟大实践提供精神指引。

"主义、道路、理论、制度、文化，五者是紧密联系、相互依存、不可分割的统一体。其中，主义是管总的，它规定了道路、理论、制度、文化的根本性质和方向。道路是实现途径，理论体系是行动指南，制度是根本保障，文化是深厚基础"[2]，从道路、理论、制度和文化看，中国特色社会主义内涵不断深化，共同构筑了对中国特色社会主义的整体性认识，成为"四个自信"的源泉。"道路、理论、制度、文化相互贯通、相互作用，构成中国特

---

[1] 《习近平谈治国理政(2)》，外文出版社2017年版，第36页。
[2] 《深入学习〈习近平治国理政〉第三卷——访中国社会科学院原党组副书记、副院长李慎明研究员》，《马克思主义研究》2020年第11期，第15—26页。

色社会主义大厦的四根坚实支柱。"①

道路、理论、制度、文化"四位一体"重在给中国特色社会主义呈现一个整体,更好"了解"并"理解"中国特色社会主义的框架,从而在"自信"的基础上取得"他信",并在"互信"中不断赢得相比较优势。②"就连续性进步而言,道路、理论、制度和文化'四位一体'的中国特色社会主义在改革开放尤其是党的十八大以来的全面深化改革中系统性生成与发展。"③

从自立到自强,从自信到自觉,中国共产党人坚守自己的初心和使命,要让世界客观独立地认识中国,关键在于从道路、理论、制度、文化整体上呈现一个自信的中国。毋庸置疑,中国共产党为人民谋幸福,为民族谋复兴,为世界谋大同,为维护人类共同利益和共同价值作出重要贡献。

中国从一穷二白到成为世界第二大经济体,从封闭状态转型为最大贸易国家,证明了只有自信的国家和民族,才能在通往未来的道路上行稳致远。自信需要战略定力,需要坚定信仰、信念和信心。始终坚持以人民为中心的价值取向,坚持为人民服务宗旨的执政理念,把人民对美好生活的向往作为奋斗目标,是道路自信、理论自信、制度自信、文化自信整体形成的根本体现。

同时承载着实现中华民族伟大复兴的梦想,又不断激发道路、理论、制度和文化的实践和探索,为人类对更好社会制度的探索提供强大的内生动力。这也是中国特色社会主义坚定"四个自信",坚定不移开辟新天地、创造新奇迹的重要原因和结果。

实践永无止境,创新永无止境。习近平在庆祝中国共产党成立95周

---

① 何毅亭:《四十年改革开放与中国特色社会主义》,《学习时报》2018年12月7日。
② 胡静波:《中国特色社会主义整体性特征的三个维度》,《科学社会主义》2020年第4期,第67—72页。
③ 刘洪刚:《新时代中国特色社会主义的生成逻辑》,《中国延安干部学院学报》2020年第2期,第5—13页。

年大会上的讲话中提出"三个永不动摇"①论断,指出中国特色社会主义要在实践中长期坚持。2018年1月5日,习近平在学习贯彻党的十九大精神研讨班开班式上发表重要讲话,强调历史和现实贯通、国际和国内相关联、理论和实际相结合,对一些重大理论和实践问题做到"三个一以贯之"②。2022年10月,党的二十大报告进一步提出了"三个务必"③。这是基于当代中国特色社会主义正处于不同的发展时期面对不同的历史任务,必须坚定和增强中国特色社会主义自觉自信,以强烈的历史责任与历史担当不断书写中国特色社会主义历史新篇章,也是对中国特色社会主义实践逻辑的进一步概括。

本章结语

《共产党宣言》问世后的170多年以来,社会主义由理论逐步上升为实践,科学社会主义从而成为前所未有的最伟大社会实践。"鞋子合不合脚,自己穿了才知道。"中国特色社会主义根植于中国大地,"我们照搬过本本,也模仿过别人,有过迷茫,也有过挫折,一次次碰壁、一次次觉醒、一次次实践、一次次突破,最终走出了一条中国特色社会主义成功之路。"④"一次次碰壁""一次次觉醒""一次次实践""一次次突破"意味着中国特色社会主义不是从"天上掉下来"的,也不是"头脑里固有"的,而是党

---

① 习近平:《在庆祝中国共产党成立95周年大会上的讲话》,人民出版社2016年版,第5页。
② 《习近平谈治国理政(3)》,外文出版社2020年版,第69页。
③ 《高举中国特色社会主义伟大旗帜 为全面建设社会主义现代化国家而团结奋斗——在中国共产党第二十次全国代表大会上的报告》,人民出版社2022年版,第1页。
④ 《习近平新时代中国特色社会主义思想学习纲要》,学习出版社、人民出版社2019年版,第27—28页。

和人民独立自主在长期实践探索、千辛万苦奋斗中得来的,是理论逻辑和实践逻辑的统一。

　　社会主义是干出来的。党的基本路线、基本方略有一个比较清晰的思想脉络和实践逻辑。中国特色社会主义这条道路走得通、走得对、走得好,改革开放伟大实践是其"源头活水",是"定海神针",是"试金石",是"指挥棒",是"施工图",是"制胜法宝",是"关键一招"。在理想向现实转变的长期过程中,我们依然需要接续论证中国特色社会主义的科学性和真理性,坚持以新的精神状态和奋斗姿态把中国特色社会主义推向前进。同时,要始终遵循实践、认识、再实践、再认识的内在规律,把中国特色社会主义实践逻辑不断推向新境界。

　　基本路线是基本理论向基本方略转化的桥梁,和基本理论一样具有全局性、长期性的指导作用,是管全局、管方向、管长远的,具有稳定性。基本方略则更具时效性,具有一定的灵活性,是制定政策和执行具体政策的重要依据,需要随着实践和理论的发展及时作出调整,不断作出新的概括、整合和凝练,是基本路线的补充和完善,是基本路线的进一步继承、展开和丰富。要把握基本路线与发展战略之间辩证关系,把阶段性目标和长远性目标有机结合起来,强调"基本"的同时,也要不断根据时代和实践发展要求,看到"具体",研究"具体"理论、路线、政策,方针、方略,处理好"不变"与"变"的辩证关系,不断推进中国特色社会主义理论和实践创新。

第五章
中国特色社会主义科学内涵、价值旨归与民族特色

恩格斯指出,"所谓'社会主义社会'不是一种一成不变的东西,而应当和任何其他社会制度一样,把它看成是经常变化和改革的社会"。① 科学社会主义之所以是具有蓬勃生命力的学说,就是因为其是开放的、实践的,是立场、观点、方法的统一,是统一性与多样性的辩证统一,具有与时俱进的理论品质。社会形态的更替是一个"自然历史过程"。不过,不同国家、不同民族都可以结合自身实际有着不同的具体演进方式、不同的发展道路,"现象上显示出无穷无尽的变异和色彩差异"。

对中国特色社会主义从概念破题到本质内涵,再到外延演变,贯穿了整个中国特色社会主义创立、发展和完善的轴心,对于把握其整体性精神内核、实践进路、逻辑演变及价值拓展都有着纲举目张的牵引作用。从中国特色社会主义源流看,不仅是"面"上理论与实践的创新与突破,还可以追溯到对其内涵这个"点"的突破,进而由"点"到"面"依次延展。"中国特色社会主义这个概念本身随着实践的发展经历了一个复杂的演变过程,它的内涵也经历了一个不断拓展、深化和升华的过程。"②

---

① 《马克思恩格斯文集(10)》,人民出版社 2009 年版,第 588 页。
② 王立胜:《中国特色社会主义:概念的演变与内涵的拓展》,《理论学刊》,2013 年第 4 期,第 21—24、127 页。

在中国特色社会主义形成和发展过程中,无论是对其内容与体系,还是对其功能和目标的理解,往往偏离了其真正内涵和核心要义。中国特色社会主义究竟如何处理与资本主义世界的关系,又如何展望与科学社会主义的对接,需要我们对一些重大理论和实践问题突破可能形成的外部困境加以回应、澄清,并从其内涵的传承、拓展源流关系中对其进行明确或界定,不断理清其内在的价值旨归,用其独特优势重塑其现实、历史、未来的整体想象与空间。

第一节　中国特色社会主义的理论原创

党的十二大开幕词首次提出"建设有中国特色的社会主义"命题,经过40多年的伟大实践,一步步试错,一次次突破,"中国特色社会主义的内涵越来越丰富,发展到新高度新水平,它已成为一个总称"[①]。中国特色社会主义既包括制度、理论,也包括道路、文化,四者各有各的地位、侧重和质的规定性,实现了自信到自觉的统一。但中国特色社会主义与马克思主义、科学社会主义、资本主义的关系,以及其与各种形形色色的"主义"或"流派"的关系,依然是国内外学术界普遍关注的热点问题。

一、不同的社会主义思潮论战与交锋

1840年鸦片战争以来,近代中国在封建王朝加速衰败和西方列强大肆侵略下,为了实现中华民族伟大复兴,对各种救亡图存的主义和思潮都进行过尝试。其中,社会主义作为一种以"均富"与"平等"为重要诉求的

[①] 赵曜:《高举中国特色社会主义伟大旗帜的科学内涵和重大意义》,《毛泽东邓小平理论研究》2012年第2期,第7—10、114页。

人类理想,成为中国先进知识分子孜孜不倦的追求,一度作为"世界潮流"登上中国历史舞台,被各类有识之士选择并接受。据统计,1905年中文的社会主义报刊达54种,呈现出"盛言社会主义"的局面,仿佛有"雄鸡一鸣天下晓"的情形。[1]

但是,一种新的思想从被接受到成功指导实践是一个漫长的过程。科学社会主义在经过了与各种五花八门的社会主义思潮论战之后才构筑了民众认同和接受的思想基础,中国民众才最终真正接受科学社会主义。科学社会主义同其他各派社会主义之间主要有三大论战。

第一场论战是关于"问题与主义"的争锋。20世纪初期西方各种思潮纷至沓来,尤其五四时期更为活跃。早期先进的马克思主义者和资产阶级改良分子在中国是否要用马克思主义来拯救中国社会问题上辩论激烈。以陈独秀和李大钊为代表的第一批共产主义知识分子通过《新青年》和《每周评论》来宣传马克思主义,引起新文化干将胡适的不同看法。1919年7月20日,胡适在《每周评论》发表《多研究些问题,少谈些"主义"!》一文,称马克思主义不过是"偏向纸上的学说",号召人们"多多研究这个问题如何解决",不要高谈好听的"主义"。

文章发表后,在社会上引起强烈反响,当时一些拥护共产主义思想的知识分子立刻给予反击。李大钊也致信回击胡适,在《每周评论》8月刊登的《再论问题与主义》文章中,他指出:"一方面固然要研究实际的问题,一方面也要宣传理想的主义。这是交相为用的,这是并行不悖的。"[2]任何一个主义,都有理想层面和现实层面两分法,不管怎样研究,必须多数人把一个主义当作共同理想,社会问题才有解决的希望。"问题与主义"之争,双方虽然观点不同,但是论战却指明了主义本身与"假冒牌号"的空

---

[1] 潘公展:《近代社会主义及其批评》,《东方杂志》1921年第4期,第41—53页。
[2] 《李大钊全集(3)》,人民出版社2006年版,第2页。

讲主义者应该作区分。对于当时风靡红火的社会主义"热潮",一些人接受马克思主义确实是从机会主义开始的,似乎当时谁都可以是社会主义者,自认为真正懂得社会主义真谛。但实际上,任何外来学理和主义都需要适应"中国今日的时势",才能把社会主义从理想变成现实。通过论战基本上划清了马克思主义与资产阶级改良主义之间的界限,巩固了马克思主义者内部团结,推动了马克思主义在中国的广泛传播。

第二场论战是20世纪20年代关于社会主义的争论。五四运动后,马克思主义的传播力度,在各种思潮中呈现明显的后发上升势头,主张资本主义道路的张东荪、梁启超发表《由内地旅行而得之又一教训》《社会主义商榷》等文,对马克思主义的主张进行攻击。李大钊、陈独秀、李达、蔡和森等则发表《社会主义批评》《马克思主义学说与中国无产阶级》等文章进行反驳。张东荪等的观点认为中国应该慢慢改良,兴办教育,开发实业,走资本主义道路。李大钊等马克思主义者认为,走资本主义道路在中国行不通,只有社会主义才能解决中国社会的根本问题。这场论战区分了真假马克思主义,扩大了科学社会主义的思想阵地。这场论战同"问题与主义"争论相比,弄清了真假马克思主义的根本区别。

第三场论战是关于无政府主义的论战。无政府主义思潮在19世纪末20世纪初的中国有广泛的基础,它的社会政治影响广泛存在,早期共产主义者身上几乎都能找到无政府主义思潮的痕迹。无政府主义是一种带有空想性、超越现实的理想主义,马克思主义者与无政府主义者的论战,使追求进步的青年知识分子不断清除无政府主义的空想性、反动性。随着无政府主义实践的挫败,许多原来信奉无政府主义的青年转向马克思主义。

在与不同的社会思潮的论战与交锋中,社会主义流派、社会主义思想虽然不是十分清晰,但是形成了社会主义被民众认同和接受的思想基础。

中国先进知识分子在一系列论战中历史性地选择了马克思主义,加之十月革命的成功,中国走上"俄国人的路"自然水到渠成,马克思主义者就此担负起了中国革命的历史重任。

除了三大论战,还有诸多相关的关乎中国社会性质、中国道路和前途的讨论和争论。中国社会性质论战是 20 世纪 20 年代末 30 年代初形成的对中国社会性质的论辩。1927 年第一次大革命失败后,中国革命和中国社会的发展道路问题亟待重新认识、正确解决,中国社会性质问题引起人们的广泛注意。这场论战,在中国共产党内部表现为反对托陈取消派的斗争,在社会上则集中体现为以陶希圣为代表的"新生命派"、以严灵峰、任曙等为代表的"动力派"与以朱镜吾、王学文、潘东周为代表的"新思潮派"的论争。论战的内容相当广泛,而论战的焦点主要围绕当时中国社会的性质,究竟是半殖民地半封建,还是资本主义、封建主义。当中国社会性质的争论全面展开的时候,论战又从现实转到历史,引起了对中国社会史问题的大规模的论战。这实际上是一系列思潮论战的继续和深化,涉及中国革命的对象、革命任务、革命动力等。就是说,认清中国的国情,乃是认清一切革命问题的基本的根据。

20 世纪抗战后期,国共两党的两个"中国之命运"论战直接指向战后中国的发展方向与前途,焦点集中于两种社会制度选择的对立与分歧。围绕"中国国民党还是中国共产党才是中国未来的希望"的激烈论战,深刻反映当时中国社会矛盾的尖锐性。中国共产党人利用这个机遇,用事实证明中国共产党领导中国的历史必然性,义无反顾地担负起实现中华民族伟大复兴的历史使命。

中华人民共和国成立前同"第三条道路"的斗争,是指 1945 年抗日战争胜利后,中国应该走什么道路成为各方政治势力关注的焦点。以蒋介石为首的国民党代表大地主大资产阶级的利益,企图恢复一党专政的独裁统治。以毛泽东为首的中国共产党代表全国大多数人的利益，主张建立一个民主、独立、富强、自由的中国，成立联合政府。代表民族资产阶级和上层小资产阶级的中间派则幻想在国共两党截然对立的两个建国方案之外，主张建立一个介于国共两党之间欧美式的资产阶级民主共和国，即走第三条道路。第三条道路不仅缺乏群众基础，而且帝国主义不容许、国民党反动派不容许，中国共产党代表的人民大众也不会同意，最终孤立无援以至难逃失败境地。

二、从中国特色革命道路到中国特色社会主义道路的探索

不管是理论上，还是实践中，中国特色社会主义对传统社会主义的超越和突破，其实是改变了人们对社会主义的传统观念。从世界社会主义进程实践看，中国特色社会主义是"全新的事业"，彰显了科学社会主义的生命力。

从前文社会主义500年回溯中，可以看到世界社会主义运动遭受挫折的原因和教训就是把社会主义的共性当成了个性，拘泥于经典或传统社会主义的一般论断，按照一个固定模式去建设和发展社会主义，脱离具体国家和民族实际，严重窒息了社会主义的生机活力。在马克思主义中国化过程中，中国共产党人的"社会主义观"自始至终贯穿着对"中国特色"道路与理论的探索。

中国走上农村包围城市、武装夺取政权的革命道路，没有走欧洲无产阶级革命"城市中心"的道路，不同于法国巴黎公社在首都夺取政权，也不同于俄国十月革命一步到位，是由中国国情和当时中国所处的环境决定的。中国的革命问题是"全世界共产主义者所没有遇到过的任务"。当时中国是半殖民地半封建社会，政治经济发展不平衡，不是一个独立的民主

的国家，不可能像资本主义的国家那样，经过长期合法斗争以后再进行起义和战争。农民的力量是中国革命的主要力量，他们并不处在反动势力占据的城市，无产阶级需要武装农民，形成革命同盟力量的深厚社会基础。

走农村包围城市的中国革命道路是受当时各种因素制约的必然选择，是内涵丰富的具有时空意义的战略思维，同时也决定了革命的长期性、复杂性和艰苦性。中国革命分两步走，先开始新民主主义革命，进行社会主义改造，再由新民主主义进入社会主义，无论对于新民主主义革命后社会主义改造，还是社会主义建设初期，在探索社会主义建设道路上成功的经验和失败的教训，都为中国特色社会主义的开创奠定了根本的政治前提。

中国特色的革命道路关键在于从中国的实际出发，敢于突破马克思主义某些不适合中国情况的个别原理，根据实际情况，独立自主地创造应用。随着中华人民共和国成立，特别是"三大改造"完成和社会主义制度确立后，1956年，毛泽东认识到照搬照抄苏联发展模式已经走了不少弯路。在同年4月召开的中央政治局扩大会议上，毛泽东认为最重要的教训是摸清中国国情。

中国共产党近百年苦难与辉煌的发展历程，可以说，就是中国特色革命道路与中国特色社会主义道路两大历史性成果及其成功转换，是不同时期艰辛探索和成功实践，它们存在高度关联的逻辑和脉络。其目标、方向、领导力量、价值取向上都是一致的，都是以民族独立、国家富强，实现中华民族伟大复兴和共产主义伟大事业为目标的，都是马克思主义中国化的产物和成果，都是以中国共产党为中国革命和建设事业的领导核心，都以中国人民的利益为最高标准，赢得了全国人民的拥护和支持。

中国是由一个经济十分落后的半殖民地半封建社会进入社会主义社

会的,是经过新民主主义社会过渡到社会主义社会的,这本身就是被实践证明的切合中国实际的特殊路径。中国特色的革命道路,势必和中国特色社会主义建设发展道路有着无法割舍的延展关系。另外,在中国这样落后的东方大国建设社会主义,同样不可能照搬外国经验,这和中国特色的革命道路一样,"无论在哪一部共产主义书本里都找不到"。

1956年8月,毛泽东明确地提出,"我们不但在民主革命过程中有自己的许多特点,在社会主义改造和社会主义建设的过程中也带有自己的许多特点,而且在将来建成社会主义社会以后还会继续存在自己的许多特点"①。社会主义改造基本完成以后,其实还是对中国基本国情的再认识。1979年3月,邓小平指出,"过去搞民主革命,要适合中国情况,走毛泽东同志开辟的农村包围城市的道路。现在搞建设,也要适合中国情况,走出一条中国式的现代化道路"②。

中国共产党执政道路是在中国特色革命道路经验和教训中孕育的。"没有中共特色执政道路的开辟,也绝不会有中国特色社会主义道路。"③不同的国情决定了不同的道路,这已经被历史的规律所证实。中国特色社会主义建设道路逐步摆脱了对共产国际和苏联经验的盲从,也是对以往中国特色的革命道路的经验教训的历史传承和发展。

两条道路充满艰辛,都是在曲折中得到发展,在失败中不断奋起,最终又在觉醒中变革。只有紧密结合中国的具体实际,革命和建设事业才能取得成功。这些认识,对于中国特色社会主义基本理论、基本路线以及基本方略的形成发展都有着重大的现实启示,如"三步走"战略目标、东西

---

① 《建国以来毛泽东文稿(6)》,中央文献出版社1992年版,第143页。
② 《邓小平文选(2)》,人民出版社1994年版,第163页。
③ 申富强、焦玲:《从执政角度论毛泽东对中国特色社会主义建设道路的探索:兼论中共特色执政道路的开辟》,《学术论坛》2010第12期,第27—33页。

部发展两个大局、全面小康到乡村振兴、"两个百年"奋斗目标等同样有着理论和实践上的方法论意义。

三、从"走出一条中国式的现代化道路"到"中国特色的社会主义"

在我国社会主义现代化建设的实际进程中,不同历史时期提出的一系列目标和举措,作出的一系列接续奋斗和努力,归根到底都是为了把我国建设成社会主义现代化强国。这一艰辛的历史演进过程,从社会主义工业化开始,到"四个现代化"目标的提出,再到"小康社会"的具体目标,其内涵和标准不断调整,从中可以清晰地看到,"有中国特色的社会主义"道路的探索,正是从"走出一条中国式的现代化道路"命题一步一步开始的。

现代化首先是从工业化入手,在推动工业化建设中把中国从农业国转变为工业国,同样,这是由当时中国一穷二白的基本国情决定的。1953年,毛泽东提出"一化三改"过渡时期总路线。这里的"一化"就是"社会主义工业化"。1954年,毛泽东在领导起草国家宪法时明确提出"实现社会主义工业化""实现农业的社会主义化、机械化"的总任务。

1954年9月23日,周恩来在政府工作报告中提出"四个现代化"目标,并明确现代化之于社会主义事业的重要性,但现代化主要仅仅还是工业化。1957年8月,周恩来指出,工业是包括交通运输业在内的,此后交通运输业现代化就不再单独列出。

从"一化"到"四化"是建立在对中国国情和社会主义建设具体实际基础上,提出符合我国国情的发展道路。这条道路下,"一五"计划优先发展重工业,特别是获得苏联援助的156个重点建设项目,这为后来中华人民共和国短短几十年就建立起一套完备的工业体系奠定了基础。"一五"计划取得巨大成功。

对于现代化战略实施问题,1963年9月,经毛泽东修改的《关于工业发展问题(初稿)》已经可以看出我国工业发展提出的"两步走"设想。1964年12月,周恩来在政府工作报告中对"两步走"①战略作了完整准确的表述。

按照毛泽东的设想,通过三个五年计划打下基础,50年实现现代化,"一五"计划的巨大成功助长了急于求成的情绪,原计划三个五年计划15年左右的时间被打乱,发展战略脱离了当时中国国情和实际,特别是"大跃进"和三年困难时期使中国工业化进程遭受严重挫折,原定"50年实现现代化"安排也逐渐考虑得更为实际,50年不行,会要100年,甚至更长时间。

1975年1月,周恩来在《政府工作报告》中,重申了"四个现代化"的"两步走"设想,又细化了具体的时间安排。可见,对于中华人民共和国,对于社会主义事业,关于发挥工业化在当时国家建设中的宏大作用,既是中国共产党领导全国人民英勇奋斗的目标,也是改变中华人民共和国面貌的重要手段和愿望。尽管现代化道路建设与探索,在实践中遭受到曲折,但改革开放前后都是紧紧围绕"四个现代化"这个目标推进社会主义事业的。

从1978年年底党的十一届三中全会到1982年党的十二大召开期间,邓小平从国际国内发展现状出发,特别是我国人口多、底子薄的基本国情以及与西方国家发展水平差距较大,把现代化目标从"两步走"适时调整为"三步走"战略,多次论述"有中国特色的社会主义","有中国特色的社会主义"首先是从提出"走出一条中国式的现代化道路"开始的。

1979年3月21日,邓小平在会见外宾时说:"我们的概念与西方不

---

① 《周恩来选集(下)》,人民出版社1984年版,第439页。

同,我姑且用个新说法,叫做中国式的四个现代化。"①这是首次提出了"中国式的现代化"的命题。1979年1月至4月,中央召开理论务虚会,同年3月30日邓小平在《坚持四项基本原则》的讲话中指出:"现在搞建设,也要适合中国情况,走出一条中国式的现代化道路。"②

"中国式的现代化"到"中国式现代化道路",建设什么样的现代化目标越来越具体,其实也是对建设什么样的社会主义道路越来越清晰。邓小平在《坚持四项基本原则》的讲话还明确指出,社会主义现代化是当前最大的政治:"能否实现现代化,决定着我们国家的命运、民族的命运。"③

"中国式现代化道路"的提出,强调了"适合中国情况"的方向,主要是为了摆脱苏联模式及"文化大革命"的消极影响。可见,"中国式"就是"中国特色的"社会主义道路探索的开始。

1979年12月6日,邓小平在会见日本外宾时第一次用到了"小康"一词。他指出:"我们的四个现代化的概念,不是像你们那样的现代化的概念,而是'小康之家'"④邓小平把小康当作国家建设目标,"结合我国当时的国情,将传统文化赋予时代内涵,提出的我国现代化发展的新蓝图"⑤,是认真总结了过去党的执政经验和教训,认清了我国与发达国家之间的巨大差距的。同时,把国家的现代化建设和人民生活水平的提高结合在一起,极大地调动了人民群众建设社会主义现代化国家的积极性,得到全国人民热烈响应。

1984年5月29日,邓小平在会见巴西总统时又说:"在争取和平的

---

① 《邓小平年谱(1975—1997)(上)》中央文献出版社,2004年版,第496页。
② 《邓小平文选(2)》,人民出版社1994年版,第163页。
③ 《邓小平文选(2)》,人民出版社1994年版,第162页。
④ 《邓小平文选(2)》,人民出版社1994年版,第237页。
⑤ 刘旭雯:《社会主义初级阶段理论形成和发展的五重逻辑向度》,《中共南昌市委党校学报》2019年第6期,第37—41页。

前提下,一心一意搞现代化建设,发展自己的国家,建设具有中国特色的社会主义。"①这里在"中国式现代化"基础上直接提出了"具有中国特色的社会主义"。同时开始以"社会主义现代化"代替"四个现代化",并逐步提出了三步走战略。可以看出,邓小平对中国搞社会主义的认识与对"四个现代化"的认识是同步的。

"三步走"这一发展战略安排对"赶上和超过世界上最先进的资本主义国家"提法作了调整,把"解决人民温饱问题""人民生活总体上达到小康水平""人民生活比较富裕"分为三个阶段性目标。同时,对每个阶段性目标都明确了时间表。可见,"三步走"战略充分认识到实现社会主义现代化的艰巨性和长期性,避免了急于求成、指标过高的问题。

1982年9月,邓小平在党的十二大开幕式上的讲话中正式提出"走自己的道路,建设有中国特色的社会主义"②这个全新的命题,这是基于中国特色国情,在回顾中国革命和建设的正反两方面历史经验得出的,是一条坚持独立自主建设中国特色的社会主义道路。

党的十二大主题报告"全面开创社会主义现代化建设新局面",就是以"现代化"作为主题词的,显然是与"中国式现代化""中国式社会主义道路"高度关联、同步推进的。"事实上,改革开放的历程是我们真正开启中国特色社会主义道路的历程,也是中国真正参与全球化进程的历程。"③正是对社会主义概念内涵的重要突破,才开启了改革开放以及参与全球化,走上了民族复兴之路。

1987年10月,党的十三大报告不仅明确了"三步走"战略,还对"有

---

① 《邓小平文选(3)》,人民出版社1993年版,第57页。
② 《邓小平文选(3)》,人民出版社1993年版,第3页。
③ 朱宗友、许开轶:《全球化视野下中国特色社会主义道路选择历程与启示》,《高校社科动态》2013年第2期,第53—59页。

中国特色的社会主义理论"作了初步阐述,指出了党的十一届三中全会以来党对社会主义认识过程中形成的重要理论观点。但在1992年以前,主要探索的是如何建设社会主义的问题,"有中国特色"重点是吸取以往教训,走出一条有中国特色的建设道路,跟以往不一样的道路。"有中国特色的社会主义"重在对苏联模式的反思,主要还是从走出一条有中国特色的社会主义道路的意义上考虑的。

直至1992年年初,邓小平"南方谈话"对社会主义的概念内涵有了一个全新解释,主要表现在姓"资"还是姓"社"的问题上,对计划和市场关系的认识有了重大突破,邓小平系统地指出:"计划经济不等于社会主义,资本主义也有计划;市场经济不等于资本主义,社会主义也有市场。计划和市场都是经济手段。"[1]

1992年10月,江泽民在党的十四大报告中关于中国特色社会主义的表述,将"有中国特色的社会主义"去掉了"的",变为"有中国特色社会主义",将这样一个偏正结构的句子精简为一个专有名词。1997年9月,党的十五大报告中把"邓小平建设有中国特色社会主义理论"简称为"邓小平理论",并写进党章,确立为党的指导思想。

2002年11月,党的十六大主题报告中使用了"中国特色社会主义"这个更为简洁的概念。从"有中国特色的社会主义"到"有中国特色社会主义",再到"中国特色社会主义",先后去掉了"的",去掉了"有",使得中国特色与社会主义更为紧密地组合为一个专有名词,赋予了其更为深刻内涵。虽然"都是一字之差,但体现了我们党对中国社会自身发展道路理解程度的不断加深和自信心的不断增强"[2]。

---

[1] 《邓小平文选(3)》,人民出版社1993年版,第373页。
[2] 姜佑福:《当代中国马克思主义政治哲学研究的主题与路径》,《中国社会科学评价》2021年第2期,第47—57页。

2007年10月,党的十七大主题报告词中,首次提出"中国特色社会主义伟大旗帜",用"中国特色社会主义伟大旗帜"代替党的十四大、十五大"邓小平理论"的提法,这样相对于以往的"有特色的社会主义道路""有中国特色社会主义事业""中国特色社会主义事业新局面",有了更明确的指向和聚焦,也统一了人们对"中国特色社会主义"的思想认识。

党的十七大报告第一次提出"中国特色社会主义理论体系",还在坚持"建设中国特色社会主义"的基础上首次提出了"发展中国特色社会主义",从"建设"到"发展",中国特色社会主义的外延进一步得到拓展。

2011年7月,胡锦涛在庆祝中国共产党成立90周年大会的讲话中又提出了"中国特色社会主义制度"这个范畴。2012年11月,党的十八大报告重申中国特色社会主义包含道路、理论体系、制度三个方面,并阐明了三者依次是"实现途径""行动指南""根本保障"关系。党的十八大报告提出了"道路自信""理论自信""制度自信",并用"中国特色社会主义制度"取代了"中国特色社会主义旗帜"。

2016年10月,党的十八届六中全会在"道路""理论体系""制度"三个方面基础上提出了"中国特色社会主义文化",从而把中国特色社会主义的构成拓展为四个组成部分。相应地,"三个自信"发展成为"四个自信":道路自信、理论自信、制度自信、文化自信。2017年10月,党的十九大报告对"中国特色社会主义文化"进行了进一步阐述,也反映了我们必定要走适合自己特点的发展道路。

2022年10月,党的二十大报告主题用"两个全面",即"全面建设社会主义现代化国家""全面推进中华民族伟大复兴",把现代化与中华民族伟大复兴紧密结合起来,强调"以中国式现代化全面推进中华民族伟大复兴"[①],

---

① 《高举中国特色社会主义伟大旗帜 为全面建设社会主义现代化国家而团结奋斗——在中国共产党第二十次全国代表大会上的报告》,人民出版社2022年版,第1页。

进一步指出我国的现代化是中国式现代化的五个特征,强调中国式现代化的本质要求,指出中国式现代化是中国共产党领导的社会主义现代化,我们的中国特色社会主义是基于自己国情的发展道路,宣示了我们党始终高举中国特色社会主义伟大旗帜。

我们要坚定中国特色社会主义道路自信、理论自信、制度自信、文化自信,坚定不移以中国式现代化全面推进中华民族伟大复兴。中国式现代化破解了人类社会发展的诸多难题,摒弃了西方以资本为中心的现代化,为人类实现现代化提供了全新选择,既体现了中国特色社会主义探索、形成与发展规律,也体现了人类社会发展规律,为人类对更好社会制度的探索提供了中国智慧和中国方案。

四、中国特色社会主义内涵和外延不断拓展和深化

自党的十二大报告"全面开创社会主义现代化建设新局面"中将"社会主义现代化建设"设为主题词,党的十三大报告将主题词"有中国特色的社会主义"代替了"社会主义现代化建设",完成了"走出一条中国式的现代化道路"到"有中国特色的社会主义"主题切换,表明我们对中国特色社会主义认识和理解,包括内涵的把握都在深化。

社会主义建设和发展要同中国实际相结合。同样,对现代化的认识,也必须形成中国的特点。这就把"四个现代化"同社会主义建设的成败得失紧密联系在一起,甚至提高到马克思主义中国化的认识高度,"不抓住四个现代化,不从这个实际出发,就是脱离马克思主义,就是空谈马克思主义"[①]。

"有中国特色的社会主义"强调坚持"四项基本原则"也是向全世界表

---

① 《邓小平文选(2)》,人民出版社1994年版,第163页。

明:中国虽然在搞改革开放,但并非要搞资本主义,只是和其他国家的社会主义不一样,是中国自己的一套,至于自己的这一套是什么,暂时"不争论",所以用"有中国特色的"概而论之。

这看似对社会主义是什么依然停留于模糊认识,其实已经对如何建设社会主义已经有了明确的方向,对社会主义本质也有了新的认识,走社会主义道路,就是要逐步实现共同富裕,那就要解放生产力,发展生产力。很多东西好不好,能不能用,允许看,更要坚决地试,"不搞运动",也"不搞争论",而要争取时间干,大胆闯、大胆试,否则什么也干不成。要由反思传统社会主义实践模式进而探寻什么是社会主义,使其成为突破传统社会主义理论模式的起点。

关于从概念本身对社会主义本质的认识,在1980年前后,邓小平会见外宾时比较集中谈及这个问题,"不能因为有社会主义的名字就光荣,就好"[1]"不解放思想不行,甚至于包括什么叫社会主义这个问题也要解放思想"[2],等等。这说明邓小平突破了以往制度特征层面来认识社会主义带来的问题,以一系列"不是"否定语句来肯定如何建设社会主义,这也是对社会主义概念内涵的认识深化。

前文提及从党的十二大首次提出重点道路意义上的"建设有中国特色的社会主义"命题,再到党的十三大报告明确以"沿着有中国特色的社会主义道路前进"为主题,向全党全国人民宣告,中国已经找到一条正确的道路,自此以后,党的历次全国代表大会都包含了"中国特色社会主义"这个主题词,如一条红线贯穿始终。

从"有中国特色的社会主义"十个字到"有中国特色社会主义"九个字,到"中国特色社会主义"八个字;再从中国特色社会"道路"到"理论(理

---

[1] 《邓小平文选(2)》,人民出版社1994年版,第313页。
[2] 《邓小平文选(2)》,人民出版社1994年版,第312页。

论体系)",到"制度",到"文化",这不单纯是语词表达的简洁,也不仅仅是专有名词的演变,更是基本问题和主题不断系统深化,既可以看出中国特色社会主义的生成逻辑,也拓展了中国特色社会主义内涵。

中国特色社会主义内容上也在总结中不断丰富。党的十三大指出了十一届三中全会以来我们党12个方面的理论创新,认为这些理论创新初步回答了社会主义建设的基本问题,构成了中国特色社会主义的基本轮廓。党的十四大阐述了中国特色社会主义9个方面主要内容。党的十七大首次阐述了中国特色社会主义理论体系,总结了改革开放的十条基本经验。党的十八大指出了在新的历史条件下夺取中国特色社会主义胜利的八个基本要求。党的十九大用"八个明确"和"十四条坚持"加以概括,分别回答了新时代我们要坚持和发展什么样的中国特色社会主义和怎样坚持和发展中国特色社会主义。

中国特色社会主义形式上也得到进一步拓展。2007年10月,党的十七大报告提出,不断赋予当代马克思主义鲜明的实践特色、民族特色、时代特色。这时讲"三大特色"主要针对的是"当代中国马克思主义"的三大特色。2012年7月23日,胡锦涛在省部级主要领导干部专题研讨班上的讲话中指出:"不断丰富中国特色社会主义的实践特色、理论特色、民族特色、时代特色。"①由"三大特色"扩展为"四大特色",增加了"理论特色",关键是前面修饰语发生了变化,由"当代马克思主义的"转换为"中国特色社会主义的",指向发生了变化,其实更加明确地拓展了中国特色社会主义的内涵。

从道路、理论、制度、文化"四个自信",再到中国特色社会主义的实践、理论、民族、时代"四个特色",中国特色社会主义已经进入新时代,其

---

① 胡锦涛:《沿着中国特色社会主义伟大道路奋勇前进——在省部级主要领导干部专题研讨班开班式上的讲话》,《理论参考》2012年第10期,第4页。

时空意义和内涵已经不局限于自身的意义,正是以其"中国特色"和"社会主义"的源流结合,才构成其发展生机盎然的图景。

这种"自信"和"特色"已经具有整体意义。"对外"而言,意味着中国特色社会主义在其自信和特色上,完成了对传统社会主义的突破并彻底走出苏东剧变的阴影,代表着中国特色社会主义取得了历史性成就和阶段性胜利,正式走向世界,实现"现代"转型,社会主义500年与中华文明两个时空内打开了现实、历史、价值、文明的整体想象与空间。

第二节　中国特色社会主义的价值旨归

中国特色社会主义"特色"的逻辑在于价值坚守"变"与"不变"中,形成的道路、制度、理论和文化系统集成的整体。"不变"是指所坚持的科学社会主义基本原则,社会主义本质与性质的基本制度不能变。"变"是指根据时代条件,改变那些不切实际的落后观念和做法,形成了科学社会主义的"中国版本""最新版本",从而呈现出中国特色社会主义独特的"四个自信"和理论特色、实践特色、民族特色和时代特色"四个特色"。这也正是中国特色社会主义不断创新发展的价值追求,是中国共产党人根据科学社会主义的内在逻辑科学回答在当代中国如何凸显马克思主义价值的实践与探索。

一、以科学社会主义基本原则为根本依循

随着时代、实践、科学的发展而不断发展,中国特色社会主义写就了科学社会主义的"新版本"。从中国特色社会主义历史逻辑看,中国近代史可以说是一部血泪史,中华民族在救亡图存时,马克思主义、社会主义

是无数志士仁人呕心沥血追寻光明与真理而为中华民族复兴开出的"药方"。社会主义尽管在历史长河中历经500年发展,但它或者说更早的空想社会主义存在的价值与意义,是因为资本主义带有无法避免的弊端。

资本主义社会早期打着自由、平等、博爱的口号,却忘了和结盟者一起战胜封建主义的初心,这是虚伪、贪婪、凶残等活生生的现实。一方面,让起初寄予厚望的资产阶级启蒙学者极度失望;另一方面,让本来与资产阶级共同推翻封建专制同一个战壕里的无产阶级极为不满,并逐渐认清了资本主义的本质。这便有力促进了空想社会主义的理论和实践,并绵延经历了不同阶段。

19世纪40年代后,马克思、恩格斯批判地吸收了空想社会主义的思想成果,创立了科学社会主义。社会主义从理念到实践,再到制度,其能够给人类进程带来的价值理想,更多的时候可能需要在更为宽广的背景和视域中透视,需要从社会主义思想史、制度史、实践史多方面系统去梳理、反思和把握。

唯物史观和剩余价值规律使社会主义从空想变成科学。这"两大伟大发现"所揭示和论证的是"两个必然"的结论,在揭示和论证"两个必然"的同时,又提出"两个决不会"。如果丢掉这些科学社会主义的基本原则,中国特色社会主义的"特色"将是无源之水。实践证明,凡是背离科学社会主义基本原则的社会主义,都不可能获得发展和成功,苏东社会主义国家的经验教训就是典型的案例。

中国特色社会主义是科学社会主义在当代发展的最为伟大的理论和实践成果。邓小平说过,我们搞改革开放,老祖宗不能丢。我国改革开放的进程和当今中国社会的现实充分证明,正是从本质上坚守了科学社会主义的价值追求,才能够取得辉煌的历史性成就,并使马克思主义在21世纪焕发出强大活力。

"科学社会主义基本原则"在党的十七大报告中被首次使用。在党的十八大之后不久,习近平在2013年1月5日讲话中强调指出:"科学社会主义基本原则不能丢,丢了就不是社会主义。"①

2008年3月1日,习近平在中央党校2008年春季学期开学典礼上《关于中国特色社会主义理论体系的几点学习体会和认识》讲话中从"必须以历史唯物主义为理论基石,必须以实现共产主义为最高理想,必须以无产阶级政党为领导核心,必须以解放和发展生产力为根本任务,必须坚持代表最广大人民的根本利益,必须与社会化大生产相联系、以公有制和按劳分配为社会主义经济制度的基础,必须以人民当家作主为社会主义民主政治的本质特征,必须坚持改革和完善社会主义制度和体制机制"②八个方面对科学社会主义基本原则进行了概括,对"什么是社会主义"有了更清晰、更自信的认识,也注入了崭新内涵。

马克思主义是科学的理论,掀开了人类历史的全新篇章,也为中国特色社会主义制度理论创新提供了空间。"我国要发展21世纪的马克思主义,不仅要能科学地批判和解释当代中国的各种社会矛盾,更要能科学地批判和解释当代世界包括社会主义、资本主义和人类共同面临的各种复杂矛盾,这就需要有贯通经济、政治、文化、社会和生态各领域,驾驭民族、阶级、国家和人类各层面的'元理论',这一'元理论'应该是坚持和发展了的马克思主义的核心思想。"③这一"元理论"就是要坚持科学社会主义的"元理论"。

中国特色社会主义用鲜活的当代中国实践推动世界社会主义发展,

---

① 《习近平谈治国理政》,外文出版社2014年版,第22页。
② 习近平:《关于中国特色社会主义理论体系的几点学习体会和认识》,《求是》2008年第7期,第3—16页。
③ 陈锡喜:《改革开放实践的马克思主义理论基础再研究》,《上海交通大学学报(哲学社会科学版)》2019年第1期,第5—12页。

根本原因就是它没有背离科学社会主义基本原则。"回顾党的百年光辉历程,中国共产党百年来既坚守科学社会主义的基本原则,又根据我国不同历史时期实际和世界发展形势,将科学社会主义从理论形态推向实践形态,又从新的实践形态推向制度形态,创新发展了科学社会主义。"①

2021年11月,党的十九届六中全会通过的《中共中央关于党的百年奋斗重大成就和历史经验的决议》,指出中国共产党百年奋斗的历史意义,其中一点就是展示了马克思主义的强大生命力。"马克思主义的科学性和真理性在中国得到充分检验,马克思主义的人民性和实践性在中国得到充分贯彻,马克思主义的开放性和时代性在中国得到充分彰显。"②

2022年10月,党的二十大报告指出:"马克思主义是我们立党立国、兴党兴国的根本指导思想……拥有马克思主义科学理论指导是我们党坚定信仰信念、把握历史主动的根本所在。"③这里强调不断谱写马克思主义中国化时代化新篇章,是当代中国共产党人的庄严历史责任。同时党的二十大报告提出六条必须坚持好、运用好的立场观点方法,"必须坚持人民至上,坚持自信自立,坚持守正创新,坚持问题导向,坚持系统观念,坚持胸怀天下"④。这是我们党首次从世界观和方法论的高度深刻阐述了推进理论创新的科学方法、正确路径,深刻体现了习近平新时代中国特色社会主义思想的立场观点方法,进一步提高全党马克思主义水平,保持了马克思主义的蓬勃生机和旺盛活力。

正所谓"社会主义没有辜负中国","中国也没有辜负社会主义",马克

---

① 曾令辉:《论中国共产党百年来对科学社会主义的追求、坚持与发展》,《马克思主义研究》2021年第11期,第42—56页。
② 《中共中央关于党的百年奋斗重大成就和历史经验的决议》,《人民日报》2021年11月17日。
③ 《高举中国特色社会主义伟大旗帜　为全面建设社会主义现代化国家而团结奋斗——在中国共产党第二十次全国代表大会上的报告》,人民出版社2022年版,第16页。
④ 《高举中国特色社会主义伟大旗帜　为全面建设社会主义现代化国家而团结奋斗——在中国共产党第二十次全国代表大会上的报告》,人民出版社2022年版,第19—21页。

思主义中国化时代化不断取得成功,中国特色社会主义事业蒸蒸日上,不仅使马克思主义为指导的科学社会主义基本原则焕发生命力,也让马克思主义以崭新的形象展现在世界上,"使世界范围内社会主义和资本主义两种意识形态、两种社会制度的历史演进及其较量发生了有利于社会主义的重大转变"①。

二、个性与共性统一增强生机活力

坚持和发展中国特色社会主义,必须增强理论自信和战略定力,只有坚持科学社会主义的基本原则,才能有生命力和战斗力。当然,马克思、恩格斯提出的科学社会主义原则只是起到原则性的指导作用,要根据不同国家的社会历史条件和特殊情况不断进行实践创新和理论创新。

科学社会主义在实践中必然体现鲜明的民族特色。列宁曾经指出:"一切民族都将走向社会主义,这是不可避免的,但是一切民族的走法却不会完全一样……每个民族都会有自己的特点。"②由于受国内外复杂因素的影响,一些人对中国特色社会主义的"特色"有着这样那样的误解。

以往社会主义遭受挫折甚至失败的原因和教训,最要紧的一条就是没有处理好共性与个性的关系,没有明白不同的国情搞社会主义不能照搬照抄,否则可能带来惨痛的代价。"社会主义是很好的一个名词",如果不能正确理解,拘泥于社会主义一般论断,就失去了独特的价值,甚至一旦偏离那些论断,就被戴上"修正主义""民族主义"的帽子,严重窒息了社会主义应有的生机和活力。

改革开放初期,邓小平主张"走出一条中国式的现代化道路",这里的

---

① 《中共中央关于党的百年奋斗重大成就和历史经验的决议》,《人民日报》2021年第11月17日。
② 《列宁全集(28)》,人民出版社1990年版,第163页。

"中国式"是相对于"苏联模式"而言的,是新的更切合中国实际的道路,当然也有探索中"不够格"的微义,随着实践的不断探索,对社会主义的本质有了新的认识,内涵也越来越丰富。

首先,对社会主义本质的认识,是以对"共性"与"个性"的正确理解为前提而展开的。中国特色社会主义是对中国社会主义初级阶段的正确判断,是以中国特殊国情为依据的社会主义,是对马克思、恩格斯设想的社会主义创造性引用,是切合中国实际的,逐步从单一展开突破到全面协调推进的社会主义,是改革开放和自力更生基础上和平崛起的社会主义,是充分利用资本主义一切文明成果并最终超越资本主义的社会主义。中国是在半殖民地半封建的废墟上建立的社会主义,只能是"不够格"的社会主义初级阶段。马克思、恩格斯设想的社会主义是在发达的欧美资本主义国家基础上建立的,需要高度发达的生产力前提和基础。正因此,中国特色社会主义基于起点不同的战略设计、布局等也必然不同。

其次,对"中国特色"的内涵也要深刻把握,中国特色的形成从中国实际出发,是立足中国具体现实,是有实践基础的,要立足于中国现实的特殊基本国情。但"现实"是阶段性的,不断变化的中国特色充满变化,两者不能简单等同。可能不同时期、不同阶段存在一定相似处、共同点,但"现实性"不等于"特色","特殊性"也不能等同于"特色"。此外,"中国经验""中国方案""中国奇迹"等也不能等同于中国特色,"中国特色"不能简单地归结为"中国独有""中国模式","特色"不是"特殊""特定""特例",也不是"大杂烩"。要看到"中国特色"对科学社会主义的独创性贡献,更要看到这种独特性的一般意义。

再次,正确认识科学社会主义基本原则的共性与创新个性之间的关系。"个性"是基于科学社会主义最基本原则"共性"前提下的"个性",没有"共性"的"个性"就称不上"特色",只能改旗易帜,直接称之为"中国资本主义"了。中国特色虽然具有个别和特殊的一面,但在本质上是与一般原则相贯通的。当社会主义与中国具体实际、同中华优秀传统文化完成了水乳交融的结合之后,在特色之外,更有普遍性和规律性的存在,成为另一种内在价值生成,获得了更加广泛和普遍的人类文明新形态。

可见,中国特色社会主义之所以保持方向,又形成独具特色的活力、张力,某种意义上,就是正确处理这两者辩证关系,这种关系是一般与个别的关系、共性与个性的关系。邓小平"有中国特色的社会主义"的概念,就蕴含着深刻的辩证法思想。其中"有"指非常有分寸,非常讲究,体现了普遍性和特色性的统一。说到底只是带有中国特点而已,不能阐释成"中国特殊""中国例外""中国独有",那样就把自己孤立起来、封闭起来了。[1] 就其一般性而言,中国特色社会主义所回答和解决的某些问题,只要在经济文化落后国家建设社会主义,就不能回避这些问题。社会主义建设和发展经验和教训也证明,一旦发生偏离,中国特色社会主义的"特色"便黯然失色,底色、本色、亮色不再。

国外一些学者对于中国特色社会主义的"特色"认知存在偏差,理解五花八门,主要体现在,一些学者带有强烈的或者潜意识的意识形态偏见,将中国特色社会主义归为"儒教资本主义""威权资本主义""民族共产主义""新官僚资本主义"等;也有些学者对中国特色社会主义进行客观分析,将其定义为正面意义上的"中国化马克思主义""新版马克思主义",概括为"后社会主义""北京共识""中国模式"等,大多模糊或回避了社会主义性质,有些还存在相当程度的误解、误读。

有学者指出:"十八大以后,我们在理解'中国特色'和中国现代化的时候境界提高了,我们的中国特色充满自信和战略定力。不仅如此,中国

---

[1] 武晓超:《改革开放历史进程中的中国特色社会主义——沈宝祥教授专访》,《科学社会主义》2018年第6期,第4—8页。

特色还强调世界意义、理论引领,我们的现代化在某些方面还具有领跑的特点,这是中国特色社会主义进入新时代的最后一个逻辑。"①就是说,以前我们理解"中国特色",底气不足,随着中国特色社会主义事业取得阶段性成就和开创性成果,我们对"中国特色"越来越自信,其内涵也越来越丰富。

"鞋子合不合脚,自己穿着才知道。"马克思主义的民族形态侧重于解决本民族的特殊性问题,马克思主义还侧重于解决全人类的普遍性问题。尤其是今天当中国努力站在世界舞台中心的时候,就更加需要有普遍性。"中国经验既是中国的又是世界的,既解决了中国问题,又蕴含着解决人类问题的普遍价值,是特殊性和普遍性的统一。"②如果那些"中国特色"仅仅停留于特殊的个性,难免被"神秘化",那么就很难让世界来了解并理解中国。

中国特色社会主义的"特色"和"底色"并不意味着它是对所有国家和民族唯一正确的现代化发展之路,其自身发展也不是一成不变的。中国特色社会主义"特色"的内涵,也会随着时代的变化而变化。中国有自己的特色,但中国的很多方面也具有普适性。"就是因为它在价值上坚守世界社会主义500年所蕴含的共同价值,在理论上继承科学社会主义170年所坚持的基本原则,在实践上汲取社会主义100年现实运动所积累的基本经验。"③某种层面上看,对"特色"的理解与认知,对其"共性"与"个性"的辩证统一的发展轨迹的探析,正是洞察中国特色社会主义内在逻辑的路径。

---

① 韩庆祥:《如何理解新时代中国特色社会主义的发展逻辑》,人民论坛网 http://www.rmlt.com.cn/2018/0129/510092.shtml/2017-12-28。
② 孙代尧:《从世界历史视野看中国改革开放40年经验——基于习近平有关重要论述的分析》,《党的文献》2019年第2期,第3—8页。
③ 轩传树:《续写好中国特色社会主义这篇大文章》,《理论与评论》2018年第3期,第9—12页。

三、牢记以人民为中心的根本立场

共产党的性质及其历史使命,决定了党必须把全心全意为人民服务作为自己的根本宗旨。以人民为中心是唯物史观的本质体现,也是中国特色社会主义发展的生成逻辑及价值展开的根本遵循。"社会主义核心价值体系包括马克思主义指导思想、中国特色社会主义共同理想、以爱国主义为核心的民族精神和以改革创新为核心的时代精神、社会主义荣辱观四个方面的内容,是多层次的有机统一整体,其中居于中心地位的是'以人为本'的价值观,集中体现了党全心全意为人民服务的宗旨。"[1]

中国共产党的根基在人民、血脉在人民。中国共产党领导人民取得革命胜利,关键是赢得了民心,赢得了人民衷心拥护和支持。革命理论转化为"物质力量",才有可能成为指导"群众"进行物质生活创造的精神自觉,中国"特色"的生命力在于解决人民群众的利益问题,使人民有充分的"获得感"。

首先,坚持一切为了人民。坚持一切为了人民是中国共产党一以贯之的价值追求。这是由中国共产党的性质决定的,共产党是为人民利益而产生的政党,它的最终目标是要实现共产主义社会,"每个人的自由发展是一切人的自由发展的条件"。改革开放伊始,中国共产党就把解决"人民日益增长的物资文化需要同落后的社会生产之间的矛盾"作为建设中国特色社会主义的根本任务,不同时期根据实际情况相继提出"人的全面发展是社会主义的本质要求""坚持以人为本,全面、协调、可持续的发展观""为人民谋幸福""不断满足人民对美好生活的向往"等,充分彰显了共产党以人民为中心的根本政治立场,生动诠释了全心全意为人民服务的根本宗旨,它们是坚持和发展中国特色社会主义的根本追求和根本政治遵循。

---

[1] 李亮、单冠初:《社会主义核心价值体系与公职人员价值观培育》,《江西社会科学》,2012年第6期,第181—185页。

其次,坚持一切依靠人民。中国特色社会主义是一项前无古人的伟大事业,没有现成的经验可循,历史充分证明,坚持和发展中国特色社会主义的根本力量在于人民,只有依靠人民才能完成中华民族的伟大复兴。邓小平说过:"改革开放中许许多多的东西,都是群众在实践中提出来的。"①家庭联产承包责任制就是一个典型。

改革开放之所以成功,就是坚持从群众中来,到群众中去,及时总结群众的创新性实践,激活人民群众的积极性、创造性,使中国特色社会主义事业永葆生机活力。习近平深刻指出,改革开放每一次突破和发展,每一个新生事物的产生和发展,每一个方面经验的创造和积累,"无不来自亿万人民的实践和智慧"②。

最后,坚持一切惠及人民。在推进中国特色社会主义的实践中,中国共产党初心和使命史是一部全心全意为人民服务的历史。邓小平将共同富裕作为社会主义基本原则之一,将共同富裕概括为社会主义的本质。中国共产党始终将发展成果共享、带领人民实现共同富裕作为价值目标。党的十八大以来,把党的群众路线贯彻到治国理政全部活动之中,体现在经济、政治、文化、社会、生态等全方位、多样化发展之中,不断促进人的全面发展。"人均预期寿命增长到七十八点二岁。居民人均可支配收入从一万六千五百元增加到三万五千一百元……人民群众获得感、幸福感、安全感更加充实、更有保障、更可持续,共同富裕取得新成效。"③

"为人民谋幸福、为民族谋复兴、为世界谋大同,是深刻理解和全面把

---

① 《邓小平年谱(1975—1997)(下)》,中央文献出版社 2004 年版,第 1350 页。
② 《习近平谈治国理政》,外文出版社 2014 年版,第 68 页。
③ 《高举中国特色社会主义伟大旗帜　为全面建设社会主义现代化国家而团结奋斗——在中国共产党第二十次全国代表大会上的报告》,人民出版社 2022 年版,第 10—11 页。

握习近平新时代中国特色社会主义实现的金钥匙。"①这"金钥匙"进一步揭示了马克思主义政党的使命,推动构建人类命运共同体,把中国人民的梦想同各国人民的梦想更加紧密地联合在一起,为维护人类共同利益和共同价值作出更大贡献。

2018年12月10日,习近平致信纪念《世界人权宣言》发表70周年座谈会,强调"人民幸福生活是最大的人权。中国共产党从诞生那一天起,就把为人民谋幸福、为人类谋发展作为奋斗目标"②。这里强调的是,坚持走符合国情的人权发展道路以促进人的全面发展。中国发展从"站起来、富起来到强起来"的成就归结到一点,就是亿万中国人民生活日益改善。中国独立自主做好自己的事情,就是为人类作贡献,为人类谋幸福。

我们党已经走了100年的历程,但我们要永远保持建党时中国共产党人的奋斗精神,永远保持对人民的赤子之心。"不能忘记为什么出发。面向未来,面对挑战,全党同志一定要不忘初心、继续前进。"③"不忘初心,牢记使命"成了党的十九大的主题词,要求"勇于变革、勇于创新、永不僵化、永不停滞",奋力夺取新时代中国特色社会主义伟大胜利,提出在全党开展"不忘初心、牢记使命"主题教育,这也是前无古人的共产主义事业的使命和情怀,只有不懈奋斗、不断实践才能彰显马克思主义的生命力。

"'不忘初心'就是继本质、特征总结之后,对中国特色社会主义认识的当下要求,也是对中国特色社会主义实践和认识的逻辑递进。"④可见,把对"人"的强调贯穿始终,"不断增强人民群众获得感、幸福感、安全感",

---

① 《习近平新时代中国特色社会主义思想学习纲要》,学习出版社、人民出版社2019年版,第10页。
② 《习近平谈治国理政(3)》,外文出版社2020年版,第288页。
③ 《习近平谈治国理政(2)》,外文出版社2017年版,第32、33页。
④ 萧仕平:《改革开放以来中国特色社会主义实践和认识的逻辑递进》,《中共福建省委党校学报》2018年11期,第21—26页。

坚持以人民为中心的发展思想，体现了党的理想信念、性质宗旨、初心使命，也是对中国特色社会主义发展历程和实践经验的深刻总结。

2021年11月，党的十九届六中全会通过的《中共中央关于党的百年奋斗重大成就和历史经验的决议》，指出中国共产党百年奋斗的十条历史经验，其中第二条就是坚持人民至上。"只要我们始终坚持全心全意为人民服务的宗旨，坚持党的群众路线，始终牢记江山就是人民、人民就是江山……就一定能够领导人民夺取中国特色社会主义新的更大胜利，任何想把中国共产党同中国人民分割开来、对立起来的企图就永远不会得逞"[①]。这就把中国特色社会主义理论源头马克思主义的基本思想、中国共产党的根本宗旨以及坚持和发展中国特色社会主义的价值旨归有机融在了一起。

2022年10月，党的二十大报告指出，把握好新时代中国特色社会主义思想的世界观和方法论，坚持好、运用好贯穿其中的立场观点方法，必须做到"六个坚持"，其中第一条就是"坚持人民至上"。党的二十大报告还指出，全面建设社会主义现代化国家，前进道路上，必须牢牢把握六项重大原则："坚持和加强党的全面领导，坚持中国特色社会主义道路，坚持以人民为中心的发展思想，坚持深化改革开放，坚持发扬斗争精神。"[②]其中，"坚持以人民为中心的发展思想"作为第三条放在"坚持和加强党的全面领导""坚持中国特色社会主义道路"后，可见在坚持和发展中国特色社会主义价值旨归中，"以人民为中心"根本立场的重要性。

四、坚持自我革命与社会革命相统一

勇于自我革命是中国共产党区别于其他政党的显著标志。社会主义

[①] 《中共中央关于党的百年奋斗重大成就和历史经验的决议》，《人民日报》2021年11月17日。
[②] 《高举中国特色社会主义伟大旗帜　为全面建设社会主义现代化国家而团结奋斗——在中国共产党第二十次全国代表大会上的报告》，人民出版社2022年版，第26—27页。

经过500多年的发展，不同的历史阶段，对社会主义本质的理解与认识不一。从改革开放之初邓小平阐述的"社会主义本质论"，到"社会和谐是中国特色社会主义的本质属性"[1]，再到"中国共产党的领导是中国特色社会主义最本质的特征"[2]的重大论断，这些都充分展现了对中国特色社会主义道路的特色和优势越来越自信。

特别是"中国共产党是中国特色社会主义最本质的特征"这一论断，进一步深化了对坚持和发展中国特色社会主义的规律性认识，在把握党的领导和社会主义内在关系上达到了新高度。党的十一届三中全会以后中国走出了一条中国特色社会主义道路，形成了很多规律性认识。其中党的领导是推进中国特色社会主义事业不断前进的根本保证。

这些深刻认识来之不易，改革开放伊始，邓小平就是从社会主义本质和优势破题的，"社会主义最大的优越性就是共同富裕""发挥社会主义制度能够集中力量办大事的优势"[3]等。邓小平多次谈及理想和纪律问题，并把它们称为"我们的真正优势"。这些都说明对社会主义本质的认识是和中国特色社会主义事业的实践和推进紧密相连的。

进行自我革命是在中国建设先进的马克思主义政党的必然要求。"为中国人民谋幸福，为中华民族谋复兴"把历史逻辑、实践逻辑、理论逻辑、民族基因、文化土壤、时代特征等以一种逻辑演绎递进的形式统一了起来。这既是中国特色社会主义的内在生成逻辑与价值展开，也是中国共产党经过百年奋斗，长盛不衰，内外不断推动自我革命与社会革命的结果。

在不断推进社会革命的基础上，勇于自我革命是中国共产党区别于

---

[1] 《习近平谈治国理政》，外文出版社2014年版，第39页。
[2] 《习近平谈治国理政(2)》，外文出版社2017年版，第56页。
[3] 《邓小平文选(3)》，人民出版社1993年版，第377页。

其他政党的显著标志,也是中国共产党最鲜明的品格和最大优势。如今,中国共产党成为世界上最大的执政党,并不是天生的,根本原因在于共产党的性质与共产党的最高理想规定了其与社会主义的内在统一性。"正因为具备这种独有的政治品格,我们党才能穿越百年风风雨雨,多次在危难之际重新奋起、失误之后拨乱反正,成为打不倒、压不垮的马克思主义政党。"①

以自我革命引领社会革命是我们党重大理论创新成果。历史地看,近代中国历史发展进程表明,中华民族救亡图存、走向复兴的历史重任,资本主义的生产方式和政治方案无法实现,这个重任自然而然地落在了无产阶级及其政党身上,中国共产党义无反顾地肩负起中华民族伟大复兴的历史使命,谱写了气吞山河的壮丽史诗。这就是"只有社会主义才能救中国"的历史结论。而中国共产党是领导团结人民的"主心骨",没有共产党,社会主义事业就会失去政治、组织和思想保障,就失去了"定海神针"。

20世纪八九十年代,东欧剧变、苏联解体,而我们始终坚持加强党的领导。党的领导制度是我国的根本领导制度,决定着其他各方面制度的特征和优势,从而使得党的领导成为中国特色社会主义制度的最大优势,保证了人民享有更加广泛、更加充实的权利和自由,维护了安定团结的政治局面。党的领导保证了各方面力量的统筹协调,有利于集中力量办大事,保证了政治经济等重大关系的有效调节。党的领导还保证了国家大政方针的稳定性和持续性,有利于维护国家的根本利益和长远利益,保证了公平正义目标原则的具体落实,有利于实现全体人民共同富裕,不断推进中国特色社会主义制度更加成熟、定型。

---

① 《习近平谈治国理政(4)》,外文出版社2022年版,第541—542页。

中国特色社会主义进入新时代以来,"自我革命"的科学内涵及其战略思想的重大意义不断得以深化和拓展。2015年5月5日,习近平在中央全面深化改革领导小组会议上的讲话中指出,"勇于自我革命,敢于直面问题,共同把全面深化改革这篇大文章做好"①。从改革大局出发看待利益关系调整,自觉服从改革大局、服务改革大局,把"自我革命"与"社会革命"原本并不是一个层面的"革命"有机统一起来,这是党的重大理论创新成果。

随后,关于党的自我革命问题,习近平从不同角度都有论述。如2019年6月24日,习近平在主持党的十九届中央政治局第十五次集体学习时,强调"越是长期执政,越不能丢掉马克思主义政党的本色,越不能忘记党的初心使命,越不能丧失自我革命精神"②。2021年1月8日,习近平在"不忘初心、牢记使命"主题教育总结大会讲话时再次强调,"必须以正视问题的勇气和刀刃向内的自觉不断推进党的自我革命"③。回顾党的历史,我们党总是在推动社会革命的同时,勇于推动自我革命,才成为打不倒、压不垮的马克思主义政党。这些问题的提出,其实和中国特色社会主义新时代面临的新的特点的伟大斗争,和中国共产党治国理政中面对的大党独有难题紧密相关。

"中华民族伟大复兴,绝不是轻轻松松、敲锣打鼓就能实现的。"④党的十八大后,完善全面从严治党制度,使党始终成为中国特色社会主义事业的坚强领导核心。党的十九大报告提出的"四个伟大"从历史逻辑、实践逻辑和理论逻辑上,对中国特色社会主义整体进行了阐释,深刻阐明了

---

① 《习近平谈治国理政(2)》,外文出版社2017年版,第104页。
② 《习近平谈治国理政(3)》,外文出版社2020年版,第529页。
③ 《习近平谈治国理政(3)》,外文出版社2020年版,第541页。
④ 《习近平谈治国理政(3)》,外文出版社2020年版,第12页。

"四个伟大"相互之间的地位及相互内嵌的关系,特别是"伟大工程"的"决定性作用",从更深的层面揭示了中国特色社会主义整体性全新事业以及历史方位新征程的内在逻辑。

"党政军民学,东西南北中,党是领导一切的"被写入党章,十三届全国人大一次会议将"党的领导"写入《宪法》第一条第二款,把党的领导落实到治国理政全过程各方面,为党和国家事业发展提供了坚强政治保证。2018年1月5日,习近平在学习贯彻党的十九大精神研讨班开班式上发表重要讲话时强调,不断开创新时代中国特色社会主义事业新局面,对一些重大理论和实践问题进行思考和把握,"做到坚持和发展中国特色社会主义要一以贯之,推进党的建设新的伟大工程要一以贯之,增强忧患意识、防范风险挑战要一以贯之"[①]。"三个一以贯之"把中国特色社会主义和党的建设工程作为一个整体逻辑呈现,其意义不言而喻。

2021年11月11日,党的十九届六中全会通过的历史决议概括提出党百年奋斗的历史经验,将"坚持自我革命"凝练为党的百年奋斗的十条历史经验之一,并作为最后一条与十条历史经验的第一条"坚持党的领导"首尾呼应,"足见我们党对于将自我革命进行到底的坚定决心和坚强意志"[②]。2022年1月11日,习近平在省部级主要领导干部学习贯彻党的十九届六中全会精神专题研讨班讲话中指出,"注重分析和总结党在百年奋斗历程中对自我革命的研究和把握,是贯穿全会决议的一个重要内容,我们一定要深入学习、全面领会"[③]。可以说,百年党史的历史线索很多,但归根结底有两条,一条是党领导的社会革命的历史,另一条就是党

---

① 《习近平谈治国理政(3)》,外文出版社2020年版,第69页。
② 辛向阳:《继续成功的根本在于坚持党的领导》,《中国纪检监察》2021年第23期,第7—9页。
③ 习近平:《更好把握和运用党的百年奋斗历史经验》,《求是》2022年第7期,第10页。

勇于自我革命的历史。

中国共产党如何跳出治乱兴衰的历史周期率,毛泽东在延安的窑洞里给出了答案,只有让人民来监督政府,政府才不敢松懈。只有人人起来负责,才不会人亡政息。随着中国特色社会主义事业的不断推进,我们党历史这么长、规模这么大、执政这么久,如何确保党不变质、不变色、不变味?2021年11月11日,习近平在党的十九届六中全会第二次全体会议上指出,"经过百年奋斗特别是党的十八大以来新的实践,我们党又给出了第二个答案,这就是自我革命"①。党的自我革命是保持马克思主义政党先进、纯洁性本质属性的重要保障,历史任务越艰巨,就越要锻造强大的政党,越要加强党的自我革命。

2022年10月,党的二十大报告再次明确指出,"经过不懈努力,党找到了自我革命这一跳出治乱兴衰历史周期率的第二个答案"②,强调全面建设社会主义现代化国家、全面推进中华民族伟大复兴,关键在党,应该健全全面从严治党体系,健全总揽全局、协调各方的党的领导制度体系,完善党的自我革命制度规范体系。

同时,党的二十大报告号召全党必须牢记,"坚持党的全面领导是坚持和发展中国特色社会主义的必由之路,中国特色社会主义是实现中华民族伟大复兴的必由之路,团结奋斗是中国人民创造历史伟业的必由之路,贯彻新发展理念是新时代我国发展壮大的必由之路,全面从严治党是党永葆生机活力、走好新的赶考之路的必由之路"③。"五个必由之路"是中国特色社会主义进入新时代,对中国共产党的领导全面、系统、整体落

---

① 《习近平谈治国理政(4)》,外文出版社2022年版,第541页。
② 《高举中国特色社会主义伟大旗帜　为全面建设社会主义现代化国家而团结奋斗——在中国共产党第二十次全国代表大会上的报告》,人民出版社2022年版,第14页。
③ 《高举中国特色社会主义伟大旗帜　为全面建设社会主义现代化国家而团结奋斗——在中国共产党第二十次全国代表大会上的报告》,人民出版社2022年版,第70页。

实,党和国家事业取得历史性成就、发生历史性变革的高度总结;是以伟大自我革命引领伟大社会革命,推动我国迈上全面建设社会主义现代化国家新征程的重要经验和启示。

中国共产党经历百年风风雨雨,历经千锤百炼仍朝气蓬勃。在这其中党的自我革命与党领导的社会革命相伴而生、激荡而行,自然也是考察中国特色社会主义逻辑生成与价值展开的重要维度。以伟大自我革命引领伟大社会革命,以伟大社会革命促进伟大自我革命,这是党的百年奋斗重要历史经验和重大理论创新成果,也是中国特色社会主义事业蒸蒸日上,不断开拓前进的宝贵经验和根本奥秘,为全面建设社会主义现代化国家、全面推进中华民族伟大复兴提供了根本保证。①

第三节 中国特色社会主义的民族特色

不管是马克思主义,还是社会主义,能够在中国取得胜利,关键是与中国的实际相结合并加以运用,理论必须"本土化"才能真正起到作用,才能解决这个国家面临的历史课题。习近平强调中国特色社会主义不是从天上掉下来的,"是在对中华文明5000年的传承发展中得来的"。同时,他还强调中国特色社会主义"不是简单延续我国历史文化的母版","而是马克思主义指导下中国历史文化的现代版"。这指出了中国特色社会主义既是在经济社会发展基础上长期探索中形成的,也是中华民族5000多年悠久文明传承中长期积累、不断发展的,从独特的中国传统文化和现实土壤中渐进完善、内生演化的结果。

---

① 胡静波:《以党的自我革命引领社会革命》,《组织人事报》2022年11月15日。

一、中华民族复兴的历史课题决定了中国特色社会主义民族特色

1840年,在鸦片战争的隆隆炮声中,封建专制统治下的中国在政治、经济、文化、军事、科技等各方面被西方远远抛在了后面,中国逐渐陷入了半殖民地半封建统治的黑暗深渊。为了实现民族复兴,中国先进知识分子开始寻求救亡图存之路,尝试了许多西方的政治制度体制,但均以失败告终。正是一次又一次的探索失败,催生了中国新文化运动,才为马克思主义传入中国扫清了道路,才为中国共产党的成立奠定了思想基础,才有了中国近百年的历史性成就和历史性巨变。另一方面,新文化运动并没有视中国传统文化尽为糟粕,没有完全否定传统,大同思想数千年以来一直是中国人的理想,一直延续到今天。

正如毛泽东在《论人民民主专政》一文中所指出的那样:"自从1840年鸦片战争失败那时起,先进的中国人,经过千辛万苦,向西方国家寻求真理。"[①]康有为就是其中具有代表性的一派人物,其撰写的《大同书》,承袭了孔子儒家经典《礼记·礼运》中出现的"大同"和"小康"思想,"大同"和"小康"思想是中华民族赓续千年对安居乐业美好生活的向往,既有中国传统文化基因,也有空想社会主义成分。

近现代救亡图存的中国仁人志士都不同程度地受到《大同书》的影响。孙中山先生说,"三民主义,吾党所宗,以建民国,以进大同"。中国人民在寻求救亡图存之路、思考社会理想时,无论是力求使中国由贫弱变为富强的强烈愿望,还是希望快速汇入人类世界主流文明的迫切要求,都不可避免地受到中国传统文化的影响,可见中国传统文化起到了社会主义

[①] 《毛泽东选集(4)》,人民出版社1991年版,第1469页。

思想启蒙作用。孙中山在革命失败后,思考了中国思想"社会主义"的可行性,他认为"这个国度应该用来作为社会主义政府的典范"。"这个国家可以轻而易举地塑造成任何形状。"①

毛泽东1938年10月在党的六届六中全会上所作政治报告《中国共产党在民族战争中的任务》一文中强调一切有相当研究能力的共产党员,都要研究我们民族的历史,学习我们民族的历史遗产,"成为伟大中华民族的一部分而和这个民族血肉相连的共产党员"②。如果离开了中国实际去实践马克思主义,这样的马克思主义只会是空洞的、抽象的、无根的,不会是新鲜活泼的,那就会产生教条主义。

毛泽东是马克思主义中国化的首创者,坚信马克思主义从未动摇。但他不盲崇、不迷信,他形象地比喻说,"几千年以后看马克思,就像现在看孔夫子"。在社会主义革命与建设中,无数经验和教训都指明马克思主义理论要与中国具体革命实践相结合,很多方面就是从中国传统文化的结合开始的。

正因此,习近平强调:"没有高度的文化自信,没有文化的繁荣兴盛,就没有中华民族伟大复兴。"③马克思主义传入中国没有割断,与中国历史文化的联系。中国共产党依靠的就是与中国实际和中国传统文化相结合的马克思主义。正是中西文明融通、对接,才真正产生了中国化马克思主义。

1978年12月党的十一届三中全会,开启了改革开放伟大革命,开创和发展了中国特色社会主义,这个伟大"飞跃"是在中华民族复兴的总体进程中实现的,是在国家面临的历史课题整体性和阶段性中进行的。

"一个国家实行什么样的主义,关键要看这个主义能否解决这个国家

---

① 程伟礼:《论孙中山的社会主义思想及其现代意义》,《上海师范大学学报(哲学社会科学版)》2008年第3期,第1—8页。
② 《毛泽东选集(2)》,人民出版社1991年版,第534页。
③ 《习近平谈治国理政(3)》,外文出版社2020年版,第32页。

面临的历史性课题。"①争取民族独立、人民解放和实现国家富强、人民幸福,是 1840 年鸦片战争以后中国所面临的两大历史任务。国家的历史课题离不开其历史文化背景。因此严格意义上,无论是中华人民共和国的成立、社会主义道路的选择,还是中国革命道路、建设、发展,都是围绕现代化强国和中华民族复兴进行的。中国特色社会主义并不是随随便便形成的,而是有着深刻的历史和文化因素,是由中华民族历史复兴的伟大历史课题所决定的。

习近平在庆祝中国共产党成立 100 周年大会讲话中指出:"一百年来,中国共产党团结带领中国人民进行的一切奋斗、一切牺牲、一切创造,归结起来就是一个主题:实现中华民族伟大复兴。"②无论是国家独立、中华民族的独立与解放,还是走上社会主义道路,都不可避免地带有民族特色,是在现代化和民族复兴两大背景下进行的。可见,特殊的历史背景和基本国情影响了近代以来中华民族实现民族复兴的道路,是我们不断构筑中国精神,形成中国价值,凝聚中国力量,坚定文化自信的深厚基础。这一切都是近代以来在中华民族 170 多年的发展历程中反复得以确认的。也正因为如此,有的国外学者将中国特色社会主义称为"民族共产主义"。③ 这一提法指出了中国的社会主义与其他国家社会主义的重要区别,蕴含了民族复兴和中华传统文化因素。

二、中华文明基因与中国特色社会主义特质同向同行

在欧洲发源的马克思主义必须与中国的具体实际相结合才能在中国

---

① 《习近平谈治国理政》,外文出版社 2014 年版,第 22 页。
② 习近平:《在庆祝中国共产党成立 100 周年大会上的讲话》,人民出版社 2021 年版,第 3 页。
③ [美]费正清:《伟大的中国革命(1800—1985)》,刘尊棋译,世界知识出版社 1999 年版,第 301 页。

大地上生根发芽。马克思主义一经传入中国就得到广泛传播,并迅速成为中国革命的指导思想。除了诸多时代背景等客观因素,也说明社会主义与中国优秀传统文化之间的基因和精神很契合、相得益彰。中华文化有着永不褪色的时代价值,中华文明绵延数千年,不仅为中华民族提供了丰厚的精神滋养,也形成了其独特的精神标识。

中华优秀传统文化的思想和理念,是一份珍贵的遗产,是中国人独特的人生观、价值观和世界观的展现,体现着一个社会评判是非曲直的价值标准,是保持战略定力和理想信念的来源。不论过去还是现在,或者未来,扎根在中国人民血脉中的文明基因对推动中国社会发展进步,维护团结统一,坚定不移自己的目标,促进社会利益和社会关系平衡,保持自身的连续性和稳定性,都发挥着十分重要的作用。

同时,随着时间推移和时代变迁,这些思想和理念还可以为执政党治国理政提供智慧启示,对层出不穷的问题提供方法论指引。"马克思主义中国化的过程中必须要有使之创新和衍化的文化要素,就如酵母一样,将一般的面粉变成发酵后的面团。"[①]这些都构成了中国特色社会主义先进文化和国家制度、国家治理体系的重要来源。

中国特色社会主义伟大事业,善于继承方才善于创新。中国特色社会主义制度内部隐含的思想文化特别是价值观,比如中国传统文化中具有的"大道之行、天下为公""和而不同""己所不欲,勿施于人""天下太平、共享大同""亲仁善邻、协和万邦""六合同风、四海一家"等思想精髓,不仅是每个中国人日常伦理中的思考方式,而且是中华民族绵延了几千年的社会理想。

这些都契合了马克思主义关于建立未来美好社会的设想,决定了中

[①] 余玉花:《论中华优秀传统文化在当代中国马克思主义发展中的作用》,《思想理论教育》2021年第9期,第25—30页。

国在实现中国梦的路径选择上,会选择一条和平发展道路。再比如,中国传统文化中关于"道法自然""天人合一"的思想契合了马克思主义关于人与自然和谐发展的思想,对于人类命运共同体的提出都产生了深刻影响;关于"经世致用""知行合一""革故鼎新""周虽旧邦、其命维新"的思想契合了马克思主义关于实践观和改革发展的思想。

只有民族的才是世界的。中华文化既是历史的、也是当代的,既是民族的、也是世界的。中华民族内生的动力和生生不息的价值观有着巨大的包容性,在历史的长河中始终包容众多的外来优秀文化,在几千年的历史演进中不断吸收外来文化,即使是在裂变、转型的过程中,中华文明始终没有产生断层,这些思想中的精华也成为中国特色社会主义核心价值观的重要内容。

兼容并蓄,这与马克思主义的基因是相同的。马克思主义产生于19世纪40年代,是资本主义矛盾和工人运动发展的产物。它吸收改造了人类思想文化的一切优秀成果,特别是19世纪上半叶的社会科学与自然科学成果。某种意义上,作为资本主义西方优秀文明的最高产物,马克思主义是人类迄今为止最先进的思想理论体系。列宁指出:马克思主义之所以在全球放射思想伟力和光芒,就在于其"吸收和改造了两千多年来人类思想和文化发展中一切有价值的东西"[1]。因此,中国特色社会主义只有加强文化之间的共存、交流、互鉴,"用人类创造的一切优秀思想文化成果武装自己"[2],不断进行学习、吸收、消化和融合,从不同文化中寻求智慧、汲取养分,携手解决人类面临的共同挑战,才会推动世界和中国发展得更好。可以说,在与各种文明交流互鉴的过程中,注重借鉴和吸收来自中国

---

[1] 《列宁全集(39)》,人民出版社2017年版,第374页。
[2] 习近平:《在纪念孔子诞辰2565周年国际学术研讨会暨国际儒学联合会第五届会员大会开幕会上的讲话》,人民出版社2014年版,第13页。

传统文化包括世界各地的优秀文化成果,对中国特色社会主义的生成既有启示价值,又有借鉴意义,直接奠定了其成长土壤。

美国乔治·梅森大学公共政策学院高级研究员帕特里克·曼迪斯(Patrick Mendis)也站在历史和文化的角度解读中国特色社会主义思想。他在著作《和平的战争》中认为,中国梦具有实现的良好基础,习近平提出"中国梦"思想时,认真考察了中国几千年的文化史,强调承载深厚历史积淀的儒家思想使中国在和平崛起以实现"中国梦"方面具有文化传统优势[1]。

今天看来,中国特色社会主义的整个国家治理体系既以马克思主义为指导,又与其思想、理念、要义等高度契合,它们交流互鉴,同向同行,才得以根植于中国大地,深得人民拥护,与时俱进。中华民族优秀传统文化是构筑社会主义核心价值观的"地基"。当然,作为思想来源,文化必须要经过批判性转化、创新性发展,才能成为中国特色社会主义的有机组成部分。

三、马克思主义基本原理同中国具体实际相结合、同中华优秀传统文化相结合

显然,中国具体实际、中华优秀传统文化,构成了社会主义在中国落地生根的文化土壤和文化基础。因而"马克思主义很容易在中国的土壤里生根"[2]。正如习近平深刻指出的:"马克思主义传入中国后,科学社会主义的主张受到中国人民热烈欢迎,并最终扎根中国大地、开花结果,决不是偶然的,而是同我国传承了几千年的优秀历史文化和广大人民日用而不觉的价值观念融通的。"[3]

---

[1] Patrick Mendis, *Peaceful War: How the Chinese Dream and the American Destiny Create a Pacific New World Order*, University Press of America, 2013.
[2] 张岱年、程宜山:《中国文化与文化论争》,中国人民大学出版社 1990 年版,第 186 页。
[3] 习近平:《坚持和完善中国特色社会主义制度 推进国家治理体系和治理能力现代化》,《求是》2020 年第 1 期,第 4—13 页。

同样，我们开辟了中国特色社会主义道路也不是偶然的，是由实现中华民族复兴这一中国梦的历史背景和基本国情决定的，是在我国历史传承的前提下，马克思主义根植于中国大地并不断发展和完善的结果。中国特色社会主义离不开中国优秀传统文化的滋养和哺育，中国的思想文化和社会土壤将使其根基更加广博和深厚。

中华民族创造了源远流长的中华文明。中华文明是人类历史上唯一绵延5000多年至今未曾中断的灿烂文明，并保持了长期的繁荣发展，有其独特的价值。一方面，中华文明为人类文明进步作出了不可磨灭的贡献，为解决当今世界各国各民族共同面临的难题提供了智慧启示。另一方面，博大精深的中华文明积淀着中华民族最深层的精神追求，是国家和民族的集体记忆，根植在中国人内心，是中华民族生生不息、发展壮大的丰厚滋养，深刻塑造了民族心理、思维模式、行为习惯、生活方式，是中华民族的"根"和"魂"，代表着中华民族独特的精神标识。

毛泽东认为马克思主义的历史主义者，不应该割断历史。"我们中国人必须用我们自己的头脑进行思考，并决定什么东西在我们自己的土壤里生长出来。"①毛泽东强调建设社会主义要体现民族特色和时代特色："中国的和外国的，两边都要学好。半瓶醋是不行的，要使两个半瓶醋变成两个一瓶醋。"②中国特色社会主义也是在中国传统文化继承中发展，在发展中继承的结果。"是中国大地上共产党人对未来中国宏伟蓝图的顶层设计。"③习近平强调，传统文化是精神命脉。"博大精深的中华优秀传统文化是我们在世界文化激荡中站稳脚跟的根基。"④任何一个国家、

---

① 《毛泽东文集(3)》，人民出版社1996年版，第192页。
② 《毛泽东文集(7)》，人民出版社1999年版，第82页。
③ 刘冠军：《社会主义核心价值观是在中国大地上形成和发展起来的》，《马克思主义学刊》2015年第1期，第31—40页。
④ 《习近平谈治国理政》，外文出版社2014年版，第164页。

一个民族都是在承先启后、继往开来中走到今天的。中国特色社会主义道路是从中华民族5 000年文明的传承中走出来的,有着深厚的历史渊源。源远流长的中华文明构成中华民族的内在规定性,决定了我们是谁,也生成并限定了我们只能走自己的中国特色发展道路,只有扎根脚下这块生于斯、长于斯的土地,才能接地气,站稳脚跟。

2014年9月,习近平在庆祝全国人民代表大会成立60周年大会上指出,照搬他国的政治制度行不通,"中国特色社会主义政治制度之所以行得通、有生命力、有效率,就是因为它是从中国的社会土壤中生长起来的"①。也正基于此,习近平强调设计和发展国家政治制度,"不能割断历史,不能想象突然就搬来一座政治制度上的'飞来峰'"②。

我们实行的很多制度,都具有鲜明的中国特色,中国特色社会主义与传统文化相结合,做到了理论和实践、历史和现实、形式和内容的有机统一,形成了独特的国家治理体系,成为中华民族历久弥新的福祉。

习近平2013年在纪念毛泽东诞辰120周年座谈会上指出,中国人民,每一个中国人都应该对自己的文化有信心,"人类历史上,没有一个民族、没有一个国家可以通过依赖外部力量、跟在他人后面亦步亦趋实现强大和振兴。"③这意味着一个民族能否实现伟大跨越,归根到底,要从这个民族的文化深处去寻找。

习近平在庆祝中国共产党成立100周年大会讲话中提出了"两个结合"的重要思想:"坚持把马克思主义基本原理同中国具体实际相结合、同中华优秀传统文化相结合,用马克思主义观察时代、把握时代、引领时代,

---

① 《习近平谈治国理政(2)》,外文出版社2017年版,第286页。
② 《习近平谈治国理政(2)》,外文出版社2017年版,第285—286页。
③ 《习近平谈治国理政》,外文出版社2014年版,第29页。

继续发展当代中国马克思主义、21世纪马克思主义!"①党的十九届六中全会通过的决议中进一步指出"习近平新时代中国特色社会主义思想是当代中国的马克思主义、21世纪马克思主义,是中华文化和中国精神的时代精华,实现了马克思主义中国化新的飞跃"②等论断。

在开启全面建设社会主义现代化国家新征程、向第二个百年奋斗目标迈进的关键时刻,"两个结合"的重要思想极大丰富、拓展了马克思主义中国化的基本内涵,成功解决了中国革命、建设、改革的各种问题,反映了中国共产党人从理论自觉、文化自觉到理论自信、文化自信的飞跃和升华,也是理解与把握习近平新时代中国特色社会主义思想的关键。

综上,中国特色社会主义从逻辑生成到价值展开,很多地方都可以看到中华优秀传统文化深厚的历史渊源。当然,继承传统传统文化,还需要虚心学习人类社会创造的一切文明成果,需要用马克思主义的立场、观点和方法给以批判的总结,取其精华,去其糟粕,传统的和当代的两者必须紧密结合起来,不能厚古薄今、以古非今。中国共产党领导中华民族从站起来、富起来到强起来的伟大飞跃,不断"走近"并"走进"历史舞台,不断推动中国特色社会主义制度更加成熟、更加定型,也更加科学管用,都需要把国家和民族发展放在自己力量的基点上。

四、中华文明底蕴与人类文明新形态建构

中国特色社会主义正是以其"中国特色"和"社会主义"的有机结合,才有了中国近百年的历史性成就和历史性巨变。不忘本来才能开辟未来,善于继承才能更好创新。一个国家国情不同,政治制度必然独特,"都是在这个国家历史传承、文化传统、经济社会发展的基础上长期发展、渐

---

① 习近平:《在庆祝中国共产党成立100周年大会上的讲话》,人民出版社2021年版,第13页。
② 《中共中央关于党的百年奋斗重大成就和历史经验的决议》,《人民日报》2021年11月17日。

进渐改、内生性演化的结果"①。其中,历史文化居于重要地位,并构成我国的独特优势和重要自信来源。

党的十八大以来,习近平十分重视继承和弘扬中华优秀传统文化,并把中华优秀传统文化作为治国理政的重要思想文化资源。长期以来,人们对什么是中国特色不理解,其实道理很简单,以儒学为代表的中国传统文化是我们的特色文化,也是对人类文明的巨大贡献。

2014年,在纪念孔子诞辰2565周年国际学术研讨会上习近平谈到,当代人类也面临着许多突出的难题,需要运用人类历史上积累和储存的智慧和力量。"世界上一些有识之士认为,包括儒家思想在内的中国优秀传统文化中蕴藏着解决当代人类面临的难题的重要启示。"②毋庸置疑,中国传统文化绵延不绝5000年,虽然孕育、产生、发展于中国,但也是人类文明的珍贵遗产,应该为人类今天的发展贡献智慧和力量。

从文明意义上说,整个世界思想史的发展就是不断融会的逻辑,中国特色社会主义更是一种有5000年文明"根"与"魂"支撑、与时俱进的当代马克思主义的新的文明体系。中国特色社会主义思想不仅具有起源于欧洲的社会主义思想传统,而且具有中国古代社会主义思想传统,是在5000年中华文明融会了当代马克思主义指导下的发展形态。

美国前国务卿基辛格给近代中国作出过这样的评论,近200年的中国或许只是历史上一个短暂的意外,如果今后中国要回到属于她的位置并不偶然,每当他们建立起大一统盛世的时候,总是不认为这是创造而是复兴,是回到巅峰,似乎那个巅峰的中国,早在黄帝之前就存在一样③。

---

① 《习近平谈治国理政(2)》,外文出版社2017年版,第286页。
② 习近平:《在纪念孔子诞辰2565周年国际学术研讨会暨国际儒学联合会第五届会员大会开幕会上的讲话》,《人民日报》2014年9月25日。
③ 傅才武:《文化认同型国家属性与国家文化战略构架》,《人民论坛》2021年第4期,第101—103页。

在他们看来,中国的发展就是中华文明的复兴。近代100多年衰弱,到现在又在重新复兴,这在世界范围内可谓是独一无二。

进一步说,中国特色社会主义表现为自欧洲起源的世界500年社会主义思想史的伟大继续,更是逾5 000年中华民族传统文化的继续,中国特色社会主义是两大思想资源、两大传统当代融合的产物。"在两大尺度、两大坐标交汇点上,我们看到了中国特色社会主义。犹如两种文明之河汇成一条大江,中国特色社会主义受到中西汇通的两种文明资源的滋养,因而其发展的生命力极其旺盛,并展示出波澜壮阔的前景。"①这种意义上,中国特色社会主义所包含的思想内容极其丰富,中国的每一步发展,中国特色社会主义所独具的中国风格、中国特色和中国气派,特就特在能够把人类文明成果转化为我所用,而只有中国特色社会主义,只有它有这种包容性和融合性。

中华民族精神内核,积累仁厚、宽阔和深远,5 000多年不间断、广融合的文化滋养了这种文明和精神。换句话说,中国特色社会主义以马克思主义为指导,又根植于中国大地,具有深厚中华文化根基,具有强大生命力和巨大优越性,"能够持续推动拥有近十四亿人口大国进步和发展,确保拥有5 000多年文明史的中华民族实现'两个一百年'奋斗目标进而实现伟大复兴的制度和治理体系"②。

习近平在庆祝中国共产党成立100周年大会讲话中更是明确指出:"我们坚持和发展中国特色社会主义,推动物质文明、政治文明、精神文明、社会文明、生态文明协调发展,创造了中国式现代化新道路,创造了人

---

① 任平:《论丈量社会主义思想史时间轴的中国尺度》,《江苏社会科学》2018年第3期,第1—10页。
② 《中共中央关于坚持和完善中国特色社会主义制度推进国家治理体系和治理能力现代化若干重大问题的决定》,《人民日报》2019年11月6日。

类文明新形态。"①"中国式现代化新道路""人类文明新形态"等中国自信来源于中华文明深厚的历史底蕴,也来源于在这一文明底蕴滋养下不断发展前进的中国特色社会主义人类文明新形态。另一层面,也正是中华文明深厚的历史底蕴铸就了中国特色社会主义的独特优势。

中华民族正处于关键时期,中华民族复兴的中国梦也越来越接近。越是接近民族复兴的目标,越充满挑战乃至惊涛骇浪。因此,中国特色社会主义更要扎根于自己的生存土壤,汲取中华民族的非凡智慧和精神追求,博采众长超越狭隘的西方现代性,促使中国传统文化的创造性转化和创新性发展,铸牢中华民族共同体意识,丰富人类文明类型,从而淬炼真正的人类共同价值,在新的历史条件下,开创中国特色社会主义新局面。

本章结语

社会主义是资本主义的继承物、对立物、取代物和创新物,必须大胆吸收和借鉴人类社会创造的一切文明成果,包括继承资本主义文明的成果,创造比资本主义更新更好更高的文明,在价值优势中赢得吸引力。守正创新、正本清源是化解那些误读、误识、误判的真正武器。同时,要澄清中国特色社会主义形成和发展过程中一系列错误观念和模糊认识,要正确认识世界社会主义史上各式各样的社会主义流派,防止中国特色社会主义丢了科学社会主义基本原则而被空心化、标签化、庸俗化。

"中国特色"是就科学社会主义基本原则的实现形式而言的,其核心价值理念还是科学社会主义基本原则。它不仅没有背离,反而以不可辩

---

① 习近平:《在庆祝中国共产党成立 100 周年大会上的讲话》,人民出版社 2021 年版,第 13—14 页。

驳的事实彰显了科学社会主义的鲜活生命力,且有力地拓展了发展中国家走向现代化的路径,深刻揭示了马克思主义民族化、时代化、大众化是实现中华民族伟大复兴、坚持和发展社会主义的必由之路。当然必须引起重视和反思的是,"中国特色"内涵演变中产生的"中国奇迹""中国崛起""中国经验""中国力量""中国方案""中国精神"等话语经常被神秘化。其中"中国特色"如何处理"自信"与"他信"之间的张力与合力,如何在一定历史时期由"特殊"衍变成普遍意义上的"特色",体现马克思主义真理的力量,彰显人类文明发展的价值,这是一个巨大的时代课题。

马克思主义中国化进程中,正是实现了马克思主义与中国优秀传统文化的有机融合,才有了一次又一次的历史性飞跃,才产生了一个又一个马克思主义中国化重大理论成果。汲取着中华民族绵延不绝的文化养分,必然造成中国特色社会主义独特的生成演进环境,使其既具有社会主义的一般共性,更具有鲜明的中国特质。

中国特色社会主义是开放的、与时俱进的,它还会继续发展和完善。我们必须厘清中国特色社会主义核心内涵、关键要义,找准中国特色社会主义的价值基点。中国特色社会主义的"特色",体现在科学社会主义的基本原则上,没有这些基本原则,就称不上社会主义,不应该以"特色"的名义拒绝学习和借鉴其他社会主义的有益经验,而应该坚持全面深化改革,从而推进中国特色社会主义持续发展、不断丰富、更加完善。

第六章
中国特色社会主义的世界历史意义

中国特色社会主义和任何事物的发展一样，具有连续性、阶段性，也是在曲折中前进的。随着俄国十月革命的爆发，社会主义在论辩中被中国人民得以认知并接受，又在实践中赋予中国特色，实现了从传统到现代的转型，成了近代中国救国、兴国、强国的历史选择。"离开自己国家的实际谈马克思主义，没有意义。"[1]在近代中国历史中，社会主义思潮起初只是作为众多救国方案之一，到后来"一派盛言社会主义"的局面已经证明，只有社会主义才能救中国，只有中国特色社会主义才能发展中国。但是很长一段时间以来，在经济社会生活中对于什么是中国特色社会主义，什么是中国道路，中国道路从哪里来、到哪里去等问题往往人言人殊，并没有形成基本共识。

改革开放后，中国共产党虚心学习并借鉴人类社会创造的一切优秀文明成果，坚定不移地走自己的路，中国特色社会主义这条道路越走越宽。但只要社会主义与资本主义两种制度同时并存，由于意识形态的对立和价值观念的不同，冲突和对抗就不可避免。一方面，中国特色社会主义不仅在与多元化思潮斗争中形成，而且又在质疑和非议中旺盛生长。

---

[1] 《邓小平文选(3)》，人民出版社1993年版，第191页。

中国特色社会主义相伴而生的"中国崛起""中国奇迹""中国模式""中国方案""中国力量""中国精神""中国价值"等"中国特色"被当作自信话语的同时，其价值展开的内涵并没有真正被认识和理解。

另一方面，中国特色社会主义在"历史终结"的话语体系中形成与发展，并没有随着"多米诺骨牌效应"而倒下，唱衰中国的舆论此起彼伏，如马克思主义"过时论"、社会主义"失败论"、共产主义"渺茫论"、中国道路"威胁论"等伴随着"国家资本主义""民主社会主义""新威权主义"等观点、主张作为标签被误读，甚至成为被攻击的借口，这都需要在正本清源中加以辨识。

第一节　中国特色社会主义有关争论与辨析

20世纪90年代，伴随苏联解体和东欧剧变，世界社会主义运动陷入低潮，这场"政治大地震"使社会主义遭受到了前所未有的重大挫折，社会主义制度遭到普遍质疑，社会主义信仰受到嗤笑或鄙夷。有人说社会主义的崛起是"20世纪最大的不幸"，以福山、布热津斯基为代表的西方学者认为世界历史将终结于资本主义文明，这就是"历史终结论"。改革开放40余年来，恰恰在这种质疑和非议中，中国特色社会主义完成了从传统到现代的转型，中国综合国力与日俱增。然而现实境遇中仍有一些人带有强烈的或者潜意识的意识形态偏见，他们怀疑并质疑中国特色社会主义的根本性质并时刻保持警惕态度，更有甚者诋毁中国特色社会主义发展所取得的历史成就，将中国特色社会主义归为"特色资本主义""国家资本主义""民主社会主义"等。

一、中国特色社会主义争论误区

社会主义从来都是在开拓中前进的。前文提到,中国在改革开放以前探索实践的是以"苏联模式"为样板的传统社会主义。苏联及东欧社会主义国家从 20 世纪 50 年代就针对传统社会主义模式的弊端,进行了改革,但这些改革不仅未能从根本上扭转其发展危机,且最终酿成了 80 年代末的苏东剧变,使世界社会主义运动遭受到严重挫折。

中国特色社会主义从传统社会主义发展而来,是对传统社会主义的继承、改革和创新。1978 年党的十一届三中全会开启了改革开放和社会主义现代化的伟大征程。中国的改革、中国特色社会主义的"中国特色"是扬弃斯大林模式,革除苏联社会主义模式弊端的社会主义。历史已经证明,正是坚持走中国特色社会主义的新路,坚持改革开放,突破传统社会主义的模式,中国才没有重蹈苏东国家的覆辙。

改革开放初期,国内一些学者围绕中国特色社会主义与苏联模式的关系存有截然不同甚至对立的观点与争论,如"一致论""突破论"[①]等。但随着中国特色社会主义取得越来越惹人注目的成就,"中国模式"的提出更是不断引发人们对中国特色社会主义的持续关注、争论和再思考。有学者开始主张"慎用论",警惕西方"陷阱",否认"模式"存在,也有学者把"中国模式"与中国特色社会主义"等同论",高度认同中国特色社会主义积累的成功经验。可见,探索中国社会主义建设经历了一个从"以俄为师"到"以苏为鉴"的曲折过程。

其实,中国特色社会主义是对"苏联模式"传统社会主义的突破与超越。所有经验和教训要说明就是不能够按照固定的统一模式,要坚持走自己的路,建设根植于每个民族和国家特色的社会主义。中国道路有自

---

① 高继文:《论中国特色社会主义与苏联模式的关系》,《理论学刊》2011 年第 4 期,第 15—19 页。

己的特色,也有很多方面具有普适性。但中国特色社会主义社会不是任何国家民族发展的"万能钥",也不可能是永久解决自身一切复杂问题的"万能胶",中国特色社会主义同任何其他社会制度一样,"不是一种一成不变的东西"①,而应当是一种经常变化和改革的社会形态。

那么,"中国模式"到底"可不可推广""可不可复制""能不能输出"? 其实前文已有分析,"中国特色"不能简单地归结为"中国独有""中国模式","中国经验""中国方案""中国奇迹"也不能等同于中国的特色。更不能把"中国特色"阐释成"中国特殊""中国例外""中国独有",那样就把自己孤立起来、封闭起来了。中国特色社会主义道路不会要求别的国家"复制中国的做法",更不会走其他国家"国强必霸"的老路,只是实现了对"苏联模式"为代表的传统社会主义的转型发展,找到适合自己国情的社会主义新道路。

中国特色社会主义的未来走向日益被关切,被世界聚焦,但社会主义在中国毕竟只是实践了几十年的新事物,在新的社会实践面前,我们必须具有强烈的历史责任和使命感,重视理论创新。中国特色社会主义对当代中国问题的探索解答,不是封闭独立进行的,我们既要把中国特色社会主义放在当今世界大局中去横向比较,也要把中国特色社会主义置于世界社会主义的历史进程中进行纵向考察。

不可否认,中国特色社会主义有其独特的历史机遇和历史环境,在不同时期、不同阶段,引起人们的关注点以及认识和理解都不尽相同。在"历史终结论"的话语体系中,中国特色社会主义并没有随着"多米诺骨牌效应"而倒下。20世纪90年代,随着世界社会主义运动陷入低潮,有西方学者认为世界历史将终结于资本主义文明,把中国崛起理解为由"文明

---

① 《马克思恩格斯文集(10)》,人民出版社2009年版,第588页。

冲突论"而来的"中国威胁论"或"中国崩溃论"。进入世纪之交,新一轮经济危机促使西方学者开始重新反思现代文明的病症与出路,随着中国特色社会主义的快速发展及其世界历史实践,他们逐渐认识到中国特色社会主义打破了传统社会主义框架,并为超越资本主义的发展模式和缺陷提供了一种社会主义的发展路径。

但是,在理论上,依然众说纷纭,各种误解、曲解和歪解甚嚣尘上,针对中国特色社会主义的历史必然性、科学真理性及其未来前景,应该说依然存在不同的声音。一些学者认为,中国特色社会主义不仅不能作为社会主义的"模式",或者像资本主义一样带有普世性的"样板",而且还是一个"反面教材"。

从整体上看,这些认识并没有全面了解中国特色社会主义形成与发展的理论逻辑、历史逻辑和实践逻辑,特别是一些习惯用西方学术话语体系去看待中国问题的学者,他们对中国具体国情缺乏了解,而且又不曾亲自参与社会主义的生动实践,往往将中国改革开放与"民主社会主义""国家资本主义"等混为一谈,导致不能客观分析中国发展中的问题,因而对中国特色社会主义的认识可能存有固有的偏见或傲慢,以至于很难对真实的中国有准确的认知。

同时,许多拉美、非洲以及亚洲的发展中国家越来越重视对中国特色社会主义的借鉴和比较研究,只是一些国家发展借鉴中国改革经验也是"摸着中国的石头过河"(如越南),这更是增加了对中国特色社会主义的误解、误读、误判。这些国家的研究和认识在一定时期形成了一些建设性的观点,对中国特色社会主义秉持一种较为客观的认知和评价,但往往就事论事,呈现"片面的深刻"。

具体来说,"中国模式"在被各种因素渲染下显得异常复杂,其立场、视角、方法很容易滑向"非此即彼"的两极式思维。有关中国特色社会主义的"怀疑论""渺茫论""黄祸论""威胁论""傲慢论""责任论"等论调不仅被频频炮制,甚至"中国制造""中国崛起""中国奇迹"等话语经常被神秘化。特别是西方学者依然带有强烈的或者潜意识的意识形态偏见,即使资本主义制度面临自身经济发展失调、政治体制失灵、社会融合机制失效的困境,仍认为西方资本主义是人类社会唯一正确的发展道路。

这些西方学者把西方国家的意识形态和文明模式当作人类文明发展的终点,把中国特色社会主义视为"异端",不愿正视其他国家自身的历史背景和文化传统。而有些人出于担心中国的发展对世界是个威胁,会挤压其他国家发展空间,自然把中国特色社会主义妖魔化为一种特有的标签来混淆是非。他们企图以此曲解甚至诋毁中国特色社会主义发展所取得的历史成就,"其背后的意蕴,就是不愿意看到中国凭借自身独有的制度优势而不是西方社会普遍认可的价值体系取得如此显著成就"[①]。

这些有失偏颇的争论注定无法形成一个完整而统一的认识,"模式"问题的本质是中国特色社会主义"是什么"以及"从哪里来""到哪里去"的问题,也就是中国特色社会主义的性质问题。这就是"特色资本主义""国家资本主义""民主社会主义"等不同论调此起彼伏的根本原因。不管中国特色社会主义实践如何丰富多彩,他们对中国特色社会主义的根本性质始终持怀疑、质疑并时刻保持警惕的态度。

这些争论与误区既是认识中国特色社会主义的理论问题,也是实践问题,更是中国特色社会主义研究中,应正确区分的学术问题和政治问题,必须予以特别关注。

可以这么认为,用什么样的话语体系去看待这些问题,如何构建新的话语体系,是这些争论与辨析之所以存在的重要原因。

---

① 徐艳玲、申森:《国外学者眼中的"中国特色社会主义"认知》,《当代世界与社会主义(双月刊)》2011年第6期,第89—93页。

对此,党的十八大以来,不断向全世界传递明确信号。如党的十八大报告中强调,"既不走封闭僵化的老路、也不走改旗易帜的邪路"①,党的十九大报告中强调,"两个没有变"②。再如,强调坚持和发展中国特色社会主义,做到"三个一以贯之"③的战略清醒和政治定力。在纪念马克思诞辰200周年大会上,习近平更加明确指出:"当代中国的伟大社会变革,不是简单延续我国历史文化的母版,不是简单套用马克思主义经典作家设想的模板,也不是其他国家社会主义实践的再版,不是国外现代化发展的翻版。"④这就对中国特色社会主义性质这个根本问题给出了明确答案。

百年来特别是改革开放以来,中国社会的变迁为中国话语体系的构建提供了极为生动极为丰富的素材。事实已证明,中国既没有"崩溃",也没有输出什么"模式",更没有对国际体系和西方国家安全构成"威胁"。"经济系统的开放竞争和政治体系的开放竞争是相互影响的,但中国的现代性诉求和转轨并没有按照——或者说没有完全按照西方逻辑和主流现代化理论开出的药方……而是开辟了一条独特道路,谱写了发展中大国走向现代化的新的历史篇章。"⑤要让西方不把中国的发展当作可能的威胁,需要让他们知道,中国仍然是世界上最大的发展中国家,中国人口多、底子薄的基本国情没有变。此外,要让他们理解中华文明的深厚底蕴和鸦片战争之后的这段历史,进而明白中国特色社会主义的时代背景和生成逻辑。

---

① 胡锦涛:《坚定不移沿着中国特色社会主义道路前进 为全面建成小康社会而奋斗》,《人民日报》,2012年11月20日。
② 《习近平谈治国理政(3)》,外文出版社2020年版,第10页。
③ 《习近平谈治国理政(3)》,人民出版社2020年版,第69页。
④ 《习近平谈治国理政(3)》,外文出版社2020年版,第76页。
⑤ 李海平:《发展的谱系:批判、探索与超越——"世界历史"场景中的中国特色社会主义成长话语》,《南京政治学院学报》2009年第2期,第20—23页。

二、中国特色社会主义观点辨析

中国特色社会主义不是天上掉下来的,也不是什么复制品、舶来品,更不是什么简单的"母版""模板""再版""翻版",而是"全新的事业",是科学社会主义"新版本"。中国特色社会主义与"中国特色资本主义""国家资本主义""民主社会主义""新威权主义"等存在本质区别。这些认识和观点在理论上很有迷惑性,实践中对坚持和发展中国特色社会主义危害极大,必须有一个清醒的认识。

(一)中国特色资本主义与中国特色社会主义

1982年9月,中国共产党十二大提出"中国特色社会主义"概念时,主要围绕市场经济关系,姓"资"姓"社"问题展开。有一部分人认为社会主义市场经济与资本主义市场经济表现出某些共同的特点,经济发展取得的"中国奇迹",和亚洲日本、新加坡等国家一样,很难说是社会主义制度上的原因,只是借资本主义的"鸡"生了社会主义的"蛋"。他们对中国特色社会主义的根本性质始终持怀疑态度,认为社会主义与资本主义存在趋同的迹象,中国特色社会主义只是个旗号。

持这些观点的学者国内外都有。在国内,这种观点认为中国所有制结构中非公有制经济成分比重的提高,会造成贫富差距拉大,甚至会出现两极分化,实际上就是搞资本主义。这些都不应该是社会主义该有的现象,不正视这点,就是遮遮掩掩社会主义与资本主义的本质区别。国外学者更为露骨,直接称之为"中国特色资本主义"。2008年,美籍华裔学者黄亚生出版《中国特色资本主义:企业家精神与国家》一书,指出中国特色社会主义主要利用了资本主义的市场经济、股份制、外资等资本和技术发展起来,其实质就是中国特色资本主义。此观点在海内外研究界引起很大反响,被评为英国"经济学人2008年度书籍"。

主张"中国特色资本主义论"的学者不理解中国革命发生在经济文化

相对落后的半殖民地半封建社会,是资本主义统治比较"薄弱的环节",更搞不明白马克思、恩格斯"两个必然"与"两个决不会"的辩证关系。经过几十年的实践探索,中国特色社会主义实现了从传统到现代的转型和突破,注重生产力标准,实现经济重心工作转移,逐渐赢得优势和未来。其实,建设社会主义"根本一条就是发展生产力",这在马克思主义经典理论那里是有根据的,要学习资本主义先进的东西来弥补自己这方面的不足。

发展市场经济是中国特色社会主义的一个伟大创举。但是总有一些人,认为"社会主义"和"市场经济"水火不容,"市场经济只能属于资本主义制度的范畴,将市场经济同社会主义基本制度相结合是不可能的"[①],市场经济同社会主义基本制度天然对立,不可能结合,这应该是区分资本主义和社会主义性质的根本标志,社会主义同市场经济结合必然带来社会主义制度性质上的改变,等等。1992 年年初,邓小平在南方谈话中关于"计划经济不等于社会主义"[②]的"两个不等于"论断,对于推动我国经济体制向社会主义市场经济的转型起了重要作用。

此后,党的十四届三中全会,首次明确提出要发展"资本市场","允许属于个人的资本等生产要素参与收益分配";党的十五大创造性地提出了"公有资本"概念;党的十六届三中全会进一步把公有资本区分为国有资本和集体资本等形态;党的十八届三中全会则提出全面深化改革,使资本在多领域实现活力的全面迸发。[③]

当前,虽然人们仍对社会主义市场经济体制存在各种质疑,但在雄辩的事实面前,焦点已不再聚焦计划还是市场的制度属性问题,而是重点关

---

① 臧秀玲、王增剑:《"中国特色资本主义论"辨析》,《理论学刊》2017 年第 1 期,第 117—124 页。
② 《邓小平文选(3)》,人民出版社 1993 年版,第 373 页。
③ 陈广亮:《资本诠释学框架中的中国特色"资本主义论"》,《理论月刊》2018 年第 9 期,第 26—33 页。

注国有企业改制等局部问题、计划和市场以及政府之间关系问题等。改革开放以来,中国非公有制经济得到迅速发展,其比例已超过半壁江山,必然引起一些人担忧,认为这和走资本主义道路没有多大区别。但另一方面,公有制为主体、国有经济发挥主导作用的格局没有改变,国有经济的实力、效率、影响力和控制力反而得到较大提升。

同时,在把"一个中心,两个基本点"作为党和国家生命线情况下,无论国有经济、集体经济,还是民营经济、外资经济都各得其所,得以共同发展,这不仅体现了社会主义制度优越性,也更有利于体现社会主义本质。党的十八大以来,随着经济、社会、政治、文化、生态的"五位一体"全面发展,全面小康等治国理政系列举措的推出,"中国特色资本主义论"等类似观点在事实面前不堪一击。

当然,也有学者明确把改革开放后的中国称为"后社会主义",如美国北卡罗莱纳州杜克大学历史系教授阿里夫·德里克发表《后社会主义:论"有中国特色社会主义"》,认为"后社会主义"并不意味着社会主义的终结,而是社会主义的原有概念陷入矛盾时,试图以创造性的方式反思社会主义;反对一些西方学者因为中国在改革开放中吸收了资本主义因素,就得出中国特色社会主义实际上是资本主义的结论。[①] 其最初意义主要区别于传统意义上的社会主义,后来该概念进一步扩大,泛指苏东剧变后,区别于苏联模式的转型的整个社会主义世界。

作者所说的"后社会主义"指利用资本主义的经验、克服资本主义缺陷的社会主义,其见解不乏独到之处,这和国内学者认为"补上资本主义课"如出一辙。问题是只有对"现存的社会主义"想象与描述,并不能深刻理解中国道路选择的必然性及其背后复杂的各种因素,自然对中国的发

---

① 程伟礼:《"中国道路"向"中国模式"的演进具有历史必然性》,《党政干部学刊》2011年第2期,第6—8页。

展感到"琢磨不定",认为前途未必是社会主义。

中国特色社会主义是社会主义而不是其他什么主义,根本原因在于我们解决国家面临的历史性课题中,继承和发展了马克思主义,并没有丢掉科学社会主义的基本原则,反而用新的思想观点,继承和发展了马克思主义,开拓了马克思主义新境界,把对社会主义的认识提高到新的科学水平,其社会主义制度的优越性必将进一步显现。

(二) 国家资本主义与中国特色社会主义

关于国家资本主义,并没有一个相对清晰的界定。在马克思主义经典作家这里,最早是列宁用来描述资本主义发展阶段性特征的概念,突出政府对经济的干预或支配,特指资本主义发展过程中国家作用的不断增强,强调国家政权与资本主义结合,由国家控制、垄断的一种资本主义经济形态。但是需要指出的是,国家政权的性质不同,决定着国家资本主义的性质也不同。

一些西方人士针对中国的发展,盲目套用国家资本主义概念,将中国特色社会主义市场经济带来的中国崛起,归功于国家资本主义。一方面,认为中国特色社会主义只是贴上一个标签,再随便扣上一个帽子,是所谓的国家资本主义附身。

另一方面,认为中国社会主义市场经济并非真正的市场经济,而是实行国有经济、政府干预的产业政策。这种观点认为中国特色社会主义制度主导的实行保护主义的经济体,其真正意图就是把中国的快速发展同共产党领导的社会主义制度进行切割。

2008年国际金融危机以来,西方媒体和一些学者面临其自身经济发展失调、政治体制失灵、社会融合机制失效的困境。在他们面前,唯我独尊的资本主义世界、长期奉行的西方资本主义经济发展模式,才是人类社会唯一正确的发展道路,这些理念不容受到挑战与质疑。与此同时,以中国为代表的新兴经济体却取得了举世瞩目的巨大成就,用几十年时间,在发展的很多方面走完了西方发达国家上百年甚至数百年的发展历程,在经济危机面前,不仅没有被拖下水,却后来居上,彰显了超越西方资本主义的驾驭经济的优势。

因此,当中国成为世界上第一个不是走资本主义道路,而是走社会主义道路的现代化国家时,西方资本主义世界便试图使用"国家资本主义"这个旧标签来混淆是非,将中国发展看作实行资本主义的结果,同时指责甚至攻击新兴经济体对他们的重大挑战。

这正是西方一些媒体和学者、政客给中国扣上国家资本主义帽子的主要原因。"西方国家再次将中国的发展模式树立为自己的对立面,即'国家资本主义'与'自由资本主义'的截然对立。"[①]

2012年1月,英国《经济学人》杂志刊文,指责中国等实行国家资本主义的经济体是资本主义危机加剧的原因,把国家资本主义看作当前西方遇到的所有经济问题的根源。认为以中国为代表的国家资本主义是与自由资本主义相对立的发展模式,是当今世界的最大威胁之一,意图歪曲事实,遏制中国的发展。

表面上看,国家资本主义论者认为,市场经济是资本主义的专属。此外,对中国国有企业与政府关系的误读也是国家资本主义论者绕不过去的借口。社会主义市场经济和资本主义市场经济作为经济发展的手段,毋庸置疑其功能具有很多共同点,但是社会主义与市场经济相结合的社会主义市场经济体制,其功能、作用、性质,以及在所有制结构、分配方式等方面的形式,必然与资本主义市场经济的作用和目标产生结果上具有根本区别。

[①] 陈尧:《中国特色社会主义不是国家资本主义》,《红旗文稿》2018年第23期,第9—12页。

近年来,重提"国家资本主义"论,并作为美国发动对华经贸战的一个所谓说辞,表面上是一些人认为中国特色社会主义不同于他们的发展模式损害了他们的利益,实际上隐藏着他们对中国发动经贸战的深层次原因,即道路之争、制度之争。显而易见,他们只是"借用所谓国家资本主义与自由资本主义的对立,为遏制发展中国家特别是中国的发展制造舆论"①。

任何一个社会制度,其要素在"量"上表现形式很多,只有起支配性质的才是决定事物性质的"质"。在《资本论》及其手稿中,马克思就从资本≠资本主义角度对资本的生产关系给予过辩证分析。此外,对资本的引入、运用,必须接受社会主义国家的监督、改造,同时对资本的监督、调控,是对所有形式的资本的监督、调控。

党的十八大以来,中国特色社会主义充分发挥社会主义市场经济体制优势,国家治理体系和治理能力现代化水平显著提高,在充分发挥市场作用的同时,加快建设现代化经济体系,坚持两个"毫不动摇",巩固和发展公有制经济和支持、引导非公有制经济发展双管齐下、相互补充、相互完善。

事实已经证明,中国特色社会主义是科学社会主义,不是别的什么主义,中国特色社会主义拥有强大的生命力和显著优越性。

(三)民主社会主义与中国特色社会主义

民主社会主义出现于第一次世界大战后,并于第二次世界大战后在西欧一些国家得到广泛传播。可以说,中国特色社会主义在形成和发展中,也学习借鉴民主社会主义发展中一些人类社会发展共性的优秀养分。

然而,有些人忽视了中国在经济文化相对落后的情况下建设社会主义的特殊国情,没有理性认识到社会主义初级阶段的长期性、复杂性和艰

---

① 马静、温祖俊:《国家资本主义论不符合中国实际》,《前线》2020年第3期,第41—42页。

巨性。而在某些极具迷惑性的学说面前很容易就产生了模糊认识,认为中国应该走民主社会主义道路,发展民生和福利,以便更好释放和体现社会主义制度优越性,其实质是否定中国特色社会主义的社会主义性质。

这种对民主社会主义的认识一度很有市场,极具欺骗性,危害性极大。正确认识民主社会主义的本质,需要对民主社会主义的历史演变源流作历史性考察。19 世纪中叶,种种非马克思主义思潮的代表层出不穷,民主社会主义者就是其中之一,这是一种小资产阶级的社会主义。它并不主张消灭资本和雇佣劳动,但在 19 世纪 70 年代到 90 年代中期,也曾一度以马克思主义的思想体系为根据,用社会主义代替资本主义作为自己的奋斗目标。

19 世纪末 20 世纪初,世界社会主义运动在理论和实践上出现分野:一方是以罗莎·卢森堡、卡尔·李卜克内西和列宁为代表,坚持马克思主义理论的路线,最终通过俄国十月革命道路把马克思主义从理论变成实践。另一方是以爱德华·伯恩斯坦为代表,坚持民主社会主义,走上了西欧民主社会主义的道路。1899 年伯恩施坦提出"民主社会主义"的概念,宣称社会民主党应当改变性质,成为一个力求以民主改良和经济改良的手段对社会进行社会主义改造的政党。

1951 年 6 月,社会党国际成立,明确提出以"民主社会主义"作为自己的奋斗纲领,把社会民主党变成在资本主义范围内搞社会改良的党,通过改良和科技革命,发展生产力,从而将资本主义转化为民主社会主义。民主社会主义不主张实行暴力革命与阶级革命的斗争策略,其所宣扬的是一种部分类似资产阶级民主制度的社会主义。这种现代改良主义思潮具有两面性,实质上是主张多元性,成为各种实用主义、改良主义思想的"拼盘"。社会民主党人认为社会主义的本质不是政治、社会和经济的联系,而是一种道德价值。"他们认为,不应再追求对资本主义的超越,不应再把社会主义视为制度、目标,而应把社会主义视为通过对现存社会的不断调整实现平等与互助的价值。"①

在处理民主社会主义和中国特色社会主义两者关系上,姓"资"、姓"社"和"改革""改良"的争论如影随形。国内学术理论界对此问题的关注,可追溯到改革开放之初姓"资"、姓"社"的争论。苏东剧变宣告了传统社会主义模式的彻底失败,其给世界社会主义运动带来的阴影,加上社会主义建设初期一些挫折,甚至严重错误,导致一些人认为社会主义改革不可能成功,他们看不到历史发展的主流与本质,思想认识很"明智"地滑向西方资本主义道路或者民主社会主义道路。

第二次世界大战后,欧洲多国在民主社会主义的指导下,对资本主义"福利国家制度"实行改良。中国改革开放初期出现的一些不正常现象,诸如环境恶化、贫富差距、官僚主义、贪污腐败等现象被无端放大,造成了一些人的不满。

有观点认为,中国特色社会主义的改革措施和目标在某些方面与民主社会主义的特征很相似,中国特色社会主义就是"有中国特色的民主社会主义"。甚至有人"主张改弦更张,提出只有民主社会主义才能救中国。他要求放弃中国特色社会主义道路,走民主社会主义道路,或者留着中国特色社会主义的壳子,塞进民主社会主义的内容"②。其实质是举旗定向大是大非问题,毫不隐讳地主张抛弃马克思列宁主义。

这些问题,归根结底是马克思主义的发展问题,是如何正确认识民主社会主义和中国特色社会主义究竟谁是正统科学社会主义的问题。前面

---

① 徐理:《正确认识民主社会主义 坚定不移地走中国特色社会主义道路》,《光明日报》2007年4月24日。
② 周新城:《一个事关我国走什么道路的大问题——评〈只有民主社会主义才能救中国〉一文》,《马克思主义研究》2007年第4期,第91—96页。

通过对民主社会主义历史演变源流作的历史性考察,已经很清楚,民主社会主义与马克思主义在一定历史阶段内思想主张是一致的,但在发展中却渐行渐远,总体上走的是截然相反的道路,性质上是对立的。很多学者也是对"源流"关系展开研究,认为中国特色社会主义与民主社会主义"同源而不同流",从指导思想、奋斗目标、斗争策略手段、基本理论认识等方面分析两者的根本分歧和本质区别。

从中国特色社会主义形成和发展的历史逻辑、理论逻辑和实践逻辑等多种因素可以清楚地看出,中国的新民主主义革命、社会主义革命和建设,是"走俄国的道路",是走马克思列宁主义的社会主义道路。中国早期的社会主义建设完全照搬了斯大林模式,这就造成了极其严重的政治、经济和社会后果。苏东剧变后,斯大林模式的弊端进一步为人们所认识。正是在这样的背景下,中国共产党在对历史经验教训进行深刻反思的基础上,彻底突破社会主义传统模式,但其理论渊源仍是马克思主义基本原理和科学社会主义的基本原则。

而民主社会主义的发展,并没有统一的指导思想和原则,在思想理论来源上是多元化的。"民主社会主义从来就不是一个严整统一的理论体系和社会运动,在其内部始终存在着不同的理论和政治派别。"[1]自然而然其奋斗目标也存在根本区别。"纵观社会民主主义百余年演变的历史,认为社会民主主义才是科学社会主义正统的观点,忽视了社会民主主义与科学社会主义渐行渐远的基本事实。诚然社会民主主义自身构成了一个思想流派,但它不是科学社会主义的继承和发展,彼流非此源之所出。"[2]

---

[1] 蒋锐:《中国特色社会主义与民主社会主义》,《当代世界社会主义问题》2012年第4期,第23—43页。
[2] 李健、孙代尧:《关于中国道路和前途的四种"主义"辨析——以源流关系为视角》,《毛泽东邓小平理论研究》2015年第2期,第60—65、93页。

由此可见，中国特色社会主义与民主社会主义可以说是"同源而不同流"，两者在某些方面具有高度相关性，也有许多值得学习借鉴的地方，但是它们有着根本区别，是两种不同的思想体系和发展道路。当然，民主社会主义的发展过程中也反映了人类文明某些共性的内容，蕴含了新的社会主义的因素，中国特色社会主义需要在借鉴中发展自己、完善自己。但是，中国特色社会主义与民主社会主义存在本质区别。对此，必须划清两者界限，并有一个清醒的认识。

第二节　中国特色社会主义的世界意义和历史启迪

从中国特色社会主义生成逻辑和价值展开看，中国特色社会主义坚持了科学社会主义基本原则，作为一种既有别于僵化的传统社会主义，也有别于各种资本主义的新型制度，形成了系统科学的理论体系，以崭新的内容丰富和发展了马克思主义，赋予了鲜明的中国特色，具有普遍的世界意义。

一、中国特色社会主义的世界贡献

中国特色社会主义既是理论又是实践的，既是历史又是现实的，既是民族又是世界的。中国特色社会主义是 21 世纪世界社会主义最有作为、最为重要的组成部分。党的二十大报告在全面回顾总结新时代十年伟大成就、伟大变革中指出，中国共产党在革命性锻造中更加坚强有力；中国人民焕发出更为强烈的历史自觉和主动精神；实现中华民族伟大复兴进入了不可逆转的历史进程；科学社会主义在 21 世纪的中国焕发出新的蓬勃生机。①

一是焕发了科学社会主义的强大生机活力。"社会主义在中国的实践发展，推动中华民族实现了历史上最广泛、最深刻、最伟大的社会变革。"②对于世界社会主义运动来说，中国特色社会主义的崛起填补了苏东剧变后东方世界的意识形态真空。福山所预言的"历史的终结"最终并未实现，反而引起了整个世界对社会主义的重新审视。"使具有五百年历史的社会主义主张在世界上人口最多的国家成功开辟出具有高度现实性和可行性的正确道路，让科学社会主义在21世纪焕发出新的蓬勃生机。"③中国特色社会主义的崛起和成就继往开来，意味着中国特色社会主义正式走向世界，成为世界历史及人类文明发展的重要方向，展现了建构人类文明新形态的可能性。从历史与现实、现在与未来的贯通中，中国特色社会主义将不断超越实践，进而成为一种真正能够引导人类不断变革现实世界的理论、道路、制度和文化。

20世纪前半个多世纪里，世界社会主义运动波涛汹涌，开创人类历史新纪元，到了80年代末90年代初，世界社会主义运动遭受了严重挫折，陷入空前低潮，苏联的社会主义模式彻底失败。但是社会主义中国并没有像一大批社会主义国家一样随着"多米诺骨牌效应"倒下。相反，中国特色社会主义道路越走越宽广，中国特色社会主义的成功实践解决了在中国这样一个经济文化十分落后的国家建设和发展社会主义的历史性课题。邓小平早就断言，社会主义建设出现曲折不必惊慌失措，"我坚信，世界上赞成马克思主义的人会多起来的，因为马克思主义

---

① 《高举中国特色社会主义伟大旗帜　为全面建设社会主义现代化国家而团结奋斗——在中国共产党第二十次全国代表大会上的报告》，人民出版社2022年版，第15—16页。
② 《习近平新时代中国特色社会主义思想是党和国家必须长期坚持的指导思想》，《人民日报》，2019年7月22日。
③ 习近平：《在庆祝中国共产党成立95周年大会上的讲话》，人民出版社2016年版，第4页。

是科学"①。实践已经更加明确邓小平的"断言",中国特色社会主义进入新时代,"使世界上正视和相信马克思主义和社会主义的人多了起来,使世界范围内两种意识形态、两种社会制度的历史演进及其较量,发生了有利于马克思主义、社会主义的深刻转变。这不仅对于社会主义在中国的发展,而且对于世界社会主义发展和人类进步,都是具有深远意义的大趋势"②。

党的十九届六中全会通过的《中共中央关于党的百年奋斗重大成就和历史经验的决议》指出党的百年奋斗历史意义,其中重要的一点就是"展示了马克思主义的强大生命力"。"马克思主义的科学性和真理性在中国得到充分检验,马克思主义的人民性和实践性得到充分贯彻,马克思主义的开放性和时代性得到充分彰显。"③中国特色社会主义成为振兴世界社会主义的"中流砥柱",并不是为社会主义模式增加一个新的类型,而是在严重挫折和空前低潮情况下,在现实和理想的统一中确证了马克思主义的真理性,"依然占据着真理和道义的制高点"④。

二是提供了不同于西方现代化的新路。中国特色社会主义道路开辟了实现中华民族伟大复兴的正确道路,从根本上改变了中国人民的前途命运。我们之所以说当代中国社会伟大变革不是国外现代化发展的翻版,是因为中国所走的现代化道路是人类历史上前所未有的大变革,其跨越式发展不断赋予了现代化道路新的内涵和境界。"我们用几十年时间

---

① 《邓小平文选(3)》,人民出版社 1993 年版,第 382 页。
② 《习近平新时代中国特色社会主义思想学习纲要》,学习出版社,人民出版社 2019 年版,第 5 页。
③ 《中共中央关于党的百年奋斗重大成就和历史经验的决议》,《人民日报》,2021 年 11 月 17 日。
④ 《习近平新时代中国特色社会主义思想学习纲要》,学习出版社,人民出版社 2019 年版,第 35 页。

走完了发达国家几百年走过的工业化历程,使不可能成了可能。"①为世界发展中国家摆脱贫困提供了一条不同于西方现代化的新路,破解了社会主义历史进程中的一个难题,"中国式现代化为人类实现现代化提供了新的选择"②。

同时,我们这个世界上最大的发展中国家实现了现代化,意味着比现在所有发达国家人口总和还要多的中国将进入现代化行列。另一方面,中国道路对社会主义现代化进程有自己特殊国情和历史课题,与发达资本主义国家的现代化差别很大。2019年6月25日,在大阪举办的"共建开放型世界经济国际论坛"上,英国著名汉学家马丁·雅克说,"中国的和平发展道路与美英法德日的崛起之路截然不同,后者都曾通过战争寻求扩张,而中国没有""中国将成为一个与众不同的新型大国"③。

"中国特色社会主义作为走向和实现现代化的新途径,体现了对科学社会主义的坚持和发展,对传统社会主义模式及其观念的更新,也体现了对资本主义路径及其理念的超越。它给经济文化落后国家建设社会主义提供了新的经验。"④中国特色社会主义并不"输出"中国模式,也不会要求别国"复制"中国的做法,也意味着社会主义已成功开辟了一条不同于资本主义的更好更快的现代化道路。"中国道路对现代化的重构,杰出地体现在社会主义的时空观上,既不同于发达资本主义基础上的社会主义

---

① 《习近平新时代中国特色社会主义思想学习纲要》,学习出版社、人民出版社2019年版,第26页。
② 《高举中国特色社会主义伟大旗帜 为全面建设社会主义现代化国家而团结奋斗——在中国共产党第二十次全国代表大会上的报告》,人民出版社2022年版,第16页。
③ [英]马丁·雅克:《共建开放型世界经济国际论坛上的演讲》,中国日报微博 https://m.weibo.cn/status/4387389122086557? wm = 3333_2001&from = singlemessage&sourcetype = weixin&display=0&retcode=6102. 2019-06-26。
④ 秦刚:《中国特色社会主义:实现现代化的新途径》,《科学社会主义》2017年第5期,第10—15页。

现代化进程,也开拓了民族国家相对独立的社会主义进程。"①

三是贡献了解决人类问题的中国智慧和中国方案。毛泽东说:"像中国这样大的国家,应该'标新立异'"。② 就如邓小平所言,"中国这样的社会主义大国,不可能走'捷径'"③。另一方面,"中国是一个大国,它应该起更多的作用"④,总体上来说,中国特色社会主义系统回答了什么是社会主义、怎样建设社会主义等重大理论和实践问题的同时,也积极回答"人类社会向何处发展、怎样发展"等重大问题,提出了一系列新理念新思想新战略,为发展马克思主义作出了原创性贡献。"不是其他社会主义国家实践的再版,而是现实社会主义的扩展版。"⑤

当今世界变局百年未有,各种威胁和挑战联动效应明显,不确定性突出。2008年国际金融危机后,世界经济复苏远不及预期,恐怖主义、社会分化等问题严重,以西方为中心的发展模式在实践中遇到多重困境。特别是2020年新冠肺炎疫情对人类社会产生空前巨大的冲击,影响广泛深远,暴露了国际政治经济结构的系统性问题,加速全球新旧治理体系重构和人类社会面貌的演变,标志着自由主义超级全球化走到了尽头。中国特色社会主义道路、理论、制度、文化内涵不断拓展,综合国力显著增强,国际地位显著提高,得到了全世界的广泛关注。"改革开放之初的中国特色社会主义相对注重的是社会主义的'中国化'或'中国特色',我们也相对注重为中国特色社会主义辩护,而党的十八大以后,我们开始注重中国特色社会主义的'世界化'或'世界历史意义',即为解决人类问题所贡献

---

① 孙力:《时空重释:社会主义现代化的中国贡献》,《上海师范大学学报(哲学社会科学版)》2013年第1期,第38—45页。
② 《建国以来毛泽东文稿(6)》,中央文献出版社1987年版,第180页。
③ 《邓小平文选(2)》,人民出版社1994年版,第257页。
④ 《邓小平文选(2)》,人民出版社1994年版,第312页。
⑤ 秦宣:《当代中国伟大社会变革的多维解读》,《马克思主义研究》2019年第6期,第5—12、159页。

的中国智慧和中国方案。"①

此外,中国特色社会主义更是创造了世所罕见的经济跨越式发展的"中国奇迹"和现代化高速发展进程中的社会长期"稳定奇迹"。这种"中国奇迹"和"稳定奇迹"折射的中国之治,以系统、全面、协调、可持续思维,为人类社会在互利共赢中走向未来注入了新的生机与活力。从实践上看,中国特色社会主义的形成和发展,不是为了特色而特色,中国制度优势不断呈现,这既确立了中国特色社会主义制度治理国家的有效性、优越性,也为完善全球治理提供了新的方向和选择。中国是世界经济增长的主要稳定器和动力源,麦肯锡全球研究院的研究报告认为,"到 2040 年,中国和世界其他经济体彼此融合有望创造 22 万亿至 37 万亿美元经济价值,相当于全球经济总量的 15%—26%,世界其他经济体和中国加强合作,将会创造出巨大的经济价值"②。

四是开启了人类文明交流互鉴的新进程和人类文明新形态的建构。中国共产党是世界上最大的政党,中国共产党人是马克思主义的忠诚信奉者、坚定实践者。"大就要有大的样子。中国共产党所做的一切,就是为中国人民谋幸福、为中华民族谋复兴、为人类谋和平与发展。我们要把自己的事情做好,这本身就是对构建人类命运共同体的贡献。"③中国共产党为人民谋幸福、为民族谋复兴、为世界谋大同,在推动构建人类命运共同体、维护人类共同利益和共同价值等方面作出重要贡献,是一个"自其诞生起就担负着三重历史使命"④的伟大政党,始终把为人类作出新的

---

① 韩庆祥:《深化研究习近平新时代中国特色社会主义思想的十个重要学理性问题》,《中共中央党校(国家行政学院)学报》2020 年第 1 期,第 5—17 页。
② 《新时代的中国与世界》,人民出版社 2019 年版,第 23 页。
③ 《习近平谈治国理政(3)》,外文出版社 2020 年版,第 436 页。
④ 李海青:《马克思主义使命型政党与马克思主义中国化》,《观察与思考》2021 年第 1 期,第 67—81 页。

更大贡献作为自己的使命,走出了后发展国家必然沦为西方附庸的怪圈,向世界彰显了泱泱大国的智慧与气度。

中国拥有解决世界性难题的强大能力和资源,作用不可替代。要保持战略定力,清醒认识中国发展的战略机遇与风险挑战并存,拓展世界眼光和战略思维,统筹中华民族伟大复兴战略全局,推动世界百年未有之大变局朝着符合世界人民意愿和利益、符合时代发展潮流和趋势的方向演进。中国特色社会主义不是要"输出"中国模式,也不会要求别国"复制"中国的做法。中国特色社会主义的制度优越性体现在中国共产党立足国情放眼世界,坚定马克思主义与中国实际相结合的同时,自觉开展社会主义与时代特征相结合的改革实践,在构建人类命运共同体的重大战略思想中,不仅为推进全球共治贡献中国思路与中国方案,还为世界的和平进步注入了中国精神。

"坚持胸怀天下"是中国共产党百年奋斗的重要历史经验之一。坚定不移走和平发展道路,是中国人民对实现自身发展目标的自信和自觉。"这种自信和自觉,来源于中华文明的深厚渊源,来源于对实现中国发展目标条件的认知,来源于对世界发展大势的把握。"[①]绵延不绝的中华文明是我们最基本、最深沉、最持久的自信,只有自信的国家和民族,才能在通往未来的道路上行稳致远。"从自立到自强,从自信到自觉,中国共产党人坚守自己的初心和使命,通过道路自信、理论自信、制度自信、文化自信集中呈现,是对科学社会主义基本观点的原创性发展,使中国特色社会主义的道路、理论、制度、文化不断释放生命力、创造力、想象力。"[②]而另

[①] 《习近平谈治国理政》,外文出版社 2014 年版,第 265 页。
[②] 胡静波:《中国特色社会主义整体性特征的三个维度》,《科学社会主义》2020 年第 4 期,第 67—72 页。

一方面，我们坚持和发展中国特色社会主义，"创造了人类文明新形态"①，为人类社会对美好世界的向往与追求，为世界范围内文明成果的共享提供现实可能。面对"世界又一次站在历史的十字路口"，党的二十大报告中真诚呼吁，"我们要弘扬和平、发展、公平、正义、民主、自由的全人类共同价值"②，构建人类命运共同体，共同应对各种全球性挑战。

二、中国特色社会主义的历史启迪

中国特色社会主义发展到今天，是世界社会主义最新、最成功的实践，既有宝贵经验，也有惨痛的教训。不管是经验还是教训，都有重要的启示意义。

第一，"两个不容置疑"中坚持和发展马克思主义。中国特色社会主义事业是前无古人的开创性事业，前进道路不可能一帆风顺，经过几十年的实践探索，从被开除"球籍"的警示到中华民族迎来了从站起来、富起来到强起来的实践已经证明，中国特色社会主义符合中国国情，是取得极大成功的正确道路，"我们对社会主义的认识，对中国特色社会主义规律的把握，已经达到了一个前所未有的新的高度，这一点不容置疑。"③

社会主义在中国只是实践了几十年的事物，很多基本范畴、全新的论断都是在实践中随着认识的加深，不断得到深化和发展的。历史和现实都告诉我们，一场社会革命要取得最终胜利，往往需要一个漫长的历史过程。"坚持和发展中国特色社会主义，必须增强理论自信和战略定力，对

---

① 习近平：《在庆祝中国共产党成立 100 周年大会上的讲话》，人民出版社 2021 年版，第 14 页。
② 《高举中国特色社会主义伟大旗帜　为全面建设社会主义现代化国家而团结奋斗——在中国共产党第二十次全国代表大会上的报告》，人民出版社 2022 年版，第 63 页。
③ 《十八大以来重要文献选编（上）》，中央文献出版社 2014 年版，第 114 页。

经过反复实践和比较得出的正确理论,要坚定不移坚持。"①理论的生命力在于不断创新,"我们还面临很多没有弄清楚的问题和待解的难题,对许多重大问题的认识和处理还处在不断深化的过程之中,这一点也不容置疑"②。无论是承前启后,还是继往开来,都要求我们对中国特色社会主义反复思考、观察和研究,确立更加严谨、更加准确的科学态度,在"守正出新"中继续为发展马克思主义作出中国的原创性贡献,在新的历史条件下把中国特色社会主义各项事业推向前进。

马克思主义是中国共产党人理想信念的灵魂。"马克思主义的命运早已同中国共产党的命运、中国人民的命运、中华民族的命运紧紧连在一起。"③中国特色社会主义从开创到发展,主要在于全党思想建党、理论强党,始终坚持科学社会主义基本原则。坚持马克思主义指导地位作为一条宝贵经验,任何时候任何情况下都不容许有丝毫动摇。坚定马克思主义信仰和共产主义理想,就要以更宽广的视野,更长远的眼光引领时代、赢得未来,在实现理论创新和实践创新良性互动中,不断超越自己、完善自己,不断开辟马克思主义中国化的新境界。

第二,"两个没有变"中勇于探索和实践。党的十九大报告在论述新时代中国社会主要矛盾转化的同时,提出"两个没有变"④重要论断。"两个没有变"从党的十三大系统阐述到党的十九大不断丰富发展和深化完善,坚持"两个没有变"的辩证统一关系是建立在坚持实事求是,尊重客观规律,深刻总结正反两方面历史经验教训基础上得来的。

中国特色社会主义事业作为前无古人的开创性事业,前进的道路不

---

① 《当代中国发展进步的根本方向》,《人民日报》2019年7月24日。
② 《十八大以来重要文献选编(上)》,中央文献出版社2014年版,第114页。
③ 习近平:《在纪念马克思诞辰200周年大会上的讲话》,《求是》2018年第10期,第3—10页。
④ 《习近平谈治国理政(3)》,外文出版社2020年版,第10页。

可能一帆风顺,需要以马克思主义为指导,尊重客观规律,根据主要矛盾的变化,实事求是深刻理解和把握当代中国发展的新阶段新特征,为科学制定党的路线方针政策提供客观依据。这需要坚持马克思主义的发展观点,坚持马克思主义量变与质变的观点,发挥历史的主动性、能动性、创造性,不断在新的历史条件下谱写中国特色社会主义新篇章。

回望中国共产党近百年的道路,也绝非一帆风顺,其中充满了曲折坎坷,甚至付出了不少惨重的代价,究其原因,就是缺乏对中国具体实际的正确判断与把握。中国特色社会主义基本理论、基本路线、基本方略都是基于"两个没有变",将马克思主义基本原理同中国具体实际相结合,既不落后于时代,也不脱离实际、超越阶段,这是保持战略定力,善于在危机中育先机,在变局中开新局的前提。

马克思、恩格斯理论的出发点着眼于"改变"世界的实践,这是马克思、恩格斯的全部学说贯彻始终的一个重要特征。"哲学家们只是用不同的方式解释世界,问题在于改变世界。"[1]同样,中国特色社会主义正是在实践的基础上不断推进理论与实践新的统一,"中国特色社会主义不是天下掉下来的""空谈误国,实干兴邦""踏石留印、抓铁有痕""社会主义是干出来的,幸福是奋斗出来的"等,都是实践逻辑的鲜明特征,是始终保持鲜活的理论和历史创造力的基本原则和基本方法。

第三,"两个决不会"中永葆马克思主义政党本色。马克思、恩格斯"两个决不会"思想,即"无论哪一个社会形态,在它所能容纳的全部生产力发挥出来以前,是决不会灭亡的;而新的更高的生产关系,在它的物质存在条件在旧社会的胎胞里成熟以前,是决不会出现的"[2]。中国共产党成立百年,执政70多年,可能是政策调整幅度最频繁的政党,但是,也是

---

[1] 《马克思恩格斯选集(4)》,人民出版社2012年版,第1004页。
[2] 《马克思恩格斯选集(4)》,人民出版社2012年版,第920页。

坚守初心,使命矢志不渝,指导思想、根本方向和目标不变,最稳定的政党。

2018年1月5日,习近平在党的十九大精神研讨班开班式上强调,建设好我们这样的大党,领导好我们这样的大国,需要"做到坚持和发展中国特色社会主义要一以贯之;推进党的建设新的伟大工程要一以贯之;增强忧患意识、防范风险挑战要一以贯之"①。"三个一以贯之"正是对"两个决不会"的继承和发展。"资本主义占统治地位的时代本质没有改变,从而决定了社会主义与资本主义两条道路、两种制度、两个前途、两种命运和两种意识形态的矛盾与斗争将长期存在,在一定条件下,这种斗争与博弈甚至会更加尖锐、更加激烈。"②

中国特色社会主义进入新时代,当代中国正处于近代以来最好的发展时期,正处于中华民族伟大复兴的关键时期,这也是从大国走向强国的关键时期。同时正面临世界百年未有之大变局,既要看到这是一个大有可为的历史机遇期,也是世界经济新旧动能、国际新旧秩序转型期,前进道路不可能一帆风顺。"国外敌对势力把我国视为他们的威胁,不断加强攻击、破坏、诋毁的力度,试图阻挡中国前进的步伐。"③。应对种种世界"变局",需要我们在统揽"四个伟大"中,以登高望远的宏大格局与胸怀来思考问题、分析问题、解决问题,吸收人类创造的一切优秀文明成果,构建人类命运共同体,永葆马克思主义政党本色。

第四,"两个不走"中保持中国特色社会主义"三个基本"政治定力。当今世界存在着形形色色的社会主义运动,随着20世纪90年代苏东剧

---

① 《习近平谈治国理政(3)》,人民出版社2020年版,第69页。
② 赵剑英:《习近平外交思想的哲学基础探析》,《世界经济与政治》2020年第8期,第4—19、154—155页。
③ 齐卫平:《中国共产党建党精神论纲》,《红色文化学刊》2020年第4期,第40—46、110页。

变,一度成为世界潮流的马克思主义、社会主义、共产主义似乎成了一个被"终结"的词汇。中国特色社会主义并没有随着"多米诺骨牌效应"倒下,而是以不可辩驳的事实彰显了科学社会主义的鲜活生命力,关键在于"两个不走"。

正确把握"两个不容置疑""两个没有变""两个决不会"的科学判断,一方面体现在解放思想、实事求是的思想路线上,最终落实到坚持基本理论、基本路线、基本方略的战略定力上。党的十八大报告中强调了这种战略定力,提出"既不走封闭僵化的老路,也不走改旗易帜的邪路"[1],即"两个不走"。这是对改革开放以来"改革"不"改向",创造性地走出一条具有中国特色的社会主义发展道路的总结和肯定。

社会主义事业是在曲折中前进的。毛泽东预言"社会主义和资本主义之间谁胜谁负的问题还没有真正解决"[2]。邓小平也曾指出"实行开放政策必然会带来一些坏的东西,影响我们的人民。要说有风险,这是最大的风险"[3]。习近平在党的十九大报告中继续强调"既不走封闭僵化的老路,也不走改旗易帜的邪路,保持政治定力"[4]。从中国特色社会主义生成逻辑看,不管世情、国情和党情如何深刻变化,始终立足于中国处于社会主义初级阶段这个国情,始终坚持科学社会主义原则不能丢,坚持"两个不走"的战略定力,但又不拘于一成不变的教条和套路。"一个政党执政,最怕的是在重大问题上态度不坚定"[5]。要想正确处理各种重大考验,"药方"就是"乱云飞渡仍从容",不能"乱花迷眼""浮云遮眼"。

---

[1] 胡锦涛:《坚定不移沿着中国特色社会主义道路前进 为全面建成小康社会而奋斗》,《人民日报》,2012年11月20日。
[2] 《毛泽东文集(7)》,人民出版社1999年版,第230页。
[3] 《邓小平文选(3)》,人民出版社1994年版,第156页。
[4] 《习近平谈治国理政(3)》,外文出版社2020年版,第14页。
[5] 《习近平谈治国理政(2)》,人民出版社2017年版,第113页。

"两个不走"必须旗帜鲜明,抵御各种抛弃社会主义的错误主张,作为一个大国,如果在根本性问题上出现颠覆性错误,那么苏联惨痛性后果就是前车之鉴。我们党提出的"四大考验""四种危险",也警示不管任何时候,在方向性、立场性、原则性的重大问题上必须头脑清醒,跳出"历史周期率",不断赋予社会主义新的生机活力。实践已经证明,中国特色社会主义这条道路是中国发展的成功之路,这条道路来之不易,走好更不容易。要始终保持清醒坚定,保持强大的战略定力和政治定力,这是战胜一切艰难困苦的最大秘诀,也是提高主观能动性,把握实践方向,提高战略预见力、执行力的前提。这种战略定力,要求以大历史观为根本,对社会发展阶段、特征、矛盾有正确把握和科学判断,才能不为任何风险所惧,不为任何干扰所惑,才不会在道路方向问题上摇摆不定,错失发展机遇,甚至误入歧途。

第五,"两个确立"中不断开创新时代中国特色社会主义事业新局面。2021年11月,党的十九届六中全会通过的《中共中央关于党的百年奋斗重大成就和历史经验的决议》指出,"党确立习近平同志党中央的核心、全党的核心地位,确立习近平新时代中国特色社会主义思想的指导地位"①。"两个确立"是深刻总结党的百年奋斗的重大历史结论,也是党的十八大以来伟大实践得出的重要政治成果。这对新时代党和国家事业发展、对实现第二个百年奋斗目标、对推进中华民族伟大复兴历史进程具有决定性意义,"充分体现了我们党对中国特色社会主义建设规律的深刻认识和把握,必将确保我们党更好团结带领人民在民族复兴新征程上创造新的历史伟业"②。

"两个确立"为进行伟大斗争、建设伟大工程、推进伟大事业、实现伟

---

① 《中共中央关于党的百年奋斗重大成就和历史经验的决议》,《人民日报》2021年11月17日。
② 马建堂:《深刻认识"两个确立"的重大意义》,《人民日报》2021年11月26日。

大梦想培根铸魂、凝心聚力，是夺取新征程新胜利的根本保证。党的十八大以来，中国特色社会主义进入新时代，推动党和国家事业取得历史性成就、发生历史性变革。党面临的主要任务是，实现第一个百年奋斗目标，开启实现第二个百年奋斗目标的新征程。以习近平为核心的党中央统筹把握中华民族伟大复兴战略全局和世界百年未有之大变局，强调中国特色社会主义新时代是承前启后、继往开来，在新的历史条件下继续夺取中国特色社会主义伟大胜利的时代。实践证明，习近平新时代中国特色社会主义思想是当代中国马克思主义、21世纪马克思主义，是中华文化和中国精神的时代精华，实现了马克思主义中国化新的飞跃，在新征程上必须一以贯之地坚持和捍卫。

"两个确立"宣示了我们党牢记初心使命、永葆生机活力的坚定决心，进一步彰显了党的领导这一中国特色社会主义最本质的特征、中国特色社会主义制度的最大优势。2021年12月6日，习近平在十九届中央政治局第三十五次集体学习时的重要讲话中指出，中国特色社会主义法治体系是中国特色社会主义制度的重要组成部分，必须牢牢把握中国特色社会主义这个定性。"牢牢把握中国特色社会主义这个定性"，就是要正确处理政治和法治、改革和法治、依法治国和以德治国、依法治国和依规治党的关系，在坚持党的全面领导、保证人民当家作主等重大问题上做到头脑特别清晰、立场特别坚定。

100年来，中国共产党坚守初心使命，取得革命、建设、改革一系列伟大胜利。其中，最重要的一条经验就是确保党始终成为领导伟大事业的核心力量。办好中国的事情关键在党，中国特色社会主义最本质的特征是中国共产党领导，党的领导直接关系着中国特色社会主义的性质、方向和命运。"中国共产党领导形成和巩固发展的大团结局面，是取得'四个伟大成就'的重要条件，是生成'五个历史意义'的内在纽带，是贯穿'十条历史经验'的价值内核,也是新时代中国共产党从胜利走向胜利的行动愿景。"①

实践已经证明,没有共产党就没有新中国,就没有中国特色社会主义,坚持中国共产党的领导,中国特色社会主义事业就会健康发展。另一方面,中国特色社会主义制度的最大优势是中国共产党的领导。中国特色社会主义取得的一切进步最根本的在于党的坚强领导。深刻领会"两个确立"的决定性意义,不断增强维护核心、维护党中央权威的政治自觉,增强"四个意识",确保中国共产党始终处于中国特色社会主义事业总揽全局、协调各方的核心地位,对推动全党增进团结、增加信心、增强斗志,不断开创新时代中国特色社会主义事业新局面,夺取新时代中国特色社会主义新的伟大胜利,具有重大现实意义和深远历史意义。

第三节 中国特色社会主义的机遇、挑战与展望

回顾党的百年奋斗历程,从革命、建设到改革开放新时期,中国共产党呼应人民心声意愿,为了实现中华民族的伟大复兴的历史使命,初心不改、矢志不渝,成为中华民族的主心骨,并领导人民进行了艰苦卓绝的斗争,取得了举世瞩目的辉煌成就。中华民族由衰到盛,彻底摆脱被开除"球籍"的危险并前所未有地走近世界舞台中央,中国大踏步赶上了时代,迎来了从站起来、富起来到强起来的伟大飞跃。

一、机遇与挑战

"中国对世界的影响,从没像今天这样全面、深刻、长远;世界对中国

---

① 林华山:《中国共产党百年奋斗的团结叙事——运用大统战观学习党的第三个历史决议》,《河北省社会主义学院学报》2022年第1期,第5—12页。

的关注,也从未像今天这样广泛、深切、聚焦。"①中国特色社会主义创造了现代化高速发展进程中的"稳定奇迹",治理效能提升,发展韧劲强劲,中国发展站到了新的历史起点,具备了过去难以想象的良好发展条件,当代中国正处于近代以来最好的发展时期,为赢得比较优势打开了广阔战略空间。

正如英国哲学家伯特兰·罗素在《中国问题》中谈到的:"中国的人口占到全世界的四分之一,所发生的问题即使对中国以外的任何人没有影响,本身也具有深远的重要性,事实上,在未来的两个世纪里,无论中国朝好的方向发展,还是朝坏的方向发展,都将对世界的局势产生决定性的影响。"②这意味着中国的发展成为影响世界局势这一根本性变化的关键变量。中国的发展到哪里去?发展起来的中国如何与世界相处?这不仅仅是自身要考虑的长远问题,也是日益备受外界关切的焦点。

当代中国正处于中华民族伟大复兴的关键时期,正处于从大国走向强国的关键时期,时与势在我们一边。"当前和今后一个时期,我国发展仍处于重要战略机遇期,但机遇和挑战都发生了新的发展变化。"③在"两个一百年"奋斗目标特殊的时空交汇点上,危中有机,危机并存,"我国发展进入战略机遇和风险挑战并存、不确定难预料因素增多的时期,各种'黑天鹅''灰犀牛'事件随时可能发生"④。如果现在不抓紧,将来解决起来难度更高、代价会更大、后果会更重。

改革开放仅仅 40 多年的时间,社会主义中国就取得了发达资本主义

---

① 《新时代的中国与世界》,人民出版社 2019 年版,第 2 页。
② 乔国强、郑佳:《对话与重建——评〈中学西话:20 世纪西方文论中的中国〉》,《中国图书评论》2021 年第 1 期,第 58—66 页。
③ 《中国共产党第十九届中央委员会第五次全体会议公报》,人民出版社 2020 年版,第 23 页。
④ 《高举中国特色社会主义伟大旗帜 为全面建设社会主义现代化国家而团结奋斗——在中国共产党第二十次全国代表大会上的报告》,人民出版社 2022 年版,第 26 页。

国家历经数百年现代化进程所积累的经济发展成就,这也意味着"后发赶超"现代化进程中出现的不平衡不充分等问题和挑战极有可能集中释放。邓小平曾经说过:"过去我们讲先发展起来。现在看,发展起来以后的问题不比不发展时少。"①习近平多次强调并警醒:"不发展有不发展的问题,发展起来有发展起来的问题,而发展起来后出现的问题并不比发展起来前少,甚至更多更复杂了。"②

中国共产党是一个大党,进行的是伟大的事业,新历史方位、新发展阶段,必须始终保持高度警惕,战略性错误不能犯,颠覆性错误更不能犯,"我国是一个大国,决不能在根本性问题上出现颠覆性错误"③。如果在战略上出现了偏差,那后果将是很严重的,付出的代价将会很大。有学者指出,"当代中国的'根本性问题',蕴于'建设有中国特色社会主义'这一'基本结论'之中"④。那么,什么是"根本问题"?根本问题就在于走什么样的道路,这至关重要。中国特色社会主义是近代以来中国社会发展的必然选择,中华民族伟大复兴的必由之路,也是我们长期历史经验得出的基本结论。另一方面,中国不可能像西方国家一样对外输出矛盾、转嫁危机,而是在平衡市场与政府之间的关系、平衡发展的速度与稳定中通过把握客观规律、科学的顶层设计,不断坚持和完善中国特色社会主义制度,这才是正确且长远的方案,中国所需要的是靠自身制度优势,自主消解现代化与全球化相伴而生的矛盾和困境。

从国际来看,我们正面临世界百年未有之大变局,国际力量对比呈趋势性更加均衡的方向发展,新一轮科技革命和产业革命变革加速发展,各

---

① 《邓小平年谱 1975—1997(下)》,中央文献出版社 2004 年版,第 1364 页。
② 《十八大以来重要文献选编(中)》,中央文献出版社 2016 年版,第 833 页。
③ 《习近平谈治国理政(3)》,外文出版社 2020 年版,第 188 页。
④ 顾海良:《习近平改革思想蕴含的底线思维在根本性问题上不犯颠覆性错误》,《人民论坛》2013 年第 36 期,第 24—26 页。

种威胁和挑战联动效应明显,国际环境日趋复杂,不稳定性不确定性明显增加。经济全球化遭遇逆流,单边主义、保护主义、霸权主义对世界和平与发展构成威胁。"中国对西方的核心价值理念形成了冲击。可见,西方阻遏中国崛起不仅有国家利益的考虑"①,还有意识形态因素。中西方之间矛盾,既有经济也有政治、文化等各种冲突,这种矛盾虽然要立足时代和平与发展主题,但是应时刻保持清醒,两者之间的对抗和冲突无法避免。

在2012年12月中央经济工作会议上,习近平指出:"从历史上看,新兴大国出现必然带来国际格局调整,必然遭到守成大国遏制。"②处理好大国走向强国的风险和陷阱,这是我国在今后较长时期内将面临的重大挑战,需要处理好国家治理与全球治理的关系。

随着中国特色社会主义事业的推进,中国和平崛起已成既定事实,中国特色社会主义道路越走越宽广,当代中国已不再是国际秩序的被动接受者,而是日益走近世界舞台中央。在复杂的大发展大变革大调整背景下,深刻认识错综复杂的国际环境带来的新矛盾新挑战,需要"把握国际形势要树立正确的历史观、大局观、角色观"③,科学把握中国发展的时和势,应该提升战略预见力,增强机遇意识和危险意识,强化底线思维,保持斗争思维,增强斗争本领。

党的二十大报告指出,中国共产党作为世界上最大的马克思主义执政党,要始终赢得人民拥护、巩固长期执政地位,必须时刻保持解决大党独有难题的清醒和坚定。全面建设社会主义现代化国家,担负起新时代

---

① 魏荣、吴波:《习近平关于战略定力的重要论述研究》,《中国特色社会主义研究》2018年第6期,第5—12、19页。
② 《中国经济新常态》,人民出版社2015年版,第99页。
③ 《习近平谈治国理政(3)》,人民出版社2020年版,第427页。

新征程的使命任务,必须增强忧患意识,坚持底线思维,做到居安思危、未雨绸缪,准备经受风高浪急甚至惊涛骇浪的重大考验。党的二十大报告旗帜鲜明地指出了面对风云变幻的世界格局,在前进的道路上,必须毫不动摇地坚持"六项重大原则"①,其中"坚持中国特色社会主义道路"作为第二条放在"坚持和加强党的全面领导"后面。同时,党的二十大报告还单列专题,强调推进国家安全体系和能力现代化,坚决维护国家安全和社会稳定,以新安全格局保障新发展格局,可见在战略机遇与风险挑战并存面前,旗帜、道路、方向尤为重要。

二、未来展望

经过40多年的改革开放伟大实践,中国特色社会主义的内涵越来越丰富,中国未来的发展道路变得更加明朗。要在新起点、新阶段续写好这篇大文章,既要看到我们具备过去难以想象的良好发展条件,也要看到我们面临着许多前所未有的困难和挑战,需要在实践中一步一步探索、深化、完善,不断开辟科学社会主义在21世纪新发展的正确道路。"当代中国的伟大社会变革是一场既影响中国又影响世界的革命,这种系统性、全局性、战略性、革命性的变革,不可能从单一角度解读,需要放在更广阔的视野中进行多维度解读。"②

一是不断寻找新坐标。准确领会把握坚持和发展关于中国特色社会主义中关于"两个决不会""两个没有变""两个不容置疑""两个不走"等辩证关系,在人类社会发展、社会主义发展和共产党执政"三大规律"认识

---

① 《高举中国特色社会主义伟大旗帜 为全面建设社会主义现代化国家而团结奋斗——在中国共产党第二十次全国代表大会上的报告》,人民出版社2022年版,第26—27页。
② 秦宣:《当代中国伟大社会变革的多维解读》,《马克思主义研究》2019年第6期,第5—12、159页。

上,做到"三个一以贯之"①。同时,运用马克思主义观察时代、解读时代、引领时代,立足"世界上最大的发展中国家的国际地位"的"量"与"质","危"和"机"的"变"与"不变"联动关系中,既要看到我们离中华民族伟大复兴的目标越来越近,越来越自信的新历史方位,更要清醒认识到越接近目标越需要爬坡过坎、滚石上山的勇气和战略定力,需要坚定信仰、信念和信心。

今天的中国正处于"两个一百年"历史交汇期,也是一个中国与世界深度融合、相互激荡的新阶段。回看中国共产党带领中国人民为中华民族所作出的伟大历史贡献,其间充满着苦难和辉煌、曲折和胜利、付出和收获,这条路实属不易。从百年沧桑到大国崛起,当代中国正处于从大国走向强国的关键时期,这也是被动复兴到主动作为的承前启后、继往开来的关键时期。这意味着中国特色社会主义理论创新和实践创新活动也同步进入一个新的周期。

新的周期其实是对中国特色社会主义新的历史方位的自信和自觉。这就"需要把中国特色社会主义置于马克思世界历史观视野中,把握其科学体系,梳理其整体轮廓,抓住其发展脉络,掌握其基本结构,才能进一步全面理解整个理论精神实质,进而思考如何与世界社会主义总体进程对接起来,如何与科学社会主义基本原则贯通起来,揭示其理论、道路、制度及价值形态一般性、普遍性的世界意义"②。如果对中国特色社会主义与马克思主义、科学社会主义的关系阐释得不够,或者说不能以更宏大、长远的大历史观视角去深刻思考中国特色社会主义从哪里来,到哪里去,那么这种自信和自觉就不牢靠。

---

① 《习近平谈治国理政(3)》,人民出版社 2020 年版,第 69 页。
② 胡静波:《中国特色社会主义整体性特征的三个维度》,《科学社会主义》2020 年第 4 期,第 67—72 页。

中国特色社会主义的"社会主义"并不是马克思、恩格斯"文本"里固化的"社会主义",也不是列宁和毛泽东设想和探索的"社会主义",而是在实践中一点点探索出来的,奋斗出来的。实践发展永无止境,追求真理更是一个永无止境的过程,中国特色社会主义还不是尽善尽美、成熟定型的,需要在实践中不断发展和完善。我们还面临很多没有弄清楚的问题和亟待解决的难题去实践、去探索,特别是中国的改革已经进入攻坚期和深水区,我们正在新时代征程中向一个更高阶段迈进,改革进入深水区,失误的成本更大,试错的空间也越来越小。

因此,我们需要"摸着石头过河"和顶层设计相结合的战略定力,在事关中国特色社会主义前途命运的大是大非问题上坚定不移。同时也要在前瞻性、战略性地思考和谋划未来发展中,实事求是地制定时间表、路线图,统筹推进伟大斗争、伟大工程、伟大事业和伟大梦想,树立新的路标,不断开辟科学社会主义在 21 世纪发展的高度现实性和可行性。

二是从跨越到超越。苏联模式传统社会主义实践的普遍问题是经济文化相对落后的社会主义国家在革命和建设中盲目"超越"自身发展实际,而这往往使这些国家一度严重偏离科学社会主义,带来重大挫折和损失。前文说过,中国的革命道路和社会主义初期探索是对马克思、恩格斯东方社会理论特别是跨越"卡夫丁峡谷"思想的创造性运用和发展,认识中国特色社会主义离不开充分地认识资本主义制度及其价值这一前提。社会主义必须借鉴资本主义文明成果,而不能说是"跨越"资本主义发展的所有阶段,因为社会主义可能实现在生产关系上"跨越",但在生产力发展方面,是绝不可能"跨越"的。

实践也证明,改革开放以来中国没有重蹈苏东国家的覆辙并取得历史性成就与充分利用、全面吸收资本主义的先进成果是分不开的。走中国特色社会主义道路,要根据新的实践对科学社会主义作出新的解释和回答，才能赋予社会主义新的生机活力。这种生机活力才是对社会主义制度优越性最雄辩的诠释。"发展是硬道理"，只要发展起来了，偏见和误解就会消弭于无形。改革开放正是遵循了马克思主义关于生产力决定生产关系这一基本原理才成功开创和发展了中国特色社会主义。

改革开放新时期，邓小平逐步认识到"贫穷不是社会主义""搞社会主义，一定要使生产力发达""现在虽说我们也在搞社会主义，但事实上不够格""要建设对资本主义具有优越性的社会主义"等论断，正是放弃"超越"阶段采取的那些"左"的办法，抛开满脑袋框框的思想束缚，突破了以往只是从社会主义制度特征层面来认识社会主义的缺陷，才开创了中国特色社会主义。

现如今，作为"够格的社会主义"，更要在不断赢得对资本主义的优势中赢得主动、赢得未来。需要加强对中国特色社会主义的整体性、系统性、逻辑性、开放性的研究，统筹推进各要素贯通哲学、政治经济学、科学社会主义的整体性效应，推动中国特色社会主义各项制度更加成熟、更加定型。

三是价值决胜。社会主义是在批判资本主义的历史进程中发展起来的，这是社会主义之所以成为社会主义存在和价值的最主要根源。就是说社会主义不仅是制度，而且是一套价值体系。这一套价值体系，是社会主义在同资本主义长期并存的条件下，不断赢得比较优势到绝对优势，显示自己历史先进性的决定因素。中国特色社会主义在发展进程中，始终坚持自力更生、开放包容、互学互鉴，显然这也是一条特色鲜明的合作共赢之路，改写了西方发达国家国强必霸的陈旧逻辑，体现了面向世界贡献中国智慧、中国价值的内在诉求。

中国是个大国，历史上是，现在也是，都需要"睁眼看世界"。今天同样需要以大历史观的世界眼光来观察中国特色社会主义。"中国的问题本来就是世界的问题。"①中国特色社会主义制度使这个世界上最大的发展中国家、全球 1/5 的人口摆脱贫困,走向富裕,并且保持政治稳定。这正是、也最有可能是对西方民主治理方式的一种真正挑战,更是一种值得反思的价值模式,昭示了中国特色社会主义进入新时代这个新的历史方位的生命力、创造力、想象力以及现实可能。

中国特色社会主义自身进入新的"历史方位",也意味着整个世界治理体系及其价值理念进入了新的"历史时刻"。中国特色社会主义又是对传统社会主义模式的彻底转型和全面超越,中国式现代化道路为赢得比较优势到绝对优势打开了全新的战略空间。崛起中的中国日益走近世界舞台的中央,对世界事务产生的影响越来越大,更需要外部世界全方位地客观地来认识中国、了解中国。

"在历史前进的逻辑中前进,在时代发展的潮流中发展。"②中国特色社会主义发展到今天,是世界社会主义最新、最成功的实践。中国特色社会主义不仅有其自身发展的历史逻辑、理论逻辑和实践逻辑,更是蕴含着鲜明的价值取向。中国特色社会主义正成为振兴世界社会主义的中流砥柱,从"制度跨越"转向"价值超越",需要不断加强理论的创新,保持理论对现实的牵引,与时代同步伐,与人民共命运,真正做到不论时代如何变迁,科学如何进步,始终用宽广视野吸收人类创造的一切优秀文明成果,高举 21 世纪科学社会主义发展的旗帜。

但也要看到,"百年未有之大变局"另一深层含义就在于"变",变成什么"局"的关键在于什么成为"势",国外也存在"看多中国"与"看空中国"

---

① 姜辉:《习近平治国理政思想的理论贡献——"五大问题"和"五大规律"》,《红旗文稿》2017 年第 13 期,第 4—7 页。
② 《习近平新时代中国特色社会主义思想学习论丛(第四辑)》,中央文献出版社 2020 年版,第 58 页。

的对立,当然我们不用在意其傲慢或偏见,最终自己"够格",自然赢得"他信",除了制度优势"经济角力"外,"必须增强忧患意识,坚持底线思维,做到居安思危、未雨绸缪,准备经受风高浪急甚至惊涛骇浪的重大考验"①,坚持把国家和民族发展放在自己力量的基点上,坚持把中国发展进步的命运牢牢掌握在自己手中,坚持胸怀天下,弘扬全人类共同价值,最终靠制度达到"价值决胜"。

2021年5月,来自48个国家和地区的58个马克思主义政党领导人共约200人出席世界马克思主义政党理论研讨会。"与会代表普遍认为,中国共产党的百年伟大成就前所未有,充分彰显了社会主义制度的优越性,让人们看到了马克思主义的生机活力和世界社会主义的光明前景。"②从世界社会主义500年的大视野来看,"我们依然处在马克思主义所指明的历史时代"③。从中华文明5000年的文明史看,"蕴藏着解决当代人类面临的难题的重要启示"④。在两大历史坐标交汇中,中国特色社会主义"既源于科学社会主义500年的历史发展,又具有中华文明5000年的文化底蕴"⑤,同时受到中西两种文明滋养和交融,因而其价值展开的生命力和想象力的"轴心地带"要以数千年大历史观之。中国特色社会主义对当代中国问题的探索解答,与世界问题以及人类社会的发展进步相联系,其中发展中遇到的问题、解决的方法,既是对中国问题的认识,也

---

① 《高举中国特色社会主义伟大旗帜 为全面建设社会主义现代化国家而团结奋斗——在中国共产党第二十次全国代表大会上的报告》,人民出版社2022年版,第26页。
② 宋涛:《党的对外工作是中国特色大国外交的重要体现》,《当代世界》,2022年第1期,第4—10页。
③ 《习近平谈治国理政(2)》,外文出版社2017年版,第66页。
④ 习近平:《在纪念孔子诞辰2565周年国际学术研讨会暨国际儒学联合会第五届会员大会开幕会上的讲话》,《人民日报》2014年9月25日。
⑤ 肖贵清、王然:《逻辑与历史统一视阈下中国特色社会主义理论体系的整体性》,《中共党史研究》2017年第6期,第13—21页。

是对人类社会共性问题的回应。

不断推动世界百年未有之大变局朝着符合时代发展潮流和大历史观趋势的方向演进,为世界和人类共同体作出更大的贡献,这才是中国特色社会主义存在的价值和真正生命力所在。

本章结语

中国特色社会主义这条道路来之不易。"'来之不易'这四个字,不仅指的是我们为建立中国特色社会主义制度经历了漫长而又艰辛的探索,而且指的是我们在这一漫长的探索中经历了复杂的思想理论斗争。"[①]中国特色社会主义从开天辟地到惊天动地,从上下求索到凤凰涅槃,从魂牵梦萦到蓬勃生机,经过深入推进、不断完善,已经伫立于新的历史方位。但也必须清醒地认识到,中国特色社会主义是前无古人的事业,质疑和非议不仅过去有,现在有,将来还会有。

作为当代科学社会主义,其内在基因及使命规定了中国共产党人,除了为人民谋幸福、为民族谋复兴,还要扛起为世界谋大同的责任。党的十八大以来,在"站起来""富起来"到"强起来"的历史进军中,明确中国特色社会主义进入新时代,体现了中国共产党把握历史规律和历史趋势的高度自觉和高度自信。新的历史方位需要整体上把握中国特色社会主义的生成逻辑和价值展开,挖掘其背后蕴含的价值取向、实践空间,并结合新的历史条件在创造新成就和新辉煌的发展征程中,展示其中国经验和世界意义。

---

① 李君如:《中国特色社会主义制度是怎么得来的?》,《红旗文稿》2020 年第 3 期,第 15—20 页。

中国特色社会主义并不是为传统的社会主义模式增加一个新的类型,而是实现了对传统社会主义模式的转型和超越,这也意味着世界社会主义走出了苏东剧变的阴影,对世界社会主义实践的进步、未来前途必然产生积极影响。"对人类作更多的贡献"正是基于我们创造的灿烂文明曾经对人类进步所作的贡献,为世界文明多样性发展提供中国智慧、中国方案,这才是中华民族伟大复兴的真正内涵。中国特色社会主义正成为21世纪科学社会主义发展的旗帜,同时必须清楚,中国绝不是21世纪世界马克思主义的唯一阵地,马克思主义本土化、民族化的历史不会终结。

结论：不断谱写新时代中国特色社会主义新篇章

中国特色社会主义开创于改革开放新时期，有其自身发展的历史逻辑、理论逻辑和实践逻辑，更是蕴含着鲜明的优势特色及价值取向。从党的十八大开始，中国特色社会主义进入了新时代，意味着中华民族迎来了从站起来、富起来到强起来的伟大飞跃。从百年屈辱到百年复兴，当代中国时代变化和经济社会发展的广度和深度远远超出了马克思主义经典作家当时的想象。中国特色社会主义不仅实现了对传统社会主义模式的转型和超越，展示了马克思主义的强大生命力，改变了中华民族的前途命运，也深刻影响了世界历史进程。

中国特色社会主义是近代以来中国社会发展的必然选择，是改革开放以来党的全部理论和实践的主题。这是一个宏大、开放而又不断生成、发展的系统，需要在各自承载的阶段性、差异性和连续性基础上整体性考察，才能全面准确把握中国特色社会主义的生成逻辑及价值展开。本书以大历史观"长时段""宽视野"作为研究视角，在"源"和"流"关系处理上，重点以"流"溯"源"，即站在马克思主义中国化的最新成果——习近平新时代中国特色社会主义思想的理论架构去谋篇布局。这样更容易抓住中国特色社会主义形成、发展和不断推进的"主脉"。其中"源"和"流"的考察不乏以史带论，"论"中有"辩"，"考"中有"析"，为中国特色社会主义新的历史方位的整体性研究,提供一个独特视角。

　　一方面,在追本溯源中把握中国特色社会主义科学内涵和核心要义,确立更加严谨、更加准确的态度,理解不同国家、不同民族结合自身的不同发展道路,可以"现象上显示出无穷无尽的变异和色彩差异";另一方面,有利于从全局性的视角和发展的眼光,认识中国特色社会主义对传统社会主义模式的转型与超越的意义、价值。中国特色社会主义在"历史终结论"的话语体系中"顶住了冲击,经受了考验",开启了改革开放新征程。但现实境遇中依然众说纷纭,甚至暗流涌动,"国家资本主义""民主资本主义""新威权资本主义"等声音此起彼伏。中国特色社会主义时常成为一种特有的标签,甚至受到质疑和警惕,"其所带来的'中国崛起''中国奇迹''中国模式''中国方案''中国力量''中国精神''中国价值'等话语的'中国特色'经常被神秘化"[①]。

　　认识中国特色社会主义"从哪里来",更要洞悉其"到哪里去"。中国特色社会主义是"全新的事业",虽然特色鲜明、屡创辉煌,但还不是尽善尽美、成熟定型的。只有坚持历史唯物主义,勇于面对时代挑战,在历史大势交汇中思考中国特色社会主义鲜活的生命力和创造力,才能不断开辟当代中国马克思主义发展的新境界。中国特色社会主义"发展起来以后"的"后半程",在"经得住考验"基础上,更要"经得起碰撞",理直气壮地成为"够格""有分量",不断增强"信服力"和"说服力",这样才更容易凝聚共识,赢得主动。推动中国特色社会主义更加成熟、更加定型,进而客观理性考察其过去、现在和未来的关系。

　　中国特色社会主义进入新时代,已经伫立于新的历史方位。这是一个承前启后、继往开来的时代。在这个从大国走向"强起来"的过程中,必

---

① 陈冰:《从主线和样本解读"四史"内在逻辑》,《新民周刊》2020年第24期,第70—73页。

然更具复杂性、艰巨性、挑战性。这就意味着中国特色社会主义需要不断获得清晰的历史坐标和理论标识。中国特色社会主义使具有5000多年文明历史的中华文明在现代化进程中焕发新的蓬勃生机,使具有500年历史的社会主义主张在世界人口最多的国家成功开辟出具有高度现实性和可行性的正确道路,改写了两种意识形态、两种社会制度的演进态势。

以数千年大历史观之,"实现中华民族伟大复兴的中国梦,不是简简单单、轻轻松松'回到过去'意义上的复归,而需要基于变换的时代特征予以不断创新和超越"①。中国特色社会主义致力于在中西文明交鉴互生中汲取"土壤"和"养分",从而创造人类文明新形态。同时,"为人类作出新的更大的贡献"乃是基于我们是世界大国,基于我们古老灿烂的文明曾经对人类进步所作的贡献,这既是中国共产党和中国人民作出的庄严承诺,也是中国特色社会主义理应肩负的责任和使命。

新的历史方位站在"两个一百年"新征程新起点,当今中国,需要从中华民族伟大复兴和人类文明发展进步的高度,胸怀"两个大局"。在历史、现实与未来的贯通中,把中华民族复兴的一切积极因素调动起来,加强对中国特色社会主义规律认识的系统性、整体性、协同性;不断为解决人类问题提供中国智慧、中国方案,续写中国价值、中国时刻"新篇章",以宏大的格局、广阔的视野、着力于实现中华民族伟大复兴的"历史课题",不断回答"时代之问"。

首先,在"两个一百年"历史交汇点中认识。中国共产党成立100周年,也是"十四五"开局之年,是开启历史新征程的新起点,这也是中华民族伟大复兴承前启后、继往开来的重要关口。100年对于历史长河不过沧海一粟,但是,这100年,党领导团结人民推动了中华民族实现了历史

---

① 胡静波:《把握复兴路上的奋斗牺牲创造》,《解放日报》2021年7月13日。

上最广泛、最深刻、最伟大的社会变革,整个国家、民族、社会面貌焕然一新。这100年,无论是举世瞩目的历史性成就,还是其所经历的艰苦卓绝的斗争与风险,中国历史上任何一个100年都难以与之比肩。"百年屈辱到百年复兴,中国发展已经进入一个完全不同的历史时空。准确把握这一历史阶段的连贯性、逻辑性,明大势看大局,需要贯通历史、现实和未来,观照深远的时空意蕴。"[1]

中国共产党团结带领人民不断把中国革命、建设、改革事业推向前进,在救国、兴国、强国中,形成了中国近现代以来最为可歌可泣的篇章。从"摸着石头过河"到"两个一百年"顶层设计;从"一穷二白"到世界第二大经济体;从"走出一条中国式现代化道路"到中国特色社会主义道路、理论、制度、文化"四位一体";从"贫穷不是社会主义""让一部分人先富起来""效率优先,兼顾公平"到"人民生活达到小康水平""全面建设小康社会""全面建成小康社会";从"社会主义最大的优越性就是共同富裕""社会主义要赢得与资本主义相比较的优势"到"中国共产党是中国特色社会主义的最大优势"等历史性论断,为第二个100年提供了宝贵经验,积累了条件,也打开了广阔战略空间。

正如邓小平所言:"我们要经常记住,我们国家大,人口多,底子薄,只有长期奋斗才能赶上发达国家的水平。"[2]中国特色社会主义进入新时代,要从党的光辉历程和伟大业绩中获得第二个百年奋斗目标进军的强大动力。"前半程"勇立潮头、顺应潮流、接力探索、接续奋斗,绘就了令世人惊叹的画卷。"后半程"同样需要永不懈怠的精神状态、一往无前的奋斗姿态,开新局于伟大的社会革命,强体魄于伟大的自我革命,百折不挠地把自己事情办好,赢得主动、赢得优势、赢得未来。

---

[1] 胡静波:《百年中孕育"千年"中积淀》,《解放日报》2021年6月8日。
[2] 《邓小平文选(2)》,人民出版社1994年版,第260页。

其次,在社会主义500年伟大事业中认识。社会主义500年正道沧桑,风雨苍黄,从空想到科学、从理论到实践,从一国到多国,从传统到现代。中国共产党这100年,高举社会主义旗帜,开创和发展了中国特色社会主义,"不仅挺直了腰杆,顶住了冲击,经受住了考验"[1],更"经得起碰撞","理直气壮"地成为"够格""有分量"的社会主义,成为具有"比较优势"到"绝对优势"的社会主义。

社会主义事业与中国共产党前途命运紧密相连,休戚相关。百年大党"样子"之"大",绝不只是仅仅拥有9 000多万党员,领导14亿多人民的数量之"大",而是大在其"远大理想"。中国共产党从成立的第一天起,就是一个为实现共产主义远大理想而奋斗的马克思主义政党。对马克思主义的信仰,对共产主义和社会主义的信念,是中国共产党伟大之根本,更是中国特色社会主义能够成为振兴世界社会主义中流砥柱的最关键力量。

邓小平指出,"我们现在干的事业是全新的事业"[2],要"牢牢占据推动人类社会进步、实现人类美好理想的道义制高点"[3]。当代中国大踏步赶上了时代,正处于从大国走向强国的关键时期,处于为人类作出更大贡献的大有可为的历史机遇期,这也是被动复兴到主动作为的承前启后、继往开来、爬坡过坎的关键时期,历史必将赋予中华民族更多的责任和使命。

最后,在中华民族5 000年伟大复兴进程中认识。1978年6月10日,邓小平会见外宾时指出:"衡量我们是不是真正的社会主义国家,不但

---

[1] 《习近平新时代中国特色社会主义思想学习纲要》,学习出版社、人民出版社2019年版,第4页。
[2] 《邓小平文选(3)》,人民出版社1994年版,第254页。
[3] 《习近平谈治国理政(2)》,外文出版社2017年版,第35页。

要使我们自己发展起来,实现四个现代化,而且要能够随着自己的发展,对人类做更多的贡献。"①毛泽东也经常提及:"中国应当对于人类有较大的贡献。"②习近平更加明确指出:"为人类不断作出新的更大的贡献,是中国共产党和中国人民早就作出的庄严承诺。"③

中华民族 5000 多年历史磅礴璀璨又多灾多难,创造的源远流长的中华文明未曾中断。中国特色社会主义使具有 5 000 多年文明历史的中华民族全面迈向现代化,展现出前所未有的光明前景,焕发出新的蓬勃生机。从百年沧桑到大国崛起,从被动挨打到主动作为,在站起来、富起来、到强起来的过程中,秉持自力更生、合作共赢理念,没有输出贫穷、革命和霸权,为中国人民谋幸福、为中华民族谋复兴、为世界谋大同,很好地诠释了一个发展中大国对于世界的独特贡献,改写了"国强必霸"的陈旧逻辑。

历史和现实都表明,人类发展需要一条不同于西方现代化发展的新路。"两个结合"就是要把马克思主义基本原理同中国具体实际相结合,同中华优秀传统文化相结合,马克思主义中国化时代化需要在"社会主义 500 年"和"中华民族 5 000 年"这两个尺度、两大坐标、两大文明中交流互鉴。在这种双向建构过程中,通过马克思主义中国化时代化,不断发现人类文明中的中国元素。而"社会主义 500 年"激活了 5 000 年文明,又是对 5 000 年的承接和传承,正是需要"这样的大气魄、大视野、大格局,才有这样的理论成熟、战略定力"④,我们才拥有无比广阔的舞台,无比深厚的历史底蕴,无比强大的前进定力,不断为人类对更好社会制度的探索提供中国方案,创造人类文明新形态。

---

① 《邓小平思想年谱(1975—1997)》,中央文献出版社 1998 年版,第 70 页。
② 《毛泽东著作选读(下)》,人民出版社 1986 年版,第 755 页。
③ 《习近平谈治国理政(2)》,外文出版社 2017 年版,第 41 页。
④ 《习近平新时代中国特色社会主义思想三十讲》,学习出版社 2018 年版,第 8—9 页。

参考文献

[1]《马克思恩格斯文集(1—10)》,人民出版社2009年版。
[2]《马克思恩格斯选集(1—4)》,人民出版社2012年版。
[3]《列宁选集(1—4)》,人民出版社2012年版。
[4]《斯大林文选(上、下)》,人民出版社1962年版。
[5]《毛泽东选集(1—4)》,人民出版社1991年版。
[6]《瞿秋白文集(1)》,人民出版社1953年版。
[7]《毛泽东文集(1—4)》,人民出版社1999年版。
[8]《邓小平文选(1、3)》,人民出版社1993年版。
[9]《邓小平文选(2)》,人民出版社1994年版。
[10]《邓小平年谱(下)》,中央文献出版社2004年版。
[11]《邓小传(1904—1974)(下)》,中央文献出版社2014年版。
[12]《江泽民文选(1—3)》,人民出版社2006年版。
[13]江泽民:《论科学技术》,中央文献出版社2001年版。
[14]《胡锦涛文选(1—3)》,人民出版社2016年版。
[15]《习近平谈治国理政》,外文出版社2014年版。
[16]《习近平谈治国理政(2)》,人民出版社2017年版。
[17]《习近平谈治国理政(3)》,人民出版社2020年版。
[18]《习近平谈治国理政(4)》,人民出版社2022年版。
[19]《三中全会以来重要文献选编(上)》,人民出版社1982年版。
[20]《十二大以来重要文献选编(下)》,人民出版社1988年版。
[21]《十三大以来重要文献选编(上)》,中央文献出版社2011年版。
[22]《十五大以来重要文献选编(上)》,中央文献出版社2011年版。
[23]《十六大以来重要文献选编(上、下)》,中央文献出版社2011年版。
[24]《十七大以来重要文献选编(上)》,中央文献出版社2009年版。
[25]《十八大以来重要文献选编(上)》,中央文献出版社2014年版。
[26]《十九大以来重要文献选编(上)》,中央文献出版社2019年版。

[27]《习近平新时代中国特色社会主义思想学习纲要》,学习出版社、人民出版社2019年版。

[28]《在庆祝中国共产党成立100周年大会上的讲话》,人民出版社2021年版。

[29]《高举中国特色社会主义伟大旗帜　为全面建设社会主义现代化国家而团结奋斗——在中国共产党第二十次全国代表大会上的报告》,人民出版社2022年版。

[30]《中共中央关于党的百年奋斗重大成就和历史经验的决议》,《人民日报》2021年11月17日。

[31]习近平:《关于中国特色社会主义理论体系的几点学习体会和认识》,《求是》2008年第7期。

[32]习近平:《在全国党史工作会议上地讲话》,《人民日报》2010年7月22日。

[33]习近平:《在纪念邓小平同志诞辰110周年座谈会上的讲话》,《人民日报》2014年8月21日。

[34]习近平:《在纪念孔子诞辰2565周年国际学术研讨会暨国际儒学联合会第五届会员大会开幕会上的讲话》,《人民日报》2014年9月25日。

[35]习近平:《在庆祝改革开放40周年大会上的讲话》,《人民日报》2018年12月19日。

[36]习近平:《在纪念马克思诞辰200周年大会上的讲话》,《求是》2018年第10期。

[37]习近平:《关于坚持和发展中国特色社会主义的几个问题》,《求是》2019年第7期。

[38]习近平:《在庆祝全国人民代表大会成立60周年大会上的讲话》,《求是》2019年第18期。

[39]习近平:《坚持和完善中国特色社主义制度　推进国家治理体系和治理能力现代化》,《求是》2020年第1期。

[40]张岱年、程宜山:《中国文化与文化论争》,中国人民大学出版社1990年版。

[41]钱乘旦、杨豫、陈晓律:《世界现代化进程》,南京大学出版社1999年版。

[42]赵明义:《当代社会主义》,山东大学出版社2001年版。

[43]顾海良:《马克思主义发展史》,中国人民大学出版社2009年版。

[44]程伟礼、戴雪梅等:《中国特色社会主义思想史》,学林出版社2009年版。

[45]王伟光:《社会主义通史(1—8)》,人民出版社2011年版。

[46]逢先知:《毛泽东年谱(1949—1976)(2)》,中央文献出版社2013年版。

[47]夏军:《科学社会主义不是空想——关于理论体系若干重要问题的探索》,上海人民出版社2014年版。

[48]《新时代的中国与世界》,人民出版社2019年版。

[49]李铁映:《社会主义市场经济理论的形成和重大突破——纪念中国共产党第十一届三中全会20周年》,《经济研究》1999年第3期。

[50]高放:《中国共产党与现代化、全球化——纪念中国共产党建立八十周年》,《社

会科学》2001 年第 6 期。
[51] 赵曜:《中国特色社会主义理论的几个问题》,《探索与求是》2003 年第 1 期。
[52] 李忠杰:《邓小平与社会主义初级阶段的基本路线》,《中共党史研究》2004 年第 5 期。
[53] 平飞:《现代化、全球化、中国化:中国特色问题》,《中国特色社会主义研究》2005 年第 3 期。
[54] 周新城:《一个事关我国走什么道路的大问题——评〈只有民主社会主义才能救中国〉一文》,《马克思主义研究》2007 年第 4 期。
[55] 徐理:《正确认识民主社会主义 坚定不移地走中国特色社会主义道路》,《光明日报》2007 年 4 月 24 日。
[56] 杜鸿林:《关于构建中国特色社会主义理论体系的若干思考》,《天津行政学院学报》2007 年第 1 期。
[57] 沈宝祥:《略谈中国特色社会主义理论体系》,《中国特色社会主义研究》2007 年第 6 期。
[58] 王怀超:《中国特色社会主义理论的形成和发展》,《科学社会主义》2007 年第 5 期。
[59] 李君如:《马克思主义中国化若干问题研究》,《中共中央党校学报》2008 年第 1 期。
[60] 牛先锋:《中国特色社会主义理论体系的理论依据》,《科学社会主义》2008 年第 2 期。
[61] 杨春贵:《中国特色社会主义理论体系的新概括》,《中国社会科学》2008 年第 1 期。
[62] 徐崇温:《关于中国特色社会主义理论体系起点的辩证分析》,《中国浦东干部学院学报》2008 年第 2 期。
[63] 韩振峰:《试论中国特色社会主义理论体系的几个基本问题》,《广西社会科学》2008 年第 3 期。
[64] 贾建芳:《中国特色社会主义的历史方位和现实基础》,《理论视野》2008 年第 11 期。
[65] 严书翰:《中国特色社会主义理论体系的几个问题》,《中共中央党校学报》2009 年第 1 期。
[66] 秦刚:《中国特色社会主义理论体系的源流》,《中共中央党校学报》2009 年第 1 期。
[67] 包心鉴:《中国道路与中国特色社会主义社会形态》,《科学社会主义》2010 年第 6 期。
[68] 荣长海:《关于中国特色社会主义理论体系的构建问题》,《理论学刊》2010 年第 12 期。
[69] 申富强、焦玲:《从执政角度论毛泽东对中国特色社会主义建设道路的探索:兼

论中共特色执政道路的开辟》,《学术论坛》2010 年第 12 期。
[70] 程伟礼:《"中国道路"向"中国模式"的演进具有历史必然性》,《党政干部学刊》2011 年第 2 期。
[71] 范春燕:《近年来西方左翼学者关于中国特色社会主义的争论及其启示》,《国外理论动态》2011 年第 7 期。
[72] 许先春:《新科技革命与中国特色社会主义理论体系的形成和发展》,载《中国共产党 90 年研究文集(中)》,中央文献出版社 2011 年版。
[73] 龚小平、钟玉海:《中国特色社会主义的历史逻辑与辩证发展》,《合肥师范学院学报》2011 年第 5 期。
[74] 赵曜:《高举中国特色社会主义伟大旗帜的科学内涵和重大意义》,《毛泽东邓小平理论研究》2012 年第 2 期。
[75] 包心鉴:《论中国特色社会主义的当代价值——纪念邓小平提出"建设有中国特色的社会主义"30 周年》,《中国延安干部学院学报》2012 年第 4 期。
[76] 李忠杰:《写好中国特色社会主义这篇大文章》,《时事报告》2012 年第 11 期。
[77] 陈红娟:《理性建构与经验汲取:中国特色社会主义理论体系发展的内在理路》,《中共中央党校学报》2012 年第 10 期。
[78] 蒋锐:《中国特色社会主义与民主社会主义》,《当代世界社会主义问题》2012 年第 4 期。
[79] 阎树群、张艳娥:《论中国特色社会主义制度体系的生成逻辑》,《马克思主义研究》2012 年第 8 期。
[80] 施芝鸿:《中国特色社会主义的最鲜明特色》,《学习与研究》2012 年第 12 期。
[81] 张云、韩洪泉:《党史视野中的殊途同归:中国特色革命道路与中国特色社会主义道路比较》,《中国井冈山干部学院学报》2012 年第 1 期。
[82] 陶文昭:《中国特色社会主义的四大特色》,《思想理论教育》2012 年第 19 期。
[83] 李昆明、王一琦:《中国特色社会主义的理论逻辑与历史逻辑》,《思想理论教育》2013 年第 23 期。
[84] 顾海良:《中国特色社会主义的历史逻辑和理论逻辑探索》,《教学与研究》2013 年第 10 期。
[85] 李健、孙代尧:《科学社会主义与中国特色社会主义理论体系源流关系论纲》,《中国特色社会主义研究》2013 年第 2 期。
[86] 颜晓峰:《中国特色社会主义:理论逻辑与历史逻辑的辩证统一》,《中国特色社会主义研究》2013 年第 2 期。
[87] 顾海良、季正矩、彭萍萍:《热话题与冷思考:关于社会主义五百年回顾与反思的对话》,《当代世界与社会主义》2013 年第 3 期。
[88] 朱宗友、许开轶:《全球化视野下中国特色社会主义道路的选择历程与启示》,《长江论坛》2013 年第 2 期。
[89] 方松华、马丽雅:《中国特色社会主义的思想渊源和历史传承》,《毛泽东邓小平

理论研究》2013年第8期。
[90] 孙力:《时空重释:社会主义现代化的中国贡献》,《上海师范大学学报(哲学社会科学版)》2013年第1期。
[91] 王东红:《改革开放前后的两个30年关系研究述评》,《北京党史》2013年第4期。
[92] 王立胜:《中国特色社会主义:概念的演变与内涵的拓展》,《理论学刊》2013年第4期。
[93] 孙武安:《中国特色社会主义理论与毛泽东思想关系的论争及其评析》,《中国特色社会主义研究》2013年第3期。
[94] 方松华、杨起予:《改革开放前后"两个30年"关系研究》,《马克思主义研究》2014年第3期。
[95] 张神根:《社会主义初级阶段论及其时代意义》,《中共党史研究》2014年第1期。
[96] 张雷声:《论中国特色社会主义的理论逻辑和历史逻辑》,《马克思主义研》2014年第2期。
[97] 王钰鑫:《社会主义初级阶段理论的形成及其接续问题研究》,《科学社会主义》2014年第5期。
[98] 石仲泉:《邓小平理论与毛泽东思想和中国特色社会主义理论体系——纪念邓小平诞辰110周年》,《毛泽东思想研究》2014年第5期。
[99] 李君如、彭萍萍:《热话题与冷思考:关于第三次工业革命与中国特色社会主义的对话》,《当代世界与社会主义》2014年第2期。
[100] 李君如:《第三次工业革命与中国特色社会主义》,《解放日报》2014年5月8日。
[101] 王占阳:《新权威主义是必要的历史过渡》,《人民论坛》2014年第7期。
[102] 刘林元、张明:《从传统社会主义到中国特色社会主义》,《中国延安干部学院学报》2015年第3期。
[103] 李捷:《用社会主义核心价值观凝聚中国力量》,《红旗文稿》2015年第3期。
[104] 李健、孙代尧:《关于中国道路和前途的四种"主义"辨析——以源流关系为视角》,《毛泽东邓小平理论研究》2015年第2期。
[105] 秦宣:《论中国特色社会主义理论体系的主题》,《中国特色社会主义研究》2015年第1期。
[106] 秦刚:《社会主义、共产主义概念的源流梳理》,《科学社会主义》2015年第5期。
[107] 李君如:《中国特色社会主义制度具有强大韧性》,《人民日报》2015年6月12日。
[108] 夏军:《从战略上提升科学社会主义的影响力》,《党政论坛》2015年第1期。
[109] 刘冠军:《社会主义核心价值观是在中国大地上形成和发展起来的》,《马克思主义学刊》2015年第1期。

[110] 黄一兵:《〈中国共产党的九十年〉新突破的思想理论基础》,《中共党史研究》2016年第12期。

[111] 胡家勇:《试论社会主义市场经济理论的创新和发展》,《经济研究》2016年第7期。

[112] 李元鹏:《牢牢把握党史、国史的主题和主线、主流和本质》,《红旗文稿》2016年第10期。

[113] 尚庆飞:《国外学者关于社会主义国家治理与中国特色社会主义的关系研究》,《红旗文稿》2016年第6期。

[114] 郭强:《中国特色社会主义理论的三个来源》,《当代世界与社会主义》2016年第6期。

[115] 顾海良:《中国特色社会主义的理论逻辑和历史逻辑》,《思想理论教育导刊》2016年第9期。

[116] 雷云:《三十年艰辛探索铸就的重大理论成果:邓小平社会主义初级阶段论》,《观察与思考》2016年第11期。

[117] 彭波、郑德荣:《"以苏为鉴":探索中国特色社会主义道路的历史逻辑起点》,《天府新论》2016年第2期。

[118] 张艳娥:《中国特色社会主义制度自我完善能力的内在逻辑探析》,《科学社会主义》2016年第4期。

[119] 徐保军:《现代化与全球化视域中中国特色社会主义制度的形成逻辑》,《理论与现代化》2016年第3期。

[120] 萧功秦:《从百年变革看中国新权威主义改革模式》,《武汉大学学报(人文科学版)》2016年第4期。

[121] 高继文:《论科学社会主义理论逻辑和中国社会发展历史逻辑的辩证统一》,《高校马克思主义理论研究》2017年第1期。

[122] 孙代尧、李健:《中国特色社会主义文化自信的生成逻辑》,《前线》2017年第3期。

[123] 邱卫东:《从十月革命到中国特色社会主义》,《毛泽东邓小平理论研究》2017年第6期。

[124] 秦刚:《对中国特色社会主义理论体系的整体性认识》,《中国特色社会主义研究》2017年第4期。

[125] 姜辉:《习近平治国理政思想的理论贡献——"五大问题"和"五大规律"》,《红旗文稿》2017年第13期。

[126] 王怀超:《中国特色社会主义理论走向世界的尝试——〈中国特色社会主义理论体系探源〉评述》,《科学社会主义》2017年第2期。

[127] 杨承训、乔法容:《中国特色社会主义政治经济学重在彰显科学性、创新性、时代性》,《思想理论教育导刊》2017年第7期。

[128] 宋月红:《党史国史研究中抵制历史虚无主义的三个关键抓手》,《红旗文稿》

2017 年第 6 期。
[129] 寄言:《新时代坚持和发展中国特色社会主义的基本方略》,《中国纪检监察报》2017 年 12 月 8 日。
[130] 臧秀玲、王增剑:《"中国特色资本主义论"辨析》,《理论学刊》2017 年第 1 期。
[131] 左伟:《中国特色社会主义的"特色"释义》,《江苏省社会主义学院学报》2017 年第 1 期。
[132] 施芝鸿:《坚持和发展新时代中国特色社会主义的基本方略》,《求是》2017 年第 22 期。
[133] 刘洪森:《中国特色社会主义之"特色"探析》,《高校马克思主义理论研究》2017 年第 1 期。
[134] 肖贵清、王然:《逻辑与历史统一视域下中国特色社会主义理论体系的整体性》,《中共党史研究》2017 年第 6 期。
[135] 肖贵清:《习近平对中国特色社会主义主题的认识和深化》,《社会主义研究》2017 年第 3 期。
[136] 董振华:《树立"四个自信"的重大意义》,《中国党政干部论坛》2017 年第 9 期。
[137] 严书翰:《完整把握习近平治国理政思想的科学体系》,《人民论坛》2017 年第 12 期。
[138] 储著武:《党的基本路线话语的形成与发展》,《中国浦东干部学院学报》2017 年第 4 期。
[139] 周森:《列宁关于社会主义运动战略与策略的理论与启示》,《世界社会主义研究》2018 年第 3 期。
[140] 杨守明、杨鸿柳:《论习近平新时代观的内涵、依据和价值》,《中国特色社会主义研究》2018 年第 6 期。
[141] 严书翰:《科学社会主义中国化的重大成果:习近平的科学社会主义观》,《当代世界与社会主义》2018 年第 5 期。
[142] 王立胜:《深刻把握"1·5"讲话关于社会革命的内涵及其意义》,《世界社会主义研究》2018 年第 3 期。
[143] 陈广亮:《资本诠释学框架中的中国特色"资本主义论"》,《理论月刊》2018 年第 9 期。
[144] 肖巍、韩欲立等:《从世界社会主义发展史看习近平新时代中国特色社会主义思想的意义》,《毛泽东邓小平理论研究》2018 年第 2 期。
[145] 萧仕平:《改革开放以来中国特色社会主义实践和认识的逻辑递进》,《中共福建省委党校学报》2018 年第 11 期。
[146] 姚眉平:《深入把握党的基本方略》,《世界社会主义研究》2018 年第 7 期。
[147] 轩传树:《续写好中国特色社会主义这篇大文章》,《理论与评论》2018 年第 3 期。
[148]《把握历史规律,认清世界大势》,《人民日报》2018 年 4 月 12 日。

[149] 孙力、翟桂萍:《改革开放塑造科学社会主义新形态》,《科学社会主义》2018年第6期。

[150] 魏荣、吴波:《习近平关于战略定力的重要论述研究》,《中国特色社会主义研究》2018年第6期。

[151] 秦刚、郭强:《社会主义"从传统到现代"的新发展——从社会主义发展进程看中国特色社会主义进入新时代》,《科学社会主义》2018年第1期。

[152] 项久雨:《新发展理念与文化自信》,《中国社会科学》2018年第6期。

[153] 董振华:《中国特色社会主义的内在逻辑和历史必然》,《人民论坛》2018年第32期。

[154] 黄宇:《习近平新时代中国特色社会主义思想的逻辑基点与实践基础》,《浙江社会科学》2017年第12期。

[155] 武晓超:《改革开放历史进程中的中国特色社会主义——沈宝祥教授专访》,《科学社会主义》2018年第6期。

[156] 傅才武、岳楠:《论中国传统文化创新性发展的实现路径——以当代文化资本理论为视角》,《同济大学学报(社会科学版)》2018年第1期。

[157] 李慎明:《习近平新时代中国特色社会主义思想的世界意义》,《世界社会主义研究》2018年第1期。

[158] 韩庆祥、陈远章:《学习把握新时代中国特色社会主义的大逻辑》,《理论导报》2018年第6期。

[159] 任平:《论丈量社会主义思想史时间轴的中国尺度》,《江苏社会科学》2018年第3期。

[160] 陈尧:《中国特色社会主义不是国家资本主义》,《红旗文稿》2018年第23期。

[161] 韩庆祥、方兰欣:《改革开放以来中国特色社会主义的发展逻辑》,《中国特色社会主义研究》2018年第3期。

[162] 何毅亭:《四十年改革开放与中国特色社会主义》,《学习时报》2018年12月7日。

[163] 张秀萍、汤荣光:《中国特色社会主义的历史方位、内在逻辑与时代主题》,《江西社会科学》2019年第7期。

[164] 王伟光:《唯物史观大的"历史时代"与习近平新时代中国特色社会主义思想》,《马克思主义研究》2019年第1期。

[165] 顾海良:《中国特色社会主义的过程和逻辑》,《理论视野》2019年第10期。

[166] 陈锡喜:《改革开放实践的马克思主义理论基础再研究》,《上海交通大学学报(哲学社会科学版)》2019年第1期。

[167] 孙代尧:《从世界历史视野看中国改革开放40年经验——基于习近平有关重要论述的分析》,《党的文献》2019年第2期。

[168] 王爱云:《推进党史国史整体性研究,把握历史主流与本质》,《河北学刊》2019年第4期。

［169］秦宣:《当代中国伟大社会变革的多维解读》,《马克思主义研究》2019年第6期。
［170］彭焕才、李笑绒:《中国特色社会主义发展的世界逻辑》,《湖南社会科学》2019年第1期。
［171］赵鸣歧、郑国玉:《中国特色社会主义是实用主义吗？——国外学者对中国特色社会主义的"实用主义"误读述评》,《毛泽东邓小平理论研究》2019年第12期。
［172］杜玉华:《论新时代党的基本理论、基本路线、基本方略的内在统一》,《探索》2019年第1期。
［173］田克勤、田天亮:《准确把握习近平新时代中国特色社会主义思想的内在逻辑》,《马克思主义研究》2019年第8期。
［174］刘新伟:《党的基本理论、基本路线、基本方略关系探析》,《宁夏党校学报》2019年第1期。
［175］本刊记者:《我们依然处在马克思主义所指明的历史时代——访中国社会科学院党组成员、当代中国研究所所长姜辉》,《马克思主义研究》2019年第1期。
［176］姜辉:《中国社会主义70年对科学社会主义的重大贡献》,《当代中国史研究》2019年第5期。
［177］姜辉:《中国特色社会主义进入新时代在人类社会发展史上的重大意义》,《世界社会主义研究》2019年第10期。
［178］钟君、卢刚:《四重逻辑理解中国特色社会主义为什么好》,《中国纪检监察》2019年第17期。
［179］张学森:《大历史观视阈下的中国道路》,《党政研究》2019年第6期。
［180］于沛:《从大历史观看人类命运共同体》,《求是》2019年第3期。
［181］伍小涛:《深刻领会习近平大历史观的内涵及意义》,《中国井冈山干部学院学报》2019年第4期。
［182］王丹、邱耕田:《习近平新科技革命观论析》,《中共中央党校学报》2019年第3期。
［183］任晓伟:《习近平新时代中国特色社会主义思想在马克思主义发展史上的地位》,《当代世界与社会主义》2019年第1期。
［184］胡怀国:《新中国70年经济发展的基本逻辑》,《理论观察》2019年第12期。
［185］刘林元:《中国特色社会主义与科学社会主义的新纪元》,《毛泽东研究》2019年第2期。
［186］双传学:《〈共产党宣言〉与中国特色社会主义道路》,《毛泽东邓小平理论研究》2019年第7期。
［187］郝立新、罗文东等:《新时代坚持和发展中国特色社会主义笔谈》,《理论与评论》2019年第4期。
［188］杨凤城:《习近平党史观与中共党史研究》,《中共党史研究》2020年第1期。

[189]《深入学习〈习近平治国理政〉第三卷——访中国社会科学院原党组副书记、副院长李慎明研究员》,《马克思主义研究》2020年第11期。

[190] 王伟光:《历史唯物主义是我党的理论指南是马克思主义史学理论的灵魂和精髓——学习习近平总书记关于历史唯物主义的重要讲话精神》,《世界社会主义研究》2020年第11期。

[191] 田凯华、齐卫平:《中国共产党建党精神生成的三重逻辑》,《当代世界社会主义问题》2020年第4期。

[192] 陈理:《深刻理解把握我国进入新发展阶段的重要依据》,《中共党史研究》2020年第6期。

[193] 徐寅生:《加快完善社会主义市场经济体制的理论认知与现实路径》,《行政与法》2020年第4期。

[194] 黄凯锋:《习近平新时代中国特色社会主义思想的整体性逻辑》,《理论视野》2020年第9期。

[195] 马振清、杨礼荣:《中国特色社会主义文化自信的三个来源及其生成逻辑》,《河北学刊》2020年第2期。

[196] 董志勇、李成明:《国内国际双循环新发展格局:历史溯源、逻辑阐释与政策导向》,《中共中央党校学报》2020年第5期。

[197] 王晓荣、郭霆:《现代化视阈中的中国特色社会主义》,《科学社会主义》2020年第1期。

[198] 李君如:《中国特色社会主义制度是怎么得来的?》,《红旗文稿》2020年第3期。

[199] 何毅亭:《习近平新时代中国特色社会主义思想是21世纪马克思主义》,《学习时报》2020年6月16日。

[200] 韩庆祥:《深化研究习近平新时代中国特色社会主义思想的十个重要学理性问题》,《中共中央党校(国家行政学院)学报》2020年第1期。

[201] 刘洪刚:《新时代中国特色社会主义的生成逻辑》,《中国延安干部学院学报》2020年第2期。

[202] 曹泳鑫:《中国坚持自主发展与开放发展的历史经验启示》,《理论与评论》2020年第2期。

[203] 齐卫平:《中国特色社会主义制度体系:框架建构和结构层次——兼论根本制度、基本制度、重要制度的关系》,《思想理论教育》2020年第3期。

[204] 齐卫平:《中国共产党建党精神论纲》,《红色文化学刊》2020年第4期。

[205] 谈传生:《习近平新时代中国特色社会主义思想的大历史观》,《高校马克思主义理论研究》2020年第4期。

[206] 陈金龙、吴晓璇:《以大历史观认识和把握改革开放史论纲》,《思想理论教育》2020年第7期。

[207] 金梦、周良书:《习近平大历史观对历史唯物主义的创新性发展》,《理论视野》2020年第6期。

[208] 严书翰:《论中国共产党人的大历史观》,《新视野》2020年第4期。
[209] 胡振良:《习近平关于世界社会主义的重要论述及其意义》,《当代世界社会主义问题》2020年第3期。
[210] 顾钰民:《习近平对社会主义市场经济的理论贡献》,《思想理论教育导刊》2020年第5期。
[211] 冯务中:《中国特色社会主义基本方略的渊源》,《思想教育研究》2020年第4期。
[212] 郭强:《社会主义发展史上的六个时间段》,《学习时报》2020年11月2日。
[213] 陈理:《深刻理解把握我国进入新发展阶段的重要依据》,《中共党史研究》2020年第6期。
[214] 魏志奇:《从四个维度深刻理解如期全面建成小康社会的重大意义》,《党的文献》2020年第6期。
[215] 赵剑英:《习近平外交思想的哲学基础探析》,《世界经济与政治》2020年第8期。
[216] 王英:《习近平总书记关于中国道路的重要论断探析》,《学理论》2021年第1期。
[217] 陈曙光、赵耀:《百年大党对中华民族的伟大贡献》,《前线》2021年第1期。
[218] 刘伟、顾海良等:《学习党的十九届五中全会笔谈》,《经济学动态》2021年第1期。
[219] 刘儒、郭荔:《社会主义市场经济条件下政府和市场的互补关系及特征》,《东南学术》2021年第1期。
[220] 王增智:《对国外中国特色社会主义道路诸种误读辨析》,《井冈山大学学报(社会科学版)》2021年第1期。
[221] 王公龙:《构建人类命运共同体:引领新型经济全球化的中国方案》,《上海行政学院学报》2021年第5期。
[222] 田心铭:《中国特色社会主义和人类文明新形态》,《世界社会主义研究》2021年第11期。
[223] 吴晓明:《世界历史与中国道路的百年探索》,《中国社会科学》2021年第6期。
[224] 金民卿:《毛泽东对马克思主义中国化本质内涵的多维阐释》,《毛泽东研究》2021年期1期。
[225] 傅才武:《文化认同型国家属性与国家文化战略构架》,《人民论坛》2021年第4期。
[226] 李俊伟:《论民主集中制的理论渊源、历史发展与制度创新》,《中共天津市委党校学报》2021年第1期。
[227] 孙正聿、王海锋:《用理论照亮现实:马克思主义哲学中国化的百年回顾与展望》,《社会科学战线》2021年第1期。
[228] 张新宁:《有效市场和有为政府有机结合——破解"市场失灵"的中国方案》,

《上海经济研究》2021年第1期。

[229] 侯惠勤:《马克思主义"行"在守正创新》,《人民论坛·学术前沿》2021年第8期。

[230] 王斯敏:《人类文明新形态,给世界带来全新选择》,《光明日报》2021年12月13日。

[231] 陈金龙:《人类文明新形态的四重意蕴》,《广东社会科学》2021年第6期。

[232] 肖巍、徐光寿等:《学习党的十九届六中全会精神笔谈》,《东华大学学报(社会科学版)》2021年第4期。

[233] 王蔚:《社会主义五百年的历史回顾、现实考察与未来展望》,《科学社会主义》2021年第5期。

[234] 郭志东:《"四史"的叙事模式与中国特色社会主义道路》,《高校马克思主义理论教育研究》2021年第6期。

[235] 许先春:《马克思主义大历史观初探》,《当代世界与社会主义》2021年第2期。

[236] 吴德刚:《坚持用马克思主义立场观点方法学习党史》,《理论导报》2021年第2期。

[237] 姜辉:《构建人类命运共同体:百年大党的中国方案和世界期待》,《党建》2021年第7期。

[238] 赵峰:《习近平新时代中国特色社会主义思想对历史唯物主义的继承与发展》,《马克思主义哲学》2021年第4期。

[239] 孙宝华:《"百年未有之大变局"的背景、内涵与因应》,《党政论坛》2021年第2期。

[240] 姜佑福:《当代中国马克思主义政治哲学研究的主题与路径》,《中国社会科学评价》2021年第2期。

[241] 顾海良、陈锡喜等:《社会主义发展史的理论意蕴和思想精粹》,《马克思主义理论学科研究》2021年第3期。

[242] 陈理:《深刻理解把握制定第三个历史决议的深刻依据、丰富内涵、重点内容和核心要义》,《中共党史研究》2021年第6期。

[243] 顾海良:《马克思主义中国化历史与理论的创新性探索》,《马克思主义理论学科研究》2021年第11期。

[244] 辛向阳:《继续成功的根本在于坚持党的领导》,《中国纪检监察》2021年第23期。

[245] 刘洪森:《"计划"和"市场":当代中国经济体制的历史演进与话语变迁》,《扬州大学学报(人文社会科学版)》2021年第2期。

[246] 马建堂:《深刻认识"两个确立"的重大意义》,《人民日报》2021年11月26日。

[247] 靳凤林:《中国特色社会主义对人类文明形态的多维创新》,《马克思主义与现实》2021年第6期。

[248] 曾令辉:《论中国共产党百年来对科学社会主义的追求、坚持与发展》,《马克思

主义研究》2021年第11期。
[249] 李海青：《马克思主义使命型政党与马克思主义中国化》，《观察与思考》2021年第1期。
[250] 田心铭：《归根到底是因为马克思主义行》，《红旗文稿》2021年第15期。
[251] 乔国强、郑佳：《对话与重建——评〈中学西话：20世纪西方文论中的中国〉》，《中国图书评论》2021年第1期。
[252] 郑言：《核心凝聚人心　党兴引领复兴——学习贯彻党的十九届六中全会精神》，《思想政治工作研究》2021年第11期。
[253] 宋涛：《党的对外工作是中国特色大国外交的重要体现》，《当代世界》2022年第1期。
[254] 李国喜：《中华民族百年复兴道路的历史启示》，《红旗文稿》2022年第1期。
[255] 胡鞍钢：《中国式现代化道路的特征和意义分析》，《山东大学学报（哲学社会科学版）》2022年第1期。
[256] 沈传亮：《新时代关于党的领导的理论创新》，《红旗文稿》2022年第2期。
[257] 梅荣政：《对习近平21世纪科学马克思主义观的两点领悟》，《湖北社会科学》2022年第1期。
[258] 蒯正明、秦芬：《中国共产党百年奋斗创造"四个伟大成就"的内在逻辑与实践经验》，《探索》2022年第1期。
[259] 荣开明：《全面建成小康社会的奋进历程和重大意义》，《社会科学动态》2022年第2期。
[260] ［英］伯特兰·罗素：《中国问题》，秦悦译，学林出版社1996年版。
[261] ［美］费正清：《伟大的中国革命（1800—1985）》，刘尊棋译，世界知识出版社1999年版。
[262] ［英］安格斯·麦迪森：《世界千年经济史》，伍晓鹰等译，北京大学出版社2003年版。
[263] ［匈牙利］雅诺什·科尔奈：《社会主义体制——共产主义政治经济学》，张安译，中央编译出版社2007年版。
[264] ［美］R. L. 库恩：《中国30年：人类社会的一次伟大变迁》，吕鹏等译，上海人民出版社2008年版。
[265] ［美］罗斯·特里尔：《习近平复兴中国：历史使命与大国战略》，美国时代出版公司2016年版。
[266] ［德］托马斯·海贝勒：《关于中国模式若干问题的研究》，《当代世界与社会主义》2005年第5期。
[267] ［美］阿里夫·德里克：《重访后社会主义：反思中国特色社会主义的过去、现在与未来》，吕增奎译，《马克思主义与现实》2009年第5期。
[268] ［俄］季塔连科：《伟大的胜利伟大的变革——纪念中国共产党建党90周年》，《俄罗斯中亚东欧研究》2011年第5期。

[269] [英]马丁·雅克:《了解中国的崛起》(TED 演讲集)新浪视频 http://video.sina.com.cn/view/200788208.html?cre=videopagepc&mod=r. 2011 年 3 月 23 日。
[270] [匈牙利]阿格妮丝·郝勒:《马克思与"人类解放"》,《马克思主义与现实》2012 年第 2 期。
[271] [新]郑永年:《如何让世界读懂中国》,《联合早报》2015 年 12 月 9 日。
[272] [新]郑永年:《中国模式经验与挑战》,《学习月刊》2016 年第 16 期。
[273] [英]马丁·雅克:《中国和中国人民为全世界做出了贡献》,《中国报道》2020 年第 5 期。
[274] [英]肯尼·科伊尔、陈文旭:《中国特色社会主义:世界社会主义的新机遇》,《人民论坛·学术前沿》2021 年第 13 期。
[275] Ernst Bloch, *The Spirit of Utopia*, Stanford University Press, 2000.
[276] Noakes, Stephen, *Beyond the Middle Kingdom: Comparative Perspectives on China's Capitalist Transformation*, Stanford University Press, 2011.
[277] Patrick Mendis, *Peaceful War: How the Chinese Dream and the American Destiny Create a Pacific New World Order*, University Press of America, 2013.
[278] Henry A. Kissinger, *World Order*, The Penguin Press, 2014.
[279] Shambaugh, David, "China's Soft-Power Push", *Foreign Affairs.* Jul/Aug2015, Vol. 94 Issue 4.
[280] Carter, Ash, "The Rebalance and Asia-Pacific Security", *Foreign Affairs.* Nov/Dec2016.
[281] Lampton, David M, "China: Challenger or Challenged?" *Washington Quarterly*, Aug2016, Vol. 39 Issue 3.

后　记

　　本书是我在职攻读博士学位的博士论文基础上修改而成的。2004年我从南京大学硕士毕业,原本应聘到上海市委党校从事教学、科研工作,阴差阳错走上了行政管理岗位,但做一个"学问中人"的情结一直都在。攻读博士学位的初心,如果要溯源的话,大概和此情结相关。2015年,工作和生活都处于迷茫和困顿之际,我选择以逃离的方式,独自去了西藏旅行。在一个多月的时间里,我试图孤独、纯粹地"在路上",暂时不用在局促和忙碌中思考自己想要的生活方式。一个多月过去后,在以此方式继续逃离,和回来读书中,我选择了后者。对于20世纪70年代出身的农村孩子来说,父辈寄予的"再苦再难也要读书"的教诲,就是颠扑不破的真理。似乎唯有读书,才能跳出那有形与无形的障碍,实现社会角色的转换和父辈的愿望。

　　选择意味着付出、责任和坚持。日月如跳丸,转眼已读博六年,拥有博士学位的必要性与重要性,已然偏离了"学问中人"的初心与本意。由于学习、工作、生活三者之间的压力和矛盾,论文的写作时断时续,很难全身心投入,难免也有放弃的念头。

　　一件事成功与否,选择和结果固然重要,但事情所有的意义往往都沉淀在为之付出的点滴过程之中。求学路上,有独自彷徨,更有指路明灯。感谢因此而美好遇见和伴随的每个人。首先要感谢我的导师上海社会科学院哲学研究所方松华研究员,他兼具长者与学者的睿智与豁达。我与他亦师亦友,如兄如父,除了在学业上得到他的悉心指导与鼓励外,我从他身上更是学到了为人处事之道。一切皆因缘,与方老师相识于2013年,那时我就职于上海市委党校科研处,因编写《中国特色社会主义纲要》一书聘请他为咨询专家。三年后攻读博士学位,因所报考的学校需要两位教授(研究员)的推荐信,于是拜托他为我写封推荐信,谁知后来竟有幸拜入其师门。

博士论文的选题,方老师当年给我定的是"中国特色社会主义源流",后来根据开题、答辩等意见和建议不断修改完善,最终以"中国特色社会主义生成逻辑与价值展开"为题申请博士学位。论文完成答辩后,正逢党的二十大胜利闭幕,方老师一再叮嘱我根据党的二十大精神进一步修改完善,最终在他督促下,完成书稿"中国特色社会主义三重逻辑与世界意义",并顺利交付出版社。从完成学业到书稿成书倾注了他一如既往的信任、关爱和心血。

中国特色社会主义这个选题和我单位性质以及个人从事的工作高度关联、相得益彰,可以说是为我"量身定做",这更是方老师的一片苦心。工作和学习中,我发现,中国特色社会主义是一个宏大、开放而又不断生成、发展的系统,就如一条浩浩荡荡东去之河,有时候风平浪静,有时候蜿蜒曲折,有时候一马平川,有时候一泻千里,有时候分流交错,有时候又逆流而上,风景各异,任一个人的目光何其深邃,也很难看透所有的风云变幻。只有站在整体的视角,才能体悟到中国特色社会主义前无古人的艰辛复杂的伟大工程之不易,才能明白这其中的每一分流,每一风景,包括经验和教训都值得后来者用心铭记、用力书写。

中国特色社会主义"是什么""为什么是""从哪里来""到哪里去",这些都是实际工作学习生活中真切的困惑及本真的追问。虽然选题过于宏大,确是研究忌讳,但这并不违背马克思主义研究的应有本意。中国特色社会主义进入新时代,新的历史方位,如何更系统、更集成、更自信、更主动并胸怀天下,我认为这正是当下中国特色社会主义研究该转向的。如果我们要看清楚中国特色社会主义来之不易的真实场景,把握其深刻的时代背景及其肩负着的庄严的历史使命,就需要"长时段""宽视野"抓住"主流",对其进行全局性、系统性、战略性探析。

创立了建设有中国特色的社会主义理论的邓小平,强调马克思主义是"很朴实的道理","学马列要精,要管用的"。有学者说,邓小平理论是小平同志一句一句讲出来的。"管用的""讲清楚""搞懂"并没有遮蔽邓小平卓越的理论见解和宏大的理论气势。而中国特色社会主义对传统社会主义的转型和超越,就在于删繁就简,以流变、动态的眼光整体性考察不同原理之间各自承载的阶段性、差异性及系统性、创造性。非常巧合的是,我的硕士论文探讨的也是一个比较宽泛的主题,对20世纪80年代至21世纪初的20多年间,在中国马克思主义哲学大发展、大改革、大论战的"反思"时代背景下,围绕"马克思主义哲学研究的困境与出路"这个主题,从马克思主义发展的总进程中宏观地审视马克思主义哲学的现代转型及未来走向。

必须承认,选择如此宏大的主题以及宽泛的视角做学术研究,并非认为自己具有集大成者的能力或责任,也不敢试图从整体性高度去思考问题并反思未来,只能说是本人对某一问题的关注和研究略窥门径,可看作尚未"登堂入室"的"门外汉"毫无野心的学问历程而已,不足以更不奢望能提供一个争论的空间与意义。在很多人看来,这种研究吃力不讨好,但它确实是持续追问和求索的思想轨迹,我希望在比较宽泛的视野内试图从不同的层面对这些问题加以审视或观照。

工作、学习以及论文写作得以顺利完成,还要感谢潘世伟、解超、肖巍、黄凯峰、姜佑福、曹泳鑫、杨卫、陈祥勤、戴雪梅、答浩等老师的关心与帮助。能够有机会在职攻读博士学位并最终完成学业，也要感谢上海市委党校常务副校长曾峻、副校长罗峰、教务处处长赵勇以及原常务副校长王国平、原副校长郭庆松等领导和同事的关怀和鼓励。饮水思源，缘木思本，博士论文的完成，也要感谢硕士期间南京大学严谨求实的校风熏陶，感谢张凤阳、王锁明、施锐琴、陆江兵等老师把自己引入学术之路。

不管怎样，把工作、学习的思考与困惑写出来，如释重负。所幸本书一些章节被《科学社会主义》《解放日报》《文汇报》《社会科学报》等媒体期刊发表共10多篇，这也算对自己的一种肯定与鼓励。如今学位论文能够顺利出版，也当作对自己学术情结的一个交代。但欣慰之余更多是压力，即便参阅了很多专家学者的著作和文章，由于笔者学识浅陋，分析和论证还缺乏深度，难免存在不足和疏漏之处，还请各位读者朋友批评指正。在此，还要感谢上海社会科学院出版社张钦瑜老师为本书出版所做的细致的编辑工作。

最后感谢我的父母、岳父母和家人，我的每一步成长不仅充满着自己艰辛的付出，更浓缩着他们对我的殷切的期待。感谢我的妻子和女儿，正是她们默默无私的付出、关爱和包容，使我得以更好地专注于工作和学习，六年求学生涯里，工作上轮岗三个处室，大量繁琐的行政工作很难让自己集中精力从事学术科研、在职攻读博士学位，其中的辛苦还是超出了我的想象。生活中也颇为折腾，买房卖房，数次搬家和装修。又遇新冠疫肺炎疫情肆虐三年有余，我曾两次作为领队、副领队深入一线抗疫，特别是论文的答辩也是在一线驻地完成，这些特殊的经历让自己对中国特色社会主义的整体性、系统性与协同性有了更深刻的思考。值得欣慰的是读博期间我的女儿降生，弄瓦之喜让我感受生命之重。从呱呱坠地到襁褓哺乳，从咿呀学语到蹒跚学步，女儿如今刚满四岁，垂髫扑怀。她的纯真无邪足以治愈我工作学习和生活中的疲惫不堪,更让我明白了什么是责任与担当。

"独有江海心,悠悠未尝倦。"学问永无止境,唯有勤学不怠,始终把学习思考、学术训练作为一种工作、生活方式,送给依然"在路上"的自己。

胡静波
2022 年冬至于上海茶花园

图书在版编目(CIP)数据

中国特色社会主义三重逻辑与世界意义 / 胡静波著
.—上海：上海社会科学院出版社，2023
ISBN 978-7-5520-4206-1

Ⅰ.①中… Ⅱ.①胡… Ⅲ.①中国特色社会主义—研究 Ⅳ.①D616

中国国家版本馆CIP数据核字(2023)第148141号

中国特色社会主义三重逻辑与世界意义

著　　者：胡静波
责任编辑：张钦瑜
封面设计：金　峰
出版发行：上海社会科学院出版社
　　　　　上海顺昌路622号　邮编200025
　　　　　电话总机021-63315947　销售热线021-53063735
　　　　　http://www.sassp.cn　E-mail：sassp@sassp.cn
照　　排：南京前锦排版服务有限公司
印　　刷：上海景条印刷有限公司
开　　本：710毫米×1010毫米　1/16
印　　张：20.75
字　　数：263千
版　　次：2023年12月第1版　2023年12月第1次印刷

ISBN 978-7-5520-4206-1/D·699　　　　　定价：88.00元

版权所有　翻印必究